도실

DOCILE

Copyright © 2024 by Hyeseung Song
Korean Translation Copyright © 2025 by ACANET

Korean edition is published by arrangement
with United Talent Agency through Duran Kim Agency.

이 책의 한국어판 저작권은 듀란킴 에이전시를 통한
United Talent Agency와의 독점계약으로 아카넷에 있습니다.

완벽이란 이름 아래 사라진
나에 대한 기록

도실

송혜승 | 고정아 옮김

디플롯

추천의 말

평생 '나는 부족하다'는 결핍감에 시달리는 여성이 있다면, 이 책은 큰 위로가 될 것이다. 성공하지 못한 엄마와 똑똑한 딸의 관계는 왜 이토록 기대와 비하, 사랑과 원한, 희생과 비탄으로 가득 차 있는가. '도실docile'은 순응하다, 온순하다는 뜻이지만 내용은 정반대. 오히려 '좋은 딸'과 '길들여지고 싶지 않은 딸' 사이에서 분열했던 모든 여성의 이야기다. 가부장제 사회에서 온순한 여성의 삶은 비인간적이다. 동시에 여성이 인간이 되기 위한 대가는 너무 크다. 이 책은 이러한 모순과 고통이 글쓰기의 자원이 될 수 있음을 증거한다. 모녀 관계와 가족, 생애사에 대한 뛰어난 문화기술지ethnography이자 디아스포라 문학인 이 책을 모든 모/녀에게 권한다.
_정희진(여성학 박사, 《페미니즘의 도전》 저자)

아이는 부모가 싸울 때 미움을 말하는 한국어부터 배운다. 엄마가 꾸던 꿈을 대신 꾸고 엄마의 상실을 위로하며 그를 사랑해온 딸은 정작 자신의 삶을 살아가는 법을 잊는다. 삶을 포장하지 않는 그의 덤덤하고도 진솔한 문체 덕분에 드라마는 한층 생생해진다. 그의 성장기가 해피엔드일까 궁금해하는 당신을 위한 첨언. '우리는 살아 있고, 엔딩은 아직 멀다.' 그의 글을 다 읽고 나니 '충만함'이 무슨 뜻인지 이제야 알게 된 것 같다. 혜승처럼 나도, 이제 정말 살아갈 수 있겠다.
_이다혜(작가, 《씨네21》 기자)

재능을 통해서만 자존감을 느낄 수 있는 젊은 여성의 풍부한 내면을 섬세하게 보여주며 우리에게 어려운 질문을 던진다. '우리의 삶은 다른 이들에게 어떤 빚을 지고 있는가? 그 빚을 짊어지는 대가는 무엇인가? 우리는 어떻게 그 빚에서 해방될 수 있는가?' 그의 이야기는 정신 질환과 직접 싸우는 체험기이자 삶의 가치에 대한 깊고도 시적인 명상이다.
_그레이스 M. 조(사회학자, 《전쟁 같은 맛》 저자)

아주 희귀한 책이다. 지독할 만큼 솔직하고 잔인하도록 아름답다. 심금을 울리면서도 책장 넘기는 것을 멈추지 못하게 만든다. 나는 시간이 얼마나 지났는지도 잊은 채 감동에 싸여 앉은자리에서 숨을 몰아쉬며 끝까지 읽었다. 이 책은 인생 이야기인 동시에 개인의 정체성, 가족, 트라우마, 질병, 사랑과 예술과 성공에 대한 명상이기도 하다. 정말 놀랍다.
_헬렌 맥도널드(작가, 《메이블 이야기》 저자)

잔혹하도록 아름다운 회고록. 정교한 구성 속에 고통스러운 진실성이 빛나는 이 책은 풍부한 디테일과 강력한 내러티브로 다층적인 세계를 창조해낸다. 설득력과 유머, 담대한 솔직함으로 송혜승은 앞으로 여러 세대가 읽고 감동할 '젊은 AAPI(아시아태평양계 미국인) 여성 예술가의 초상'을 창조했다.
_데이비드 헨리 황(극작가, 《M. 나비》 저자)

깊은 깨달음, 회복력에 대한 찬가, 예술이 사람을 치유하고 변화시키는 힘에 대한 증언. 이 책은 나에게 지울 수 없는 흔적을 남겼다.
_클로이 쿠퍼 존스(저널리스트, 《이지 뷰티》 저자)

놀라운 예민함과 깊이를 모두 갖춘 책. 이민자 가정의 꿈과 상실과 사랑을 송혜승의 명료하고 시적인 문장으로 기록한다. 예술의 부름, 정신 질환이 주는 시련, 기쁨과 고통을 모두 안겨주는 유산의 이야기를 통해, 자아를 찾아가는 성실한 여정을 아름답게 보여준다.
_레이철 요더(소설가, 《나이트비치》 저자)

이 아름답고 잔혹한 성장 이야기는 시종일관 매혹적이었다. 어린 시절의 공포와 경이를 송혜승처럼 정밀하고 지적으로 그려낸 작가는 많지 않다. 기쁜 마음으로 읽었고 영원히 잊지 못할 것이다.
_조애나 라코프(소설가, 《마이 샐린저 이어》 저자)

이 책은 내 심장을 찢었다. 예술가의 힘겨운 길, 사랑과 희생의 파괴성을 보여주는 그의 기록은 이민자 이야기이자 예술가 이야기인 동시에 정신병 이야기, 이혼 이야기이기도 하다. 송혜승은 물에 빠져 고통스럽게 숨을 헐떡이면서도, 마침내 육지에 이르는 이야기를 전한다.
_프란시스 차(소설가, 《내가 만일 네 얼굴을 가졌다면 If I Had Your Face》 저자)

읽고 감탄을 금치 못했다. 송혜승은 아시아계 엄마, 정신 건강, 인간관계, 창조성에 이르는 다양한 주제를 거침없이 탐구한다. 그의 언어는 점묘화가의 붓처럼 다채롭고 세밀한 필치로 생생한 태피스트리를 만들어내는데, 거기에는 잊을 수 없는 인물이 가득하고 무엇보다 그 자신이 있다.
__마리 명옥 리(소설가, 《저녁의 영웅 The Evening Hero》 저자)

흔들림 없이 우아한 이 책은 외로움의 이야기이자 공감으로 빛나는 탐색의 이야기다. 송혜승은 독자에게 대담한 주장을 한다. 우리는 어떤 대가가 있어도 자신에게 진실해야 한다고.
_캐트 차우(저널리스트, 《유령을 보다Seeing Ghosts》 저자)

삶을 선택하려면 허식 없는 자신을 찾는 진지한 여행이 필요하다. 송혜승이 글로 그린 자화상은 그의 뛰어난 예술성을 증명해준다.
_《북리스트》

마치 드라마 〈길모어 걸스〉를 보는 것 같다. 자기 문화에 대한 존중과 자신의 길에 대한 탐색 사이에서 헤매어본 모든 사람에게 깊은 울림을 안겨준다. 송혜승의 글은 아주 개인적이면서도 누구나 공감할 만한 이야기로, 진실한 자신과 자신의 출신 사이에서 희생하고 분투하는 모든 이에게 위로와 통찰을 건넨다.
_《서던 리뷰 오브 북스》

품격 있고 정확한 문체로 쓰여진 이 책은 지루함, 우울, 고통, 자기 실현의 분투를 담은, 진실되고 내밀하면서도 감동적인 이야기가 담겨 있다.
_《뉴욕 저널 오브 북스》

엄마Umma와 **아빠**Appa에게

상처는 빛이 들어오는 자리다.
_루미(페르시아 시인)

춤추는 별을 탄생시키기 위해 사람은 아직
자신 속에 혼돈을 지니고 있어야 한다.
_프리드리히 니체, 《차라투스트라는 이렇게 말했다》에서

한국의 독자들에게

 어린 시절 미국에서 자라면서 계속 등 뒤를 돌아보았다. 등 뒤에 있는 한국이 내 길잡이별이었다. 부모님 머릿속의 평행 우주에서 우리는 1980년에 미국행 비행기를 타지 않는다. 우리 가족은 이민 오지 않고, 나는 한국인 친구들과 한국을 경험하며 산다. 그 대안 우주에서 나는 한국어 억양이 있는 영어를 쓴다.

 우리 가족은 언제나 미국살이가 곧 끝날 거라고 생각했다. 부모님이 미국에서 뜻한 바를 이루면 고향인 서울로 돌아가서 중단했던 진정한 삶을 재개할 거라고. 하지만 내가 정신 질환을 겪고 학교를 휴학하면서 이런 가상 세계가 현실을 만나게 되었다. 부모님은 초기 개척대를 보내듯 나를 한국의 친척 집에 보내서 살게 했다. 그때까지 나는 '미국의 한국인'으로 살았다. '한국의 한국인'으로 사는 게 뭐가 어렵겠는가?

 어땠는지는 책을 읽으면 알 수 있다.

 대학에 복학했을 때 내가 한국에서 사는 동안 이 세상 속 내 자리에 대해 품었던 많은 질문(그리고 약간의 깨달음)이 나로 하여금 글을 쓰게 했다. 지금 여러분이 손에 들고 있는 이 책은 그 오랜 궁금증의 결과물이다. 이 책이 탐구하는 주제들

(자살, 정신 건강, 성폭력, 내적 및 외적 정체성)은 읽기 편한 내용이 아니고 독자에게 많은 것을 요구한다. 이 이야기에 귀를 열고 마음을 열어주는 여러분에게 감사한다.

이 책의 제목인 '도실docile'은 미국에서 아시아인, 특히 아시아 여성에게 자주 쓰이는 말이다. 내가 이 책의 교정을 보던 때는 '아시아 혐오'가 코로나19 못지않게 기승을 부리던 시기였고, 미국에서 아시아계로 사는 일이 몹시 위험했다. 아시아계 미국인의 삶은 근본적으로 정치적일 수밖에 없다.

이 책은 한국계 미국인의 이야기이지만, 여기 담긴 깨달음 하나는 호메로스의 이야기만큼이나 오래된 것이다. 우리의 고향은 집이라는 공간이 아니라 사람들이라는 것이다. 우리가 온전함을 회복하려면 어떤 지리적 또는 신화적 장소가 아니라 그곳에 있는 자신의 동족을 찾아야 한다. 우리 부모님은 기대와 달리 귀향을 이루지 못했고, '한국에서 한국인으로' 산 시간보다 더 긴 시간을 해외 이민자로 살았다. 갈망하던 귀향은 실제로는 이야기(내 이야기, 그리고 얼마간 그분들의 이야기)를 통해서 이루어졌다. 우리 가족이 내 책을 통해 귀환한다는 사실이 내게는 영광이다. 모쪼록 이 책이 스스로의 생명을 얻어서 한국에서 동족을 찾기를 소망한다.

2025년 가을
송혜승

차례

추천의 말… 4

한국의 독자들에게… 12

1부 — 마법 같은 이름의 땅

그림자 아이… 19 | 딸아, 너는 나처럼 되지 마라… 28 | 드림 카, 드림 하우스… 34 | 불을 뿜는 용광로… 42 | 파산… 48

2부 — 공부, 내게 허락된 유일한 것

쟤 영어 할 줄 알아요?… 53 | 어울리지 않는 손님… 58 | 빈곤 계산… 66 | 닮은꼴 친구… 75 | 숫자에 달린 성공… 87 | 내세울 만한 집… 94

3부 — 가장 똑똑한 학생

회귀… 99 | 내 안의 폭력성… 104 | 전략의 대가… 107 | 상처… 114 | 행복할 자격… 119 | 흩어지는 정체성… 125 | 명예 없는 졸업… 133

4부 — 세계의 계몽된 자들

다가온 희망, 놓아버린 기대… 143 | 한국인 남자애… 149 | 다시 드러난 상처… 154 | 실패할 자유… 159 | 엄마의 인형… 167

5부 — 핏줄과 소속감

정체성의 경계에서… 175 | 데칼코마니… 183 | 소속감… 186 | 수치… 188 | 나와 같은 얼굴을 한 사람들… 192 | 돌아갈 시간… 198

6부 — 철학과 예술의 이유

내게는 허락되지 않는 개별성… 205 | 사는 게 싫어… 209 | 제3의 길… 216 | 한 도시가 연기로 뒤덮인 날… 228 | 예술의 소명… 235 | 산행… 241

7부 — 베리타스

지나친 의무, 조밀한 규칙… 249 | 결단… 255 | 내가 고칠 수 없는 나… 268 | 성모상을 닮은 여자… 274 | 내 안에 부서진 나의 조각… 279 | 퇴원하는 날… 284

8부 — 생존 의지

어쩌면 죽을 필요는 없을지 몰라… 289 | 다시 만난 세계… 297 | 치유… 304 | 내가 선택한 가족… 305 | 처음 맞이한 화가의 삶… 308 | 모르는 척 살기… 315

9부 — 행복과 꿈

마음 붙이는 연습… 329 | 인생의 가치… 334 | 10년 만에 얻은 병명… 336 | 시작을 위한 끝… 342 | 이별… 348

마치며 내 곁의 존재를 온전히 살게 하는 일… 350
감사의 말… 364

일러두기

- 단행본, 잡지, 신문 등은 《 》로, 영화, 그림, 오페라 등은 〈 〉로 표기했다.
- 이 책에 등장하는 인명과 지명을 비롯한 외래어는 국립국어원의 외래어 표기법을 따랐다.
- 원서에 한국어 음가로 쓰인 부분은 고딕체로 표시했다. 단 '엄마Umma'와 '아빠Appa' 는 대부분 한국어로 등장하기에 따로 표기하지 않았다.
- 본문의 •는 저자의 주, ✱는 옮긴이 주다.

1부

마법 같은 이름의 땅

그림자 아이

간선도로 위로 우뚝 솟은 광고판이 유혹하듯 명령하듯 말했다. "로열턴시 맞춤 주택을 찾아오세요. 114번 출구." 배경에 그려져 있는 붉은 벽돌집 주변을 울창한 나무와 인조 잔디가 둘러싸고 있었다. 덧창 안 창문에는 깨끗한 새 제품임을 알리는 별 모양 빛이 반짝였다. 그 창문이 내 시선을 사로잡았으니 광고는 효과가 있었던 셈이다.

"꼭 수정처럼 생겼어요." 수정을 본 적도 없는 내가 자동차 뒷좌석에서 감탄했다. 나는 다섯 살이었다.

아빠 차는 114번 출구로 나갔고 택지로 이어지는 좁은 도로에서 내 마음은 설렜다. 몇 달 전 부모님이 계약금을 지불하고 우리 맞춤 주택 공사가 착공된 곳이었다. 다른 일요일과 마찬가지로 그날도 진출로 노변 말뚝에 힘없이 묶인 붉은 풍선들이 바람에 출렁이며 서로를 때렸다. 모델하우스들을 뒤에 거느린 컨테이너 앞에 차가 서자 나는 차에서 폴짝 뛰어내렸다.

평평하게 다진 제법 넓은 땅 곳곳에 갈색 풀이 얼룩처럼 돋아 있었다. 먼 배경에는 맑은 코발트색 하늘이 걸리고, 그 앞에 임페리얼슈거 소유의 사탕수수 밭이 광대하게 펼쳐져 있었다. 이 지역에 붙은 '슈거랜드'라는 달콤하고 마법 같은 이름은 그 사탕수수 밭에서 따왔다. 텍사스주의 이 작은 지역은 광고판에 그려진 것 같은 문명화된 거주지는 아니었지만, 아빠의 말처럼 가능성에는 상상력이 필요하기에 그 텅 빈 땅은 전혀 썰렁하게 느껴지지 않았다. 그곳의 거친 풍경에서 나는 희망을 보았다.

엄마가 동생 아서와 함께 차에서 내렸다. 이제 한 살인 아서는 얼마 전에 **돌잔치**를 했다. 그날 엄마는 아서에게 **한복**을 입히고 음식을 잔뜩 만들었으며 동생 앞에 몇 가지 물건을 놓았다. 연필, 100달러 지폐, 실이었다. 아빠가 옆에서 아서를 부추겼다. "돈 잡아. 부자가 돼야지!" 하지만 동생이 높은 의자에 앉은 아기 부처 같은 모습으로 실을 고르자 아빠는 목소리를 바꾸고 조용히 수긍했다. "그래, 장수도 좋지."

오늘은 마지막 옵션들을 선택하기 위해 이곳에 왔다. 에어컨이 나오는 트레일러에 건축 회사 여직원이 앉아 있고 그의 등 뒤에서 폴란드 스프링스 생수기가 꼴깍거렸다. 엄마가 소파에 앉아 옆을 톡톡 치자 나는 달려가서 엄마의 손을 어깨에 없고 크기와 두께가 결혼식 기념 앨범만 한 샘플 북을 훑어보았다. 여직원이 내게 못마땅한 눈길을 보냈다. 진지한 논의 자리에 아이가, 그것도 동양인 아이가 끼어드니 마음에 들지 않았던 것 같았다. 동양인oriental. 나는 이 단어를 안 지 이미 오래됐고, 지금 그 단어가 여자의 머릿속에 울리고 있다는 것도 알았다. 여자의 무표정한 시선은 나를 생각하는 것 같지도 않고, 심지어 나를 보고 있지도 않았다. 내가 아이라서가 아니라 '특정한' 아이, 즉 보이지 않는 그림자 속 아이라서.

"우리 **공주**, 혜승아." 엄마가 한국어로 나를 불렀다. "벽지는 어떤 게 좋니?"

나는 엄마에게 바짝 몸을 붙였다. 엄마는 한국에서 나를 임신했을 때 걸린 갑상샘저하증을 계속 앓으면서도 몸이 여위었다. 천장등의 따뜻한 불빛이 가운데 가르마를 타서 귀 뒤로 넘긴 엄마의 검은 머리 위로 물처럼 흘러내렸다. 엄마의 섬세한 얼굴은 길고 곧은 코와 왕방울처럼 큰 눈 덕에 표정이 풍부했다. 나도 엄마를 닮았다. 짧은 목 위에 명랑하게 얹힌 작고 동그란 아이 얼굴에 눈이 컸다. 내가 건축 회사 여자에게 눈을 깜박이자 그도 나를 보며 마스카라 칠한 눈을 깜박였다.

"나는 꽃이 좋아, 엄마." 나는 여자가 알아듣지 못하게 한국어로 대답하고 샘플 북을 넘기다가 작은 튤립 무늬가 새겨진 벽지를 가리켰다. 엄마가 꽃을 몹시 좋아한다는 걸 알았기 때문에 한 말이었다. 그 시절에도 나는 엄마의 비위를 맞추려고 애썼다.

"그래, 차분하고 좋네." 그리고 엄마는 가만히 내 머리를 쓰다듬었다. "무늬가 너무 요란하면 신경 거슬리고 정신없을 거야."

나는 웃었다. 내 대답이 적절했고 엄마가 내 대답대로 할 거라니 기뻤다. 엄마가 힘을 휘두르는 경기장에서 나는 엄마에게 힘을 실어주고 싶었다.

엄마와 나는 외벽 색깔을 정하고(연한 적갈색), 카펫도 정하고(흰색 단모 카펫. 당연히 이런 카펫은 체리 음료수에 속수무책이었다), 현관 입구와 벽난로 선반의 타일도 정하고(흰 대리석), 벽지도 정했다(부엌은 차분한 튤립 무늬, 안방은 연분홍색 물방울 무늬). 이렇게 새 집이 생기고, 나의 새 학교도 생기고, 직사각형 마당 중간에 참나무 묘목도 생겼다.

주택 담보 대출도 생겼다. 그런데 그와 동시에 엔지니어인 아빠가 직장을 그만두고 자신에게 맞는 일을 하기로 결심했다. 바로 아메리칸 달러의 유혹에 따르는 일이었다. 우리 네 식구는 이 아메리칸 드림 하우스로 이사했고, 집에는 곧 평범한 삶의 온갖 흠집과 얼룩, 파손이 생겨났다. 사탕수수 농장 인근의 중산층 개발 단지, 조금씩 달라도 큰 차이는 없는 비슷비슷한 집들 사이에서 우리 집은 그럭저럭 어울렸을지 몰라도 그 안의 인생은 격렬하게 변했다. 가정에 필요한 돈을 위해 엄마는 집에서 한 시간 거리에 있는 휴스턴의 한 병원에서 간호사로 일하기 시작했고, 추가 수당을 받으려 주말과 야간 근무를 택했다. 아빠는 엄마 대신 집에서 아서와 나를 돌본다고 했는데 실제로는 주로 '큰돈'을 벌 궁리를 했다.

내가 학교에 갈 아침 시간이면 아빠는 이미 뒷방 바닥에 언더셔츠와 면바지 차림으로 앉아서 컵라면 그릇에 담뱃재를 떨구고 있었다. 앞에는 전화번호부 상호편의 고철 항목이 펼쳐져 있었다.

뒷방에는 책상도 의자도 없었다. 있는 것이라고는 벽에 걸린 김대건* 한인성당 달력뿐이었다. 주변에는 아빠가 메모를 휘갈긴 종잇장, 구겨진 휴지, 《휴스턴 크로니클》, 비즈니스 잡지들이 흩어져 있었다. 아빠는 집요한 사람이었다. 나는 《집에서 하루에 천 달러 버는 법》《내일 백만장자 되기!》《누구보다 빨리 부자가 되는 10가지 확실한 방법》 등을 밟지 않고 아빠에게 다가가서 통화 중인 아빠의 뺨에 조용히 뽀뽀하고 반대편 귀에 한국어로 "너무 매달리지 마세요" 하고 속삭였다. 조용한 키스와 조언이었다.

이런 짧은 조언은 오랜 경험에서 우러난 것이었다. 아서가 태어나기 전, 슈거랜드에 오기 전, 그러니까 우리 세 식구가 갓 이민을 와서 아빠가 아직 정장을 입고 '멀쩡한' 화학 회사에

---

* 한국 최초의 천주교 사제로, 1984년에 성인으로 시성되었다.

다니던 시절에도 아빠는 끊임없이 '수출입 벤처'를 만들어 세이코 시계, 여성용 속옷, 통기성 좋은 한국 속옷, 발목에 "I am the Fun" 같은 이상한 문구를 새긴 순면 양말, 휴스턴 도매 상가에서 산 14k 금 장신구, 나무 기린, 빨간 안감을 댄 담배 케이스, 철제 장식 난간 등을 팔았다.

아빠가 초기에 시작한 사업 중에는 시골의 비포장 2차선 도로에서 가짜 구찌 제품을 파는 일도 있었다. 우리 가게는 그곳 10여 개 점포와 마찬가지로 흙바닥 나무 헛간 수준에 앞쪽이 2.4미터, 뒤쪽이 6미터 크기였다. 손님은 드물었지만 트럭은 많이 지나다녔고, 트럭이 일으킨 텍사스 남동부의 먼지는 우리의 축축한 피부와 힘써 마련한 물건들 위에 얇게 내려앉았다.

아빠는 흥정하다가 마음이 약해져서 손해 보는 가격에 물건을 팔고는 어이없는 이유로 자신의 태만함을 합리화하기 일쑤였다. 손님이 머뭇머뭇 꺼낸 지폐가 땀에 젖어 있었다거나 손님 손을 잡고 있는 아이 얼굴이 더러웠다는 식이었다. 온갖 것이 친절을 발휘할 이유가 되었다.

하지만 어떻게 해서든 아빠가 성실한 부양자로 돌아오기를 바라는 엄마는 아빠에게 '당신이 가장 친절을 베풀어야 할 상대는 가족'이라고 지적했다.

"당신은 물건을 거저 주고 있어. 그 깎아주는 돈은 다 우리 주머니에서 나가는 거야." 한 여자가 벨크로 달린 루이비통 지갑을 원가에 사서 나가자 엄마가 말했다. "저 여자는 다음 주에 친구들을 데리고 와서 같은 가격에 물건을 달라고 할 거야!"

아빠는 엄마에게 그만하라고 했고 엄마는 분노를 달래느라 조용해졌다. 아빠는 기분이 좋았다. 아직 점심때도 안 되었는데 물건을 세 개나 팔았기 때문이다.

아빠가 나를 돌아보았다. 멋진 생각이 떠오른 것이다. "그래니치킨 먹고 싶은 사람?" 아빠가 통 크게 말한다. 아빠는 '키친'을 '치킨'이라 말했지만 길 건너 그래니키친이 KFC를 베낀 가게이니 이해할 만한 실수였다.

더위를 참으며 있는 듯 없는 듯 앉아 있던 나는 가게 벤치에서 벌떡 일어나서 "야호!" 소리치고 아빠에게 달려갔다. 그리고 행복한 얼굴로 아빠를 바라보았다. 흰색 라코스테 셔츠 위 아빠의 그을린 얼굴은 건강해 보였다. 외식이 워낙 드물었기에 식당 나들이는 엄청난 호사였고 나는 아빠의 무릎을 끌어안았다.

하지만 내 기쁨을 자르며 엄마가 끼어들었다. "여보, 아침에 내가 **김밥** 만들었어. 아이스박스에 있어." 나는 그날 아침 텔레비전으로 만화를 볼 때 엄마가 식탁에서 김밥을 말던 일이 떠올라서 환호를 멈추었다.

하지만 아빠는 이미 돈을 세고 있었다. "궁상떨지 마, **가시나야**." 아빠가 욕을 했다. "따뜻한 음식을 먹어야지."

아빠는 밖으로 나가서 도로를 살핀 뒤 빵빵거리는 자동

차들을 뚫고 길 건너 그래니키친으로 달려갔다. 그리고 몇 분 후에 겨드랑이에 치킨 바구니를 끼고 달려왔다.

우리 세 식구는 아빠가 만든 소나무 테이블에 책상다리를 하고 둘러앉아서 프라이드치킨을 먹었다. 큰 사이즈 콜라를 돌아가며 마셔서 빨대가 세 사람 입에 묻었던 기름으로 번들거렸다. 모두 잠시 말이 없었고 음식으로 평화로웠다.

하지만 치킨 뼈를 모아서 버린 뒤 부모님의 분위기는 다시 바뀌었다. 아빠는 담배를 피우며 다음 손님을 기다렸고 엄마는 일을 했다. 엄마는 쉬는 법이 없었다. 그 시절 가게 분위기는 종잡을 수 없고 긴장이 가득해서 언제 뇌우가 쏟아질지 모르는 여름 날씨 같았다. 나는 테이블에 앉아서 아빠가 불붙인 담배를 입에 무는 모습, 엄마가 온갖 다양한 물건의 먼지를 떠는 모습을 보았다. 아빠는 무슨 생각을 하고 있을까? 엄마는? 아빠의 팔이 위아래로 오르내리고 엄마의 손이 앞뒤로 오갔다. 나는 두 분이 만족하고 살기를 바랄 뿐이었지만, 아빠 말대로 큰돈을 버는 게 답이라면 큰돈을 벌어야 했다. 나는 눈을 감고 하느님께 빌었다. 두 손을 꽉 잡으면 그 힘으로 내 기도를 신의 코밑에 들이밀 수 있기라도 한 것처럼 으스러져라 움켜잡았다.

기도하는데 파리 한 마리가 귓가에 윙윙거렸다. 녀석이 좀처럼 떠나지 않자 나는 하느님이 벌레로 변신해서 내게 무슨 이야기를 해주려나 보다고, 우리 가족에게 응답하려나 보다고 생각했다. 내가 조용히 있으면, 아니 마음을 착하게 먹으면 하느님의 말을 듣고 이해할 수 있을 것이다. 나는 한동안 그렇게 신의 뜻을 해석하려고 애썼지만 소득은 없었다. 결국 파리는 지겨워져서 떠났다. 이어 가게 바깥에서 사람들 목소리(손님 목소리)가 들리고, 엄마가 물건들 앞으로 가는 소리가 났다. 한쪽 눈을 떠보니 한 남자가 가족을 데리고 온 게 보였다. 남자가 핸드백도 사고 백팩도 살까? 그러면 부모님은 기뻐하실 텐데.

딸아, 너는 나처럼 되지 마라

"해봐. 때려봐." 엄마가 숨을 거칠게 쉬었다.

엄마가 드러낸 송곳니가 흐린 샹들리에 빛으로 반짝였다. 아빠는 엄마를 때리려고 손을 들었고, 슈거랜드 새 집의 부엌은 엉망이 되어 있었다. 어느 쪽도 물러서지 않았다. 엄마가 차려놓은 저녁 식사가 식탁과 바닥에 흩어지고 그릇이 사방에 뒤집혀 있었다. 아빠가 잔소리 듣기 싫다고 엄마를 때리려고 하자 나는 두 분 사이에 들어가서 아빠의 다리를 밀었다.

한국 문화에서 여자의 얼굴은 흠이 없어야 한다. 얼굴은 명함이고, 흉터와 결함은 인생의 굴곡을 보여주는 지표다.

나에게 이 말을 해준 게 아빠인데 아빠가 엄마를 때리려고 했다.

"**쌍년**아, 잔소리 그만하라고 했잖아." 아빠가 소리쳤지만 손은 내렸다. 나는 몸을 움찔했다. '쌍년'은 천한 여자라는 뜻이었다. 그렇게 잘생긴 아빠가 그렇게 추악한 말을 썼다. 나는 목이 메어 아이처럼 울었다. 어쨌건 나는 아이였기 때문이다.

아빠가 부엌을 나가려고 하자 엄마가 폭발했다. "당신을 만나지 말았어야 했어." 엄마가 아빠의 등 뒤에 대고 소리쳤다. "당신 때문에 내 인생을 망쳤어."

나는 고개를 들어 엄마를 보았다. 눈물로 뿌연 시야에 엄마의 이글거리는 눈이 보였다. 키가 아빠의 허리 높이밖에 안 오는 일곱 살짜리가 두 분의 파괴적 충돌을 막는 유일한 장치였다. 그것 외에 하나 더 있다면 두 분이 점잖았던 시절의 희미한 기억이었다. 나는 엄마를 보호하는 게 힘들어 진이 빠졌는데 엄마는 한 마디도 지지 않으려 했다.

"이년이 죽고 싶어 환장했나?" 하지만 이미 등을 돌린 아빠는 더는 싸울 마음이 없었다. 그래서 현관 선반에서 자동차 열쇠를 집어 들고 문을 쾅 닫으며 나갔다. 다행히 아서는 부모님 방에 잠들어 있었다. 아빠는 곧 자동차를 몰고 나갔다. 이제 동네를 몇 바퀴 돌고 담배를 피우다 돌아올 게 분명해서 나는 아빠 걱정은 하지 않으려고 했다. 늘 그렇듯이 내 도움이 필요한 사람은 엄마였다.

나는 난장판이 된 식당을 둘러보며 인생에 절망을 느꼈다. 두 분이 싸울 때면 나는 사랑 대신 미움을 말하는 한국어를 배웠고, 그런 혼란스러운 삶에서 달아나고 싶어졌다. 그래서 밤이면 조용한 내 방에서 사탕수수 밭의 귀뚜라미 우는 소리를 들으며 계획을 세웠다. 책은 뭘 가져갈지, 옷은 뭘, 돈은 얼마를, 먹을 건 뭘 가져갈지 궁리하며 내가 사탕수수 밭으로 홀로 사라지는 모습을 상상했다. 함께 살며 애써봐야 소용없다. 주변에 이혼 가정 친구들도 있었기에 나도 이혼에 대해 어렴풋이 안다고 생각하고 두 분의 결별을 소망했다. 그 꿈속의 삶은 조용하고 깨끗했으며 사람도 적었다. 하지만 그러면 어쩔 수 없이 우리 엄마와 남매가 살아갈 미래가 그려졌다. 슈퍼마켓 맞은편 아파트에 살 수도 있다. 엄마의 간호사 봉급이 없어진 아빠는 거지가 될 것이다. 집을 나가는 것, 아무 편도 들지 않는 것, 엄마와 아빠의 슬픈 줄다리기를 외면하고 혼자가 되는 것이 더 쉬웠다.

그날 밤 두 분이 싸운 건 돈 때문이었다. 늘 돈이 문제고 매번 같은 이야기였다. 엄마가 아빠에게 당신 하고 싶은 대로 다 하고 살 수는 없다고, 그런 허무맹랑한 사업에 은행 예금이나 주택 담보 대출금을 바칠 수 없다고 설득하다가 인내심을 잃었다. 엄마는 그 돈은 당신이 함부로 쓸 수 있는 돈이 아니라고, 당신에게는 남편의 의무가 있다고 나무랐다.

하지만 아빠는? 아빠는 동시에 여러 가지를 원했다. 그는 혼자 세상 속을 자유롭게 움직이고 싶어 하는 동시에 외로움을 피해 가족과 함께 살고 싶어 했다. 엄마가 아빠를 닦달하는 끝없는 전투에서 아빠는 타협이라는 걸 몰랐고, 우리 가족의 비밀은 가난하다는 사실이 아니라 아빠가 추한 남자일 수 있다는 것이었다.

나는 파괴의 현장을 둘러보았다. 어울리지 않게 차분한 튤립 무늬가 빛나는 부엌에서 식당으로 가는 빛줄기가 들어와 모든 것을 환히 비추었다. 부서진 코렐 접시, 한국 음식의 빨간 국물로 수천 개 상처 같은 얼룩이 찍힌 하얀 카펫, 죽은 듯 쓰러져 있는 의자. 나는 식당 바닥에 앉아 세상을 생각했다. 우리는 파괴하지 말고 건설해야 한다고, 누군가 부수면 다른 사람이 치워야 한다고. 우리는 남아서 치우는 사람을 도와야 한다고.

돌아보니 벽에 기대 앉아 고운 두 손에 얼굴을 묻고 울고 있는 엄마가 보였다. 그 옆에 앉아 엄마의 손을 잡았다. '엄마를 안아줘.' 나는 생각했다. 엄마는 존재의 감옥에 갇혀 먼 허공을 바라보았다. 그 허공에서 내가 불렀다. "엄마?" 그리고 엄마에게 마음을 보냈다. '나한테 마법이 있어. 온 우주의 힘이 내 안에 있어.' 나는 생각했다.

엄마는 단지에 갇힌 고대 무녀 시빌라*처럼 말했다. "죽고 싶어."

그 말에 나는 더 격렬하게 울고 엄마의 손을 흔들며 말했

---

* 그리스 로마 신화에 등장하는 시빌라는 미래를 예언하는 무녀로, 신들로부터 예언 능력을 받은 대가로 고통스러운 운명을 짊어진다. 단지 안에 갇힌 채 나이를 계속 먹는데 죽지 못하고 '죽고 싶다'고 말한다.

다. "안 돼." 엄마가 내게 사랑은 복종이라고 가르쳤기에 나는 엄마를 두고 가출하고 싶어 한 것에 죄책감을 느꼈다. 슈거랜드 사탕수수 밭 근처에 꿈의 집이 있었다. 하지만 그 안의 사람들은 망가졌고 꿈은 무너졌다. 나는 엄마의 고통이 드리운 거대한 어둠 속에 고개를 숙였다.

"혜승아, 너는 커서 엄마처럼 되지 마라." 엄마가 말했다.

엄마처럼 되는 게 뭐가 나쁜 걸까? 가난해도 친절하고 너그럽고, 모든 일에 똑 부러지는 엄마처럼 되는 게 뭐가 안 좋은 걸까? 하지만 나는 그 말뜻을 알았다. '엄마가 갇혀 있는 감옥의 문을 열어주려면 어떻게 해야 돼?' 나는 우주에 대고 소리치고 싶었다. 혹시 내가 그 열쇠를 잃어버린 걸까? 그렇다면 나는 나쁜 아이다. 나는 엄마를 끌어안고, 내 피부로 엄마의 슬픔을 빨아들이며, 내 생명으로 엄마의 슬픔을 부식시켰다.

우리는 한동안 그렇게 앉아 있었다. 엄마는 아빠에 대해 아이들에게 하지 말아야 할 이야기도 했다. 아빠는 엄마만큼 똑똑하지도 않고 유능하지도 않다고. 아빠는 사업가로 성공하기를 꿈꾸지만 사업은커녕 평범한 인생을 영위할 능력도 없다고. 이민자 자녀들에게는 방어막이 없어서 나는 그 모든 걸 보고 들었다. 때로는 아이들 자체가 방어막이 된다. 나는 스스로 방어막이 되었다. 엄마는 남들에게는 속이야기를 잘하지 않았기 때문이다. 나는 엄마의 가장 내밀한 친구였다. 엄마는 미국에 기댈 사람이 없었고, 나는 그 점이 부모 자식 간의 자연스러운 경계를 침범하게 할 것이라고는 생각하지 못했다.

드림 카, 드림 하우스

혈혈단신 상경해서 명문 여중에 입학하기 전까지 엄마는 시골을 떠돌며 살았다. 모두가 배고프고 가난하던 한국전쟁 직후 시절이었다. 오빠가 도시로 진학했기 때문에 엄마는 홀어머니와 둘이 살았다. 그 시절 점잖은 여자가 돈벌이를 하기는 쉽지 않았고, 할머니는 삯바느질로 생계를 유지했다. 엄마 말에 따르면 두 분은 여기저기 옮겨 다니며 이런저런 남자 친척 집에 얹혀살았다. 그러던 중 부유하지만 퉁명했던 한 남자 친척이 엄마를 불러서 가축들 울음소리를 배경 삼아 말했다. "여기 너보다 똑똑한 사람은 없어. 이 마을에서는 네가 배울 게 없다." 엄마는 상경 후 부잣집 입주 가정교사로 들어가서 거의 자기 또래의 아이들을 가르치며 침침한 불빛 아래 늦은 밤까지 공부했다. 엄마는 노래를 좋아했고 예술가가 되고 싶다는 아련한 꿈도 품었지만 부잣집 자녀가 아니면 예술을 공부할 수 없어서 꿈을 접고 서울대 간호대학에 입학했다.

엄마 말에 따르면 아빠는 엄마를 쫓아다닌 많은 남자들 중 가장 가난했다. 그 남자들은 대부분 좋은 집안 출신으로 대학 졸업 후 재벌 대기업에 다녔다. 엄마와 아빠는 한국 멜로드라마 같은 상황에서 만났는데 그 상황이 두 분의 섬세한 성격에 들어맞았다. 젊은 간호사였던 엄마의 병동에 중환자가 한 명 있었는데 아빠의 친구였다. 아빠의 친구는 병도 깊고 돈도 없었다. 아빠도 돈이 없었지만 어찌어찌 친구의 수술비를 마련했다. 친구는 죽기 전에 아빠에게 부친을 돌봐달라는 부탁을 남겼다. 그러자 아빠는 그의 부친을 찾아가 돈도 드리는 등 그 약속을 지켰다. 이런 낭만적인 상황(죽어가는 친구, 가난한 청년들, 죽은 친구의 소원)이 엄마를 감동시켰고 엄마는 아빠가 돈은 없어도 인성은 최고라는 결론을 내렸다.

신혼여행 후 부모님은 한강 북쪽에 위치한 아파트에 신혼살림을 차렸다. 아빠는 한국과학기술연구원KIST이라는 좋은 직장에 취직했는데 금세 그곳에 염증을 느꼈다. 그곳 사람들 중에 아빠만 서울대 출신이 아니었기 때문이다. 아빠는 한양대 공대 출신이었는데, 한양대도 메사추세츠공과대MIT나 캘리포니아공과대CALTECH 정도로 명문대이지만 서울대 출신 동료들은 아빠를 깔보았다. 지금도 마찬가지겠지만 그 시절 한국은 그랬다. 최고가 아니면 실패자다.

다음 해 여름 내가 태어났을 때 나의 친할아버지는 아들이 아니라는 이유로 손주의 이름을 지어주지 않았다. 어쨌건 아빠는 서울에서 가장 비싼 **작명소**에서 당시 100만 원쯤 되는 큰돈을 주고 내 사주를 보았다. 작명인은 내가 여자에게 불길한 말띠 해에 태어났지만 훌륭한 사람이 될 거라고 말했다. 그 사람은 분명 다른 손님들에게도 비슷하게 말했을 것이다. 어쨌건 아빠는 나를 사랑했다. 저녁이면 **백화점** 식품 매장에서 당시 처음 수입되어 가격이 천 원이나 하던 바나나를 사왔다. 엄마는 바나나 껍질을 벗기고 과육을 으깨서 내 입에 쏙 들어가는 작은 은수저로 떠먹여주었다.

어느 날 아빠가 더는 직장에 못 다니겠다면서 출신 학교보다 돈이 더 중요한 미국에 가자고 했다. 미국에서 백만장자가 아니라 억만장자가 되겠다고. 1980년에 이민자가 입국할 때 신고 없이 가져갈 수 있는 상한선은 7000달러까지였다. 두 분은 엄마의 월급과 팁, 아빠의 월급을 열심히 모아 마련한 그 돈을 여행자 수표로 바꾸고 서울에서 비행기를 탔다. 우리는 큰아버지 한 분이 정착한 텍사스 휴스턴으로 갔다. 큰아버지 댁에서 석 달을 지낸 뒤 (당시 엄마와 큰어머니는 원수진 고양이처럼 서로를 경계했다) 부모님은 휴스턴 남서쪽 도시인 벨레어의 투룸 아파트를 구하고 차도 샀다. 폭스바겐 비틀이었다. 아빠는 미국의 분위기를 파악하려고 먼저 엔지니어링 회사에 들어갔다. 그리고 거기서 때를 기다리며 사업 구상을 했다. 온

갓 구상이 아빠의 머릿속에서 통돼지 구이처럼 돌아갔다.

벨레어에 살던 시절, 충남 온양에 거주하는 외삼촌이 전화로 외할머니의 죽음을 알렸다. 국제 전화라 비쌌지만 긴 인생의 종언을 알리는 데는 긴 시간이 필요하지 않았다. 엄마는 전화를 끊고 카펫에 주저앉았다. 수신기도 함께 떨어져서 삐삐 소리를 냈다. 저녁 식사가 끝난 뒤였고 소식을 들은 아빠는 말없이 베란다로 나가 담배를 피웠다. 아빠는 할머니와 사이가 좋지 않았다.

엄마 곁에 남은 나는 한국에서 가져왔지만 텍사스 날씨에는 너무 더운 털모자를 가지고 놀았다. 방울 달린 그 모자를 쓰고 토끼처럼 깡충깡충 엄마에게 뛰어갔다. 하지만 엄마가 고개를 들어 젖은 눈을 보이자 내가 눈치 없이 굴었다는 것, 엄마에게 내가 필요하다는 걸 알았다. 엄마가 손을 뻗으며 고통에 잠긴 부드러운 목소리로 말했다. "혜승아, 이 모자 쓰지 마. 한국에서는 흰 모자를 쓰면 사람이 죽어." 내가 이해하지 못하는 또 한 가지 한국 미신이었다. 게다가 사람은 이미 죽지 않았나? 하지만 나는 잘못한 것처럼 모자를 치우고 엄마의 품을 파고들었다. 엄마는 나를 끌어안으며 내 작은 가슴에 대고 "엄마, 엄마" 하며 울었다.

엄마에게는 장례식에 참석하기 위해 한국으로 갈 돈이 없었다. 엄마는 나중에 그 일을 자주 말했다. 엄마는 모친의 반대를 무릅쓰고 아빠와 결혼했고, 그로 인해 모녀 사이가 멀어졌다. 여기서 내가 얻은 교훈은? 어머니의 말을 어기고 자기 멋대로 하면 결과가 좋지 않다는 것이었다.

아빠는 한인 인맥을 통해 중고 볼보 자동차 매물 소식을 들었다. 볼보는 부자들이 타는 스웨덴산 차였다. 아빠는 지금 우리가 미국에 있으니 부자처럼 살아야 하고 그래서 그 볼보를 사야 한다고 했다. 엄마는 사치하지 말라고 했지만 아빠는 그 말을 귓등으로 넘기며 미국인이 다 된 것처럼 말했다. "돈을 써야 돈을 벌어." 결국 1000달러를 턱 내서 그 차를 사고 아끼던 비틀 차를 치웠다.

그 볼보 차는 주행 거리가 15만 킬로미터가 넘었지만 화려하고 진한 버건디 색상에 시트는 가죽이었다. 그런데 이런 호사스러움은 안전과 아무 상관없었고 차는 어느 뜨거운 여름밤에 식구들을 다 태운 상태로 불길에 휩싸였다. 내 안전벨트가 녹슬어 풀리지 않자, 동생을 임신해 만삭이던 엄마가 괴력을 발휘해 안전벨트를 뜯었다. 아빠는 불타는 차를 세븐일레븐 앞 주차장으로 몰고 가 편의점 냉장고에서 아무거나 차가운 걸 꺼내 가지고 나왔는데 바로 1리터짜리 스프라이트였다. 점원이 돈 내라고 소리를 지르며 뛰어나왔고, 아빠는 주차장으로 달려가 타오르는 엔진에 음료를 부었다. 혼이 나간 엄마는 부푼 배로 나를 꼭 끌어안고 허영심에 산 낡은 차 때문에 첫아이를 잃을 수는 없다고 주문을 외듯 말했다. 나는 엄마의 거대한 배에 바짝 붙어 있었고, 지글거리는 세븐일레븐 주차장에 주저앉은 우리 주변으로 구경꾼들이 모여들었다.

아빠가 출근하면 엄마는 〈세상은 돌아가고〉 또는 〈불안한 청춘〉 같은 드라마를 틀어놓고 집안일을 했다. 드라마 속 싸움도 우리 부모님의 현실 싸움만큼 처절하고 격렬했지만, 어쨌건 그 덕분에 엄마도 나도 그들만큼 "사랑해"라는 말을 자주 하게 되었다. 엄마는 내가 학교에서 미국 아이들에게 뒤처질까 봐 영어 알파벳을 가르치고 한국어는 가르치지 않았다. 집 곳곳에 카드를 붙이고 'window(창문)' 'chair(의자)' 'curtain(커튼)' 'couch(소파)' 등 물건 이름을 적었다.

나는 집 한구석에 있는 아동용 플라스틱 책상에 앉아서 놀았다. 아빠가 여전히 풀 먹인 냄새를 풍기며 퇴근해서 회사에서 가져온 도트 프린터 이면지를 의자 옆에 쌓아주면 나는 하얀 뒷면에 그림을 그렸다. 더운 열기가 들어오는 창가에서 조금 떨어져 있는 그 책상에 앉아 연필을 쥐면 부엌 소음도 물러가고 내 안에 강력한 집중력이 물결쳤다. 내가 내 안으로 깊이 내려가면 그 물결은 진동 폭이 더 커진 뒤 마침내 연필 끝을 통해 빠져나가 방을 가득 채웠다. 종이 위에 형상이 나타나면 나는 나의 첫 미술 교사인 엄마의 가르침대로 사람의 팔을 손목으로 갈수록 가늘게 그리고, 엉덩이를 두툼하게 그리고, 흑연으로 투박한 음영을 넣었다. 그림 그리는 일은 즐거웠고 나는 충만해졌다.

볼보 차 화재를 겪었을 무렵 엄마는 간호사 면허 시험 준비를 위해 나를 어린이집에 보냈다. 엄마는 모든 의학 용어(시스템, 해부학, 절차)를 영어로 다시 배워야 했다. 나는 어린이집에 잘 적응하지 못했다. 하루 몇 시간뿐이었지만 엄마가 나를 두고 떠나면 나는 멀어지는 엄마의 등 뒤에 대고 소리를 질렀다. 아이들, 교사들, 직원들의 말은 이상했고, 생김새도 냄새도 한국인과 달랐다. 엄마는 마음이 여려서 웬만하면 나를 어린이집에 보내고 면허 시험 볼 생각을 하지 않았겠지만 이때는 창고 같은 가게에서 세이코 시계, 구찌 등을 팔던 시절이었기에 아빠가 사업을 계속한다면 엄마가 돈을 벌어야 했다. 그때 두 분은 이미 슈거랜드에 집을 구하고 있었고 그해 겨울 아서가 태어난 뒤 우리는 휴스턴을 떠났다.

나는 커가면서 우리 집에서 강한 사람은 엄마이지만 우리 운명을 좌우하는 사람은 아빠라는 걸 알게 되었다. 엄마는 미국 잡지를 보고 죠다쉬 청바지를 꿈꾸며 자란 외국의 어떤 여자들처럼 이민을 원한 적이 없었다. 5년만 지내다가 한국에 돌아갈 거라는 아빠의 약속은 지켜지지 않았고, 나는 어린 시절 내내 엄마가 '좋은 아내'를 연기하며 아빠를 뒷바라지하면서 자신이 꿈꾸던 인생을 놓쳐버리는 모습을 지켜보았다. 나는 아빠를 사랑했지만 엄마 편에 섰다. 그 시절 엄마는 열심히 일해서 모은 돈을 아빠의 사업과 자존감을 위해 건네주었다. 아빠는 한국 남자였지만 자존감만큼은 지극히 미국적이었다.

아메리칸 드림이 담긴 그 조립식 주택(여덟 가지 모델 중 선택한 것이었다. 그 꿈의 가짓수는 딱 그만큼뿐이라는 것처럼)에서 아서와 나는 부모님의 손길 없이 알아서 놀았다. 엄마가 병원에 있을 때 아빠는 우리를 방치했고 덕분에 아서와 나는 길들지 않은 채 자랐다. 아빠가 전화기에 대고 나직이 하는 말들("알루미늄 핀 튜브" "고물 트럭 바퀴 림" "구리관")은 유년 시절의 백색 소음이었다. 나는 내 나름대로 놀이를 고안해서 당시 내 유일한 친구였던 남동생에게 보라색 원피스를 입히고 여동생 스테파니라고 불렀다. 스테파니는 바비 인형 놀이를 싫어하지 않았다. 나와 함께 노는 게 좋았기 때문이다.

불을 뿜는 용광로

아빠는 성당 활동을 힘들어했다. 미사 시간이 일하는 시간과 겹쳐서 더 그랬다. 하지만 1984년에 휴스턴 서쪽 소도시인 케이티에 공장을 세웠을 때는 한인 성당의 코왈스키 신부를 초대했다.

우리가 한국식으로 '고 신부님'이라 부른 폴란드 출신 코왈스키 신부는 초대에 응했다. 그는 나를 '스완 넥(백조처럼 길고 곧은 목)'이라 부르고, 아빠가 직접 짐을 져 날라 만든 공장의 콘크리트 토대에 성수를 뿌렸다.

공장은 이렇게 가톨릭교회의 축복을 받았을 뿐 아니라 풍수도 좋았다. 공장 입구가 해 뜨는 동쪽이었다. 니은 자형 창고 건물 중심에는 공장의 주력 장비이자 아빠의 지혜를 집대성한 강철 용광로가 있었다. 그것은 불과 효율을 내뿜으며 알루미늄 함량이 높은 깡통, 튜브, 기타 산업 폐기물을 섭씨 2200도에서 걸쭉하게 녹인 뒤 삼각 기둥꼴 주형에 부었다. 그 주형을 돌 위에서 식힌 뒤 시멘트에 대고 내리치면 그 안에서 알루미늄 괴가 냉동 파운드케이크처럼 둔탁한 소리를 내며 떨어져 나왔다. 아빠와 인부들은 매일같이 그늘도 없는 땡볕에서 소매가 긴 방염복을 입고 사슬에 묶인 죄수들처럼 일했다.

공장 일을 시작하면서 아빠는 담배도 잊었다. 담배 필 시간이 없었다. 아빠는 하루에 16~17시간을 일했고, 내가 등교할 때(이때쯤 초등학교에 입학했다)는 잤다. 아빠가 동틀 녘에야 퇴근했기 때문에 엄마는 저녁에 집에 있으려고 야간조 근무를 그만두었다.

아빠가 밤에 공장에서 일하면 엄마는 한국 음식을 잔뜩 싸가지고 갔다. 엄마, 아서, 내가 저녁을 다 먹은 뒤 엄마는 동그란 **소반**(결혼 선물로 받은 옻칠 쟁반)을 꺼냈다. 그리고 뚜껑 있는 그릇에 시금치, 두부, 콩나물, 김치, 고등어 등을 담아놓았다. 우리가 식사하기 전에 아빠 몫으로 미리 챙겨둔 것이었다. 역시 우리 밥보다 먼저 담아놓은 공깃밥은 두꺼운 수건에 보물처럼 싸여 있었다.

우리는 아빠가 신문 광고란을 보고 산 중고 밴에 탔다. 밴은 좌석이 두 개뿐이었고 내가 이제 좀 커서 뒤쪽 짐칸의 스페어타이어에 기대앉았다. 나는 무릎에 올려놓은 음식 때문에 긴장했다. 처음에는 반바지에 소스도 흘렸지만, 나중에는 균

형 잡는 데 익숙해져서 졸면서도 무릎 위 쟁반을 돌려서 더운 음식이 있던 자리에 찬 음식을 전략적으로 옮길 수 있었다.

그러다 공장 지대에 들어서면 자동차 타이어가 석회암 위를 구르는 소리에 잠에서 깼다. 연기가 하늘을 향해 세모꼴로 솟아오르는 구역으로 다가가다가 방향을 틀어 정문을 지나면 아빠의 공장이었다. 컴컴한 나무들과 고철 더미가 이룬 검은 윤곽선 사이로 용광로의 붉고 노란 불길이 모스부호 통신처럼 리드미컬하게 고동쳤다. 한 번은 강하게, 한 번은 약하게, 다시 강하게.

엄마는 아빠 차인 포드 F-250 XLT 래리엇 트럭 옆에 밴을 세웠다. 그 트럭은 은행에서 우리 집값의 3분의 1이나 되는 2만 5000달러를 대출받아 산 것으로, 아빠의 파괴의 손길을 피한 커다란 목련나무 아래 잠자고 있었다. 나무는 무거운 가지를 땅에 떨군 채로도 위엄이 넘쳤다. 멀리서 불빛 하나가 까딱이며 다가왔다. 아빠의 랜턴이었다. 아빠는 얼굴도 옷도 땀범벅이 되어 물에 빠진 개 같은 모습으로 불구덩이에서 나왔다. 아빠는 트럭 짐칸의 아이스박스를 열어 얼음 녹은 물을 두 손에 붓고 젖은 셔츠를 벗은 뒤 그걸로 얼굴을 닦았다. 그때마다 나는 '베로니카가 골고다 언덕으로 가는 예수님 얼굴을 닦아주는 것 같아' 하고 생각했다. 어둑어둑한 빛 속에 그을린 아빠의 가슴이 보였다. 지식인의 희고 부드러운 피부가 사라진 아빠는 우리 가족이 아닌 이국적인 이방인처럼 보였다.

아빠는 랜턴을 목련나무 위쪽에 걸어두고 우리와 함께 트럭 짐칸에 앉았다. 랜턴 주변에 모기들이 몰려들었다. 아빠가 종이 냅킨에 싸온 은 젓가락으로 밥을 먹는 동안 엄마는 아빠와 조용히 대화를 나누었다.

"어떤 침입자가 알루미늄 괴를 훔쳐가고 있어." 아빠가 밥을 먹으면서 엄마에게 말했다.

"그걸 어떻게 가져가? 굉장히 무겁잖아."

"울타리 밑으로 빼내는 것 같아. 오늘 밤 인부들한테 감시하라고 시켜야겠어." 아빠는 입에 넣은 멸치 반찬을 거의 씹지도 않고 삼켰다. "내일 보몬트의 중량 계측소에 가야겠어. 여기 계측소는 저울 장난을 쳐."

"그게 사실이라 해도 지금 공장은 일꾼들에게 급료를 주고 나면 남는 게 없어. 일꾼들 벌이가 당신보다 좋은데 당신은 식대도 주잖아."

"하지만 내가 사장이야." 아빠가 말했다. 아빠에게 사장이란 양보할 수 없는 자리였다. 아빠는 자신의 시간당 벌이도 계산해보지 않았을 것이다. 아빠는 그런 불편한 사실이 엄마의 불신과 무정함 탓이기라도 한 것처럼 들은 척하지 않았다. "하지만 알루미늄 가격은 오를 거야." 아빠의 결론이었다. 아빠는 알루미늄 가격에 희망을 걸었다. 지금까지는 가격이 너무 낮아서 수지가 안 맞았다. 《휴스턴 크로니클》을 보면 경제 상황은 좋지 않았지만, 아빠는 현금 여유가 있어도 일꾼들에게 나누어주었다.

　나는 바위에 드리워진 아빠의 그림자를 눈으로 쫓았다. 위아래로 흔들리는 그림자가 아빠의 피로를 드러냈다. 아서와 나는 트럭에서 내려 나무 앞으로 간 뒤 인어처럼 나뭇가지 사이로 머리를 내밀었다. 공장 마당에는 우리가 놀 만한 곳이 별로 없었다. 모퉁이는 위험했다. 어둠 속에 뱀들이 알을 품고 있었기 때문이다. 용광로 근처도 안 되었다. 아빠가 가슴을 다친 이후 우리는 용광로를 무서워했다. 그 상처는 일꾼들과 싸워서 생긴 게 아니라 달구어진 열교환기 튜브를 트럭 짐칸에 던졌다가 거기서 초고열 수증기가 쏟아져 나와 생긴 것이었다.

　아빠는 사고 후에도 왼쪽 가슴에 얼음을 대고 몇 시간을 더 일했고, 일을 마쳤을 때는 13킬로그램이 넘는 알루미늄 괴를 옮길 힘이 남아 있지 않았다. 그래서 간신히 일꾼들에게 식사를 주고 차로 그들을 귀가시킨 뒤, 차가 덜컹거릴 때마다 이를 앙다물고 슈거랜드로 돌아왔다. "혜승아, 안방 화장실에서 화상 연고하고 거즈 가져와라." 엄마가 소리쳤고 아빠는 상의를 벗고 거실 바닥에 누웠다.

　아서와 나는 몰래 얼음 양동이로 가서 탄산음료인 빅레드를 마셨다. 달콤한 액체가 콧속에 들어왔다가 붉은 물줄기를 이루어 목 위로 흘러내렸다.

　"셔츠에 그게 뭐야?" 우리가 랜턴 불빛 아래 들어서자 아빠가 내 가슴팍을 가리켰다. "빅레드 마셨니?"

"아뇨!" 아서와 나는 빨간 이를 보이며 소리쳤다.

"아빠. 꼭 떠돌이 개 같아요!" 아빠의 기분이 좋아 보여서 내가 용기를 냈다.

"**이 새끼야!**" 아빠가 웃으며 욕했고 잠깐 예전 모습이 나왔다.

평소에 아빠는 식사 후에 담배를 피웠지만 그날은 시간이 없었다. 그릇은 비고 아빠 입에서는 담배 냄새 대신 마늘과 된장 냄새가 났다. 이제 우리 셋은 슈거랜드로 돌아가야 했다. 아빠는 호세, 마이크 등의 일꾼에게 줄 햄버거를 사러 맥도날드에 가야 한다고 했다. 아서와 나는 밴에 탔다. 아서는 차가 공장 문을 나서자마자 곯아떨어질 것이다. 엄마는 운전대 위로 목을 늘이고 좌석의 방석 위치를 조정했다. 나는 귀가하기 위해 트럭에 자리를 잡고 창밖으로 어둠 속의 불카누스[*] 같은 아빠를 보았다. 아빠의 검은 형체가 두 손을 허리에 얹고 서 우리에게 눈길을 던진 뒤 불과 쇠로 이루어진 자신의 작은 영토로 눈길을 돌렸고, 밴은 돌멩이를 밟으며 그곳을 빠져나갔다.

---

* 로마 신화에 나오는 불과 대장장이의 신. 그리스 신화의 헤파이스토스.

파산

"압류가 뭐예요?" 내가 물었다. 엄마는 격주 화요일과 일요일에 병원을 쉬었지만 12월 그날은 수요일이었고, 열쇠로 문을 따고 들어간 집 거실에 부모님이 있었다.

부모님이 1986년에 파산 신청을 하면서 우리가 지은 희망의 집, 내가 혼자서 나름대로 즐겁게 놀았던 유년의 집이 은행 소유로 넘어갔다.

알루미늄 가격이 하락하는 바람에 엄마가 장을 한 달에 한 번밖에 못 봤지만 나는 배를 주린 기억이 없다. 그래서 우리가 휴스턴에 있는 엄마 병원 근처의 투룸 셋집으로 이사 간다고 했을 때 나는 놀랐다. 내가 친구들과 헤어지는 것도 그 집과 헤어지는 것도 싫다고 하자 엄마는 희망을 잃지 않으려고 노력하며 새 집에 가면 좋은 기회가 많을 거라고 말했다.

"메모리얼은 슈거랜드보다 아름다운 곳이야." 엄마는 앞날에 향수를 느끼는 듯한 목소리로 말했다. 잘 시간이었고 엄마와 나 둘뿐이었다. 엄마는 내가 덮은 이불을 매만지면서 침대 옆에 무릎을 꿇고 앉았다. "큰 나무도 많고 집들도 좋아."

나는 엄마의 손길을 느끼며 나에게 아름다움 자체인 엄마를 바라보았다. 엄마는 어린 시절에 이사를 너무 많이 다녀서 힘들었다는 말을 자주 했다. 그런데 이제 또 이사를 가야 했다. 엄마는 이 일로 평생 아빠를 원망할 게 분명했다. 엄마가 고개를 들자 불빛이 엄마의 검은 눈동자에 들어가서 반짝거렸다. 이사 가는 동네에 멋진 집들이 있다 해도 우리 집도 그럴 것 같지는 않았다. 파산이 뭔지 직감했기 때문이다. 만약 우리가 부유한 동네로 가도 우리 집은 그중 가난한 구역의 셋집일 것이다.

엄마가 화제를 바꿨다. "새 학교도 좋아하게 될 거야. 텍사스에서 손꼽히는 학교인데다가 학생들도 슈거랜드 학생들보다 똑똑해."

나는 그것도 의심스러웠다. 우리 학교에는 똑똑한 아이들이 많았다. 체스도 잘 두고, 어른들 앞에서도 야무지고, 놀이터에서도 당당했다. 나도 그 애들과 비슷한 것 같지는 않았지만 어쨌건 내 성적은 좋았고 엄마가 바쁠 때면 내가 직접 성적표에 엄마 이름을 서명했다. 결석이 허락되지 않는 환경이었기에 우수한 성적을 내는 것도, 우등상을 받는 것도 그리 어렵지 않았다.

    슈거랜드의 마지막 날 나는 눈을 크게 뜨고 우리 집 모습을 머릿속에 새겨두려고 했다. 은행이 압류 목록에서 제외해준 자동차를 타고 그 집을 떠날 때 미래만 보는 것 같던 엄마는 지난날을 생각하며 울었다. 주택 단지 밖으로 나오자 빨간 풍선들이 손을 흔들어 작별 인사를 건네었다.

2부

공부, 내게 허락된 유일한 것

쟤 영어 할 줄 알아요?

파산은 당사자의 일정을 고려하지 않고 벌어지는 일이다 보니 나는 학기 중인 1월에 전학했다. 그날 아침 아빠가 학교 행정실에서 전학 관련 서류를 작성하는 동안 나는 옆에 조용히 앉아 있었다. 어느새 종이 울렸다. 하워즈 선생의 3학년 교실에서는 명랑하고도 조용한 학업 분위기가 느껴졌다. 교실 벽에 학업 성취 관련 자료들이 붙어 있고 아이들은 공부에 열중했다. 유리창이 큰 교실은 슈거랜드보다 밝았고, 바깥으로 소나무가 늘어선 깔끔한 축구장과 육상 트랙이 보였다.

배우 파라 포셋처럼 머리숱이 많은 하워즈 선생은 편안하게 미소 지었다. 내 이름 '혜승'을 텍사스식으로 '헤이순'이라고 발음했지만 나는 굳이 고쳐주지 않았다.

"헤이순, 같이 축구 테이블에 가서 책을 읽어보자꾸나."

선생이 말했다.

나는 선생을 따라 교실 뒤쪽에 있는 미식축구장 모양 테이블로 갔다. 선생이 내게 건넨 책 글씨가 커서 놀랐다. 글씨가 작은 책을 읽은 지 꽤 되었기 때문이다. '똑똑한 아이들이 많다더니.' 나는 생각했다.

"첫 쪽부터 읽어보자." 선생이 말했다.

교실은 책장 넘기는 소리만 빼면 조용했고, 나는 거의 속삭이는 듯한 목소리로 책을 읽었다. "마거리트 헨리의 유명 시리즈 《친코티그의 미스티》는 체사피크만의 친코티그섬과 애서티그섬에 사는 야생 조랑말들에 대한 이야기다…"

마거리트Marguerite, 친코티그chincoteague, 애서티그assateague. '-ue' 모음 조합을 제대로 읽는지 알아보기 위한 문장이었다. 나는 '리그league'라는 단어에 익숙했기에 이미 그 조합을 잘 알았다. '너무 쉬운걸.' 불안한 엄마를 둔 이민자 가정의 자녀들이라면 모두 세 살 때부터 책을 읽는다.

선생이 끼어들었다. "잘했다, 헤이순. 그만해도 돼. 너도 축구 독서반에 가입하는 게 좋겠다." 그리고 나를 두 여학생 사이로 데려갔다. "에이버리 하고 해나 사이에 앉으렴."

왼쪽에 앉은 에이버리 스턴의 옷차림은 세련되고 옷도 비싸 보였다. 오른쪽에 있던 해나 콜은 키가 크고 단정했으며, 깨끗한 버튼다운 셔츠를 입은 모습이 동화책 《라모나》 시리즈에 등장하는 라모나의 똑똑한 언니 비저스 같았다.

전학한 첫날 그 반에서는 많은 일이 있었다. 하워즈 선생이 채점한 수학 쪽지 시험지를 돌려주자 교실 한쪽의 남학생이 책상에 엎드려 어깨가 흔들리도록 울었다. 시험지에 빨간 글씨로 적힌 '85'라는 점수에 크게 상처입은 것 같았다. 낙제했거나 숙제하는 것을 까먹었다면 정말로 창피했겠지만 그런 일도 아니었다. 슈거랜드 아이들은 성적에 신경 쓰지 않았다. 나는 85점을 받아도 100점을 받았을 때처럼 태평했다. 나는 그 아이가 자기를 갉아먹는 낯선 동물처럼 신기했다.

하워즈 선생이 아이를 조용히 흔들자 아이는 딸꾹질을 하며 선생과 함께 복도로 나갔고 해나가 내게 말했다. "티모시 버크너는 취미로 컴퓨터를 만들고 아빠가 MIT 출신이야. 수학 점수를 나쁘게 받으면 큰일 나." 나는 그 말을 이해한다는 듯 고개를 끄덕였다.

언어 시간에 내가 과제를 하지 못하자(전에 다닌 학교에서는 악센트를 가르쳐주지 않았다) 에이버리가 선생처럼 가르쳐주었다.

"먼저 단어를 음절로 나눠야 돼. 'homework'를 속으로 발음해봐. 첫 번째 음절인 'home'에 강세가 오잖아. 'work' 말고. 또 'information'은 음절이 네 개야. 어느 음절에 강세가 오니?" 나는 한국어에는 특정 음절에 강세를 두지 않는다고 말해주고 싶었지만 그냥 입을 다물고 에이버리가 정확한 자리에 깔끔하게 악센트 표시를 하는 모습을 보았다.

이어 시를 배울 때 내가 '핑크pink'와 각운을 이루는 단어를 겨우 '싱크sink'와 '클링크clink'만 생각해내는 동안, 해나는 '블루blue'와 각운을 이루는 단어를 스무 개나 생각해냈다. 해나는 알파벳 지z도 필기체로 쓸 줄 알았고 평범한 대화 중에 '연식'이라는 말도 사용했다.

시골 출신인 나는 머리가 터질 것 같았다. 엄마 말이 맞았다. 여기 아이들은 훨씬 똑똑했다. 그리고 그런 일을 신경 썼다. 아주 많이.

"헤이순." 하워즈 선생이 앞에서 손짓했다. "나와서 네 소개를 해보렴." 천천히 일어나서 앞으로 나가니 선생이 내 어깨에 손을 얹었다.

선생이 시작 신호를 주기까지 짧은 시간 동안 내 머릿속에는 수백 가지 생각이 지나갔다. 내 이름은 '헤이순'이 아니라 '혜승'이라고 말할까? 하지만 다른 사람들이 부르기에는 '헤이순'이 더 편하지 않을까? 내가 어디 출신인지 말해야 할까? 그런데 나는 슈거랜드 출신일까? 서울 출신일까?

하지만 내가 입을 열기도 전에 머리를 양 갈래로 땋고 들창코인 여학생 토리 메일러가 손을 들고 선생에게 말했다. "쟤 영어 할 줄 알아요?"

이제 상처받은 사람은 티모시가 아니고 나였다.

내가 입을 다물고 가만히 서서 토니의 의문이 타당했음을 증명하고 있을 때 선생이 끼어들었다. "헤이순은 축구 독서

반에 들어갈 거야."

토리를 비롯한 여러 아이가 알겠다는 듯 고개를 끄덕였다. 나는 해나와 에이버리도 독서반이라는 말을 들었기에 나도 거기 들어가는 게 좋겠다고 생각했다. 하워즈 선생은 다시 내 어깨에 손을 얹고 자리로 돌아가라고 신호했다. 나는 수치심에 싸여 부잣집 아이와 우등생 사이의 내 자리로 갔다. 나는 왜 이런 걸까? 앞에 나갔다가 한 마디도 못하고 돌아왔다.

하워즈 선생이 시키는 대로 사회 교과서를 폈지만 방금 있었던 일이 머리에서 떠나지 않았다.

그때까지 나는 내향적이고 관찰을 즐기는 몽상가로 살았다. 낯선 사람의 향수를 냄새 자체가 아니라 그것이 일으키는 감정으로 기억하는 소심하고 조용한 여덟 살짜리. 책을 하루에 한 권씩 읽고 몇 시간씩 그림을 그리는 아이. 외국어였던 언어가 어느새 모국어를 밀어낸 아이. 전에는 말하기 싫으면 말할 필요가 없었는데 이제 그런 유령 같은 삶을 떠나야 했다. 그림자를 벗어나 내 모습을 보여야 했다.

'나는 당연히 영어 할 줄 알아, 토니 메일러.'

어울리지 않는 손님

 방과 후에는 주로 해나와 놀았다. 해나는 아주 훌륭한 새 단짝 친구였다. 그 애 집 2층에 놀이방도 있고, 3층짜리 인형의 집(실제처럼 정교한 미니 괘종시계, 램프, 업라이트 피아노가 있는)도 있었기 때문이다. 인형의 집에 사는 여자 인형은 해나처럼 언니도 있고 엄마와 아빠도 있는데다 해나를 닮았다. 그 예쁜 인형을 처음 보았을 때 나는 손에 들고 이리저리 둘러보며 기묘하게 해나를 닮은 모습에 감탄했다.

 점잖은 해나의 어머니는 아이들에게도 수준 높은 말을 썼고, 나는 해나가 어떻게 '연식' 같은 단어를 아는지 이해할 수 있었다. 방과 후에 해나의 집에 간 내게 해나 어머니는 손을 씻게 한 뒤 우유와 함께 생강빵 쿠키를 딱 두 개씩 주었다. 내가 하교했을 때 집에 엄마가 있으면 그건 아서가 아파서 어린이집에 못 갔거나 엄마와 가까웠던 환자가 죽었다는 뜻이었다. 하지만 대개는 직접 열쇠로 문을 따고 들어갔고 텔레비전을 틀기 전까지는 집 전체가 조용했다. 무얼 먹거나 말거나 내 마음대로였다. 아무런 규칙이 없었다. 그래서 쿠키를 딱 두 개만 먹을 수 있다는 규칙은 나도 중요한 사람이라는 느낌을 주었다.

해나가 우리 집에 왔을 때 해나의 어머니는 우리 집이 다른 집들처럼 여유를 풍기는 큰 집이 아니라 김치 냄새 나는 투룸 아파트라는 이유로 나를 다르게 대하지 않으려고 했다. 월세 아파트에 사는 친구가 없던 해나는 평소보다 더 반듯해져서 로봇처럼 움직였고 나는 해나가 긴장하지도 않고 더 좋은 장난감들도 있는 그 애 집에 가고 싶어졌다.

전학 이후 그렇게 지내던 중 다음 해 봄 에이버리의 생일 파티가 있었다.

에이버리 같은 아이는 처음 접했다. 에이버리는 똑똑한데다 인기도 많고 상냥하고 집도 부자였다. 에이버리가 유대인이라고 다른 어른들은 나직이 소곤거렸다. 부모 모두 성형외과 의사고 다른 집도 한 채 있어서 비행기로 두 집을 왔다 갔다 한다는 소문이 있었다. 에이버리는 진짜 눈雪도 본 적 있고 스키도 수백 번 타봤다. 시골 출신인 나는 그런 말의 의미를 다 이해하지는 못하고 대충 감탄만 했는데 아마 제대로 된 감탄도 아니었을 것이다.

    우리는 이제 자동적으로 반 아이 전부를 초대하는 나이가 아니었다. 공평했던 친절은 전략 게임이 되었고 부모들은 은근히 아이들의 서열 상승을 부추겼다. 나는 전학 온 아이라서 초대받으리라 기대하지 않았지만 에이버리와는 처음부터 잘 맞았고 책도 자주 바꿔 읽었다. "너는 화가가 돼야 할 것 같아. 네가 선생님보다 글씨를 잘 써." 에이버리가 내 필기체 글씨를 보고 말했다.

    에이버리의 생일 파티가 있던 토요일, 나는 엄마의 걱정거리인, 염탐하는 변태들의 시선을 막기 위해 커튼을 치고 파티 복장으로 갈아입었다. 분홍색 칼라가 달린 셔츠와 엄마가 직접 만든 면 치마였다. 패턴도 엄마의 작품이었고, 엄마도 같은 패턴으로 만든 파란 치마를 입었다. 나는 무릎 아래까지 오는 그 단순한 에이라인 치마가 싫지 않았다. 부모님이 평소에 내게 화려한 옷은 입히지 않았기 때문이다. 나는 화장실 세면대에서 이를 닦고 잡화점에서 산 플라스틱 머리띠로 앞머리를 넘겼다.

    에이버리의 집은 그날 처음 가봤는데 우리 아파트에서 차로 가까운 거리였는데도 마치 다른 대륙 같았다. 그 동네는 널찍한 잔디밭들이 인도를 대신했고 그 안쪽에 조용한 집들이 있었다. 우리는 돈 냄새 나는 고요 속에 말없이 헤일웨이 2번지를 찾았다. 차를 늦추는 엄마의 머리 위로 어느 해 겨울에

접착력을 잃은 천장 덮개가 늘어져 있었다. 그러다 다른 집들보다 좀 작고 특이하게 생긴 집 앞에 자동차가 여러 대 주차된 모습을 보았다. 그동안 책과 잡지를 많이 읽은 나는 그 집이 고급스럽고 현대적인 방식으로 독특하다는 걸 알았다. 해나의 집은 검은 덧창이 달린 2층짜리 연분홍 벽돌 건물이라 아이가 그린 그림의 실사판 같았는데, 에이버리의 집은 낮은 곡선형 구조였고 도로 쪽으로는 창문이 하나도 없었다. 마당에는 메모리얼에 흔한 진달래와 회양목도 없었다. 대신 전체적으로 절제된 풍광을 지중해 사이프러스 나무들이 넓은 띠를 이루고 둘러싸서 보호하고 있었다. 로터리 형태로 된 주차장 진입로에 벤츠와 재규어, 서버번 차들이 주차되어 있어서 우리는 도로에 차를 세우고 집으로 걸어갔다. 차에서 내리는 아이들을 만날 때 나는 머릿속에 현기증이 일었다. 그것은 내가 메모리얼에서 참가한 첫 번째 파티였다.

엄마로 보이는 날씬한 여자와 함께 문 앞에 서 있는 에이버리에게 손을 흔들었다. 우리 엄마는 에이버리처럼 여위고 우아한 얼굴인 에이버리의 엄마에게 인사를 했다. 검은 옷을 입고 나이 든 발레리나처럼 머리를 목덜미에 둥글게 묶은 에이버리의 엄마는 우리 엄마의 말에 주의를 기울이는 듯 고개를 살짝 굽혔다. 그런데 내가 엄마에게 작별 인사를 하기도 전에 사진사가 나를 잡아당겼다.

"'생일 축하해'라고 해!" 사진사가 에이버리와 나를 향해 카메라를 들었다. 플래시가 눈앞에서 번쩍 터졌다.

 나는 가져온 선물인 《빨강머리 앤》을 리본과 꽃으로 전문 포장된 큼직한 상자들 옆에 놓았다. 리본으로 장식할 돈이 없어서 그냥 깔끔하게 포장만 했는데 다른 선물들 옆에 놓인 그 모습이 마치 수도승 같아 보였다. 하지만 나는 에이버리가 아직 그 책을 안 읽었고 재미있어 할 것을 알았다.

 천장이 낮은 거실을 지나니 정원이 나왔고 거기에 해나와 토리가 있었다. 날씨가 좋았고 평소만큼 심하게 덥지도 않았다. 분수에 반사된 햇빛이 공중에 아른거리는 빛을 뿌렸다. 모두가 즐거웠고, 에이버리는 신이 나서 평소보다 더 상냥했다. 에이버리의 엄마가 부르자 우리는 정원을 떠나 식당으로 갔다. 식탁에 꽃꽂이와 여러 간식이 놓여 있었다. 토리가 작은 아이스케이크를 들고 내게 말했다. "너는 새로 이사 와서 잘 모르겠지만 프티푸르*는 프렌치베이커리 빵집이 최고야." 나는 생애 처음으로 프티푸르를 맛보았다. 테두리를 잘라내고 삼각형으로 자른 예쁜 샌드위치가 층층이 접시에 놓여 있었고, 나는 종류별로 하나씩 먹었다. 생일 케이크는 정말로 특별했다. '뷔슈'라는 이름의 원통형 케이크**로 에이버리 엄마가 조각으로 자르자 안쪽에 소용돌이무늬가 드러났다. 같은 축

---

* 식후에 커피와 함께 먹는 작은 간식.
** 뷔슈 드 노엘. 통나무 모양으로 생긴 프랑스식 케이크.

구 독서반인 에이버리, 해나, 토리와 함께 앉았지만, 그 아이들은 나만 빼고 모두 영재반이기도 했다. 영재반은 격주 수요일에 버스를 타고 다른 학교로 가서 심화 과제를 했다. 그 주에는 연을 만든다고 했는데 나도 함께하고 싶었다. 에이버리가 눈치채고 말했다. "혜승도 내년엔 영재반에 들어올 거야. 시험만 보면 100점을 맞고 글씨도 제일 잘 쓰니까."

이런 기억은 파티에서 있던 좋은 일이었다. 하지만 세월이 흐른 뒤 엄마는 그날 기름값을 아끼려고 파티가 끝날 때까지 두 시간 동안 인근에 차를 세우고 기다리며 울었다고 이야기했다. 엄마는 운전대 위로 손을 맞잡고 기도했다. 알고 보니 에이버리의 생일 파티는 드레스업 파티였다. 엄마는 아이들이 모두 경쟁하듯 고급스러운 원피스를 입고 그 집에 들어가는 것을 보았다. 파스텔 색조 꽃무늬 원피스와 레이스, 프릴 등등. 어떤 아이들은 실크 꽃이 달린 넓은 챙 모자를 썼고, 영국 왕실 모자 같은 걸 쓴 아이들도 있었다. 그리고 모두가 흰색 핸드백을 들었다. 몇몇은 굽 낮은 정장 구두를 신고 립스틱도 발랐다. 쌍둥이인 애그니스와 알렉산드라는 흰 장갑까지 꼈다.

엄마가 회상했다. "초대장을 읽고도 몰랐어. 그렇게 입혀서 보내야 하는지 엄마가 어떻게 알았겠니?" 슈거랜드에서 아이들 생일 파티는 마당에서 물놀이를 하거나 돈 있는 집이라도 파티룸이 있는 동네 피자 체인점에 가는 게 전부였다. "평생 그런 건 처음이라서 네가 걱정됐어. 그런데 네가 두 시간 뒤에 생글거리며 나와서 '이렇게 재미있는 파티는 처음이었어요'라고 해서 얼마나 안심이 되었는지."

하지만 그날 엄마는 아무 내색도 없이 조수석에 앉은 내게 이렇게만 말했다. "옷이 부끄럽지 않았다니 다행이구나."

엄마를 보았다. 엄마의 옆얼굴과 긴 단발머리가 보였다. 엄마는 감정 표현이 풍부한 사람이었지만 그때는 조용했다.

집까지 가는 짧은 길에서 나는 분홍색 치마 위에 올린 내 손을 보았다. 처음으로 교육의 눈, 즉 지식의 눈으로 보았다. 엄마는 늘 내가 자신을 닮되 그보다 더 잘하기를 바랐다. 엄마가 스무 살, 서른 살 때 배운 교훈을 실천하기를. 하지만 나는 여덟 살이었다. 그래서 우리는 같은 옷을 입게 되었고, 나는 내게 선택권이 있다고 생각하지 않았다. 파티의 즐거움은 차에서 깨졌다. 에이버리의 집에서 얻은 나에 대한 이해도 공기 속으로 사라지고, 나는 다시 엄마를 위해 살아야 한다는 익숙한 정체성으로 돌아왔다. 동등하다는 느낌, 다른 아이들과 어울릴 수 있다는 느낌은 착각이었다.

다른 아이들의 옷을 의식하지 못했던 것은 아니다. 아이들이 내게 불편한 눈길을 보내지 않았을 뿐이다. 하지만 아이들은 내가 그들과 다르다는 걸 알았다. 나를 포함한 극소수의 예외를 빼면 우리 학교 전체에 아시아계 학생은 대부분 아직 어학 과정을 병행하는 학생들이었다. 우등 수학반에 월세 아파트에 사는 아이는 나뿐이었다. 아이들은 내게 별로 기대하지 않았겠지만 어쨌거나 부끄러움을 안겨주지 않았고, 그것은 그 아이들, 그리고 어린이 특유의 친절함 덕분이었다.

파티가 끝나자 우리 모두는 답례품과 아까 현관 앞에서 에이버리와 함께 찍은 사진을 받았다. 사진이 담긴 액자에는 입체 펜으로 각자의 이름이 적혀 있었다. 차 안에서 나는 그 액자를 무릎 위에 붙들었고 차는 그늘을 벗어나 땡볕으로 들어갔다.

사진 속에서 에이버리와 나는 나란히 서서 웃고 있다. 나는 집에서 만든 치마 주머니에 손을 넣고 지금도 자주 그러듯이 고개를 갸우뚱하고 있다. 에이버리는 검은 레이스 모자를 썼다. 엄마에게 빌린 진주 목걸이가 너무 길어서 에이버리의 목을 세 번 감고 있다.

빈곤 계산

메모리얼로 이사하고 2년 정도 지난 뒤 아빠가 취직했다. 그 시절 나는 이미 우리가 '가난하다'는 말을 여러 번 들었다. 학교 친구들이 밤샘 파티를 하기 위해 우리 집에 왔을 때였다. 영화 〈더티 댄싱〉에서 섹시한 장면이 나올 때마다 엄마가 텔레비전 앞을 가려서 친구들이 짜증을 냈다. 한 아이가 집에 들어와서 거실을 둘러보더니 덤덤한 목소리로 말했다. "아, 너희 집 가난하구나." 엄마는 기겁했다. 그 말 때문이 아니라 내가 그 말에 신경을 써서였다. "못생기고 바보 같은 애가 한 말에 신경 쓰지 마." 엄마는 누구도 자신보다 낫다고 생각하지 않았다. 엄마는 인생에 많은 걸 이루었고, 가난한 삶을 싫어했지만 두려워하지는 않았다. 엄마는 해방 직후 시골에서 보리죽을 먹으며 컸고, 우유를 먹고 자란 아홉 살 미국 여학생은 가난이 무언지 모른다고 생각했다.

그때까지 내 인생 대부분, 그리고 아서의 일생 동안 우리 집 생계를 책임진 사람은 엄마였다. 하지만 엄마가 간호사 일로 번 돈이 아빠의 사업 밑천으로도 쓰여서 우리 형편은 나아지지 않았다. 엄마가 나에게 옷을 사주거나 아서에게 게임기를 사주려고 한 푼 두 푼 돈을 아껴 모아도 어느 날 아빠가 '연구개발비'가 필요하다고 생각하면 계좌는 텅 비어버렸다. 아빠가 이런 식으로 좌절을 안겨줄 때마다 엄마는 말했다. "네 아빠가 또 나를 엿 먹였어." 싸움이 벌어져 아빠가 마누라한테 돈 좀 받는 게 이렇게 어렵냐고 고함치고, 엄마가 당신은 분별력도 없고 머리도 자기보다 나쁘다고, 당신을 만난 걸 후회한다고 말하면, 이제 동생이 울면서 두 분 사이에 끼어들었다. 나는 문을 닫고 내 방에 들어가 베개로 귀를 막고 책만 뚫어져라 들여다보았다. 또 일을 망친 아빠가 밉고 아빠를 어쩌지 못하는 엄마도 미웠다.

어느 날 아침 내가 엄마가 만들어놓고 출근한 따뜻한 아침밥(**된장찌개**, 시금치 나물, 조기구이)을 먹고 있을 때 아빠가 방에서 와이셔츠 단추를 여미면서 나왔다.

"누가 죽었어요?" 내가 손으로 생선 뼈를 바르려고 젓가락을 내려놓으며 물었다. 농담이 아니었다. 아빠가 양복을 입는 건 성당이나 장례식장에 갈 때뿐이었기 때문이다. 아빠에게서 대답이 없자 나는 일어나서 화장실로 따라갔다. "오늘은 철공소 안 가요?"

아빠는 이를 닦았다. 우리 식구는 아침에 이를 두 번 닦았다. 일어나자마자 한 번, 아침 식사 때 김치를 먹은 후 다시 한 번. 김치는 맛있지만 미국인들이 그 냄새를 싫어했기 때문이다.

아빠는 가글로 입을 행군 후 물을 뱉었다. "이제 회사에 다닐 거야."

"네?" 나는 거울 속 아빠 얼굴에 대고 소리쳤다. "이제 공장 안 해요? 알루미늄은요? 이제 사장님 아닌 거예요?"

아빠가 벨트를 조이고 넥타이를 맸다. 아이들은 대부분 자기 아빠가 잘생겼다고 생각하지만 우리 아빠는 실제로도 정말 잘생겼다. 아빠의 광대뼈는 대리석을 깎은 것 같고, 성당의 다른 아빠들이 우리 아빠 곁에 서면 초점이 뭉개진 것 같았다. 아빠는 버릇대로 손가락으로 앞머리를 훑었다. 그런 뒤 나를 지나 뒷방으로 가서 서류 가방 앞에 앉았다.

"어디로 출근하세요?" 내가 기뻐서 소리쳤다. 슈거랜드 이후 아빠가 서류 가방 든 모습을 본 적이 없었다.

"큰 석유 회사야. 다시 엔지니어가 될 거야."

그러면 우리 생활도 달라질 것 같았다. "진짜 봉급을 받는 거예요? 얼마나요? 월마다 받나요, 아니면 한 달에 두 번 받나요? 봉급 수표는 집으로 보내나요, 아니면 회사에서 받나요?" 꼭 잔소리하는 엄마 같았지만 나는 온갖 것이 궁금했다. 나도 열 살이니 마냥 어린아이가 아니었고, 아빠가 큰돈을 쫓아 창업을 거듭하던 시절, 내 소망이 헛되던 시절은 끝났다. 나는 내 꿈을 내심 간직하고 있었다.

"혜승아, 남의 회사에서 일하면서 큰돈을 벌 수 있겠니? 아빠는 사업도 계속할 거고 회사에서 번 돈을 연구개발에 투자할 거야. 이제 더 빨리 억만장자가 될 거야." 그러더니 조용히 덧붙였다. "엄마를 돕기 위한 거야."

아빠의 말은 지난겨울 엄마가 임신 중절한 경험을 가리키는 것이었다. 의사는 엄마의 과로가 심해 아기에게 심각한 문제가 생긴 것 같다고 말했다. 가톨릭 신자였던 부모님에게 임신 중절은 큰일이라서 두 분은 고 신부님의 조언도 구했다. 그리고 결국 태어나서 돌도 넘기기 힘든 아이를 낳을 수 없다고 결정했다.

아빠가 구두를 신고 아서에게 서두르라고 소리쳤다. 그 시절 아서는 '내일의 약속'이라는 이름의 허름한 어린이집에서 거의 종일 지냈다. 늘 코를 흘렸고, 과자 냄새와 아이들 냄새에 싸여 집에 돌아왔다. 아빠는 저녁에 아서를 데려올 때 미안한 마음에 맥도날드 해피밀을 사주었고 아서는 차 안에 앉아 음식이 행복이 되기를 바라면서 조용히 그것을 먹었다.

아빠와 아서가 집을 나선 뒤 나는 **반찬** 그릇을 덮고 설거지할 그릇을 싱크대에 담근 뒤, 현관문을 잠그고 버스 정류장으로 갔다. 엄마가 도시락으로 싸준 코카콜라가 백팩에서 출렁거렸다. '엄마한테 말할까? 학교에 가면 콜라를 그냥 버린다는 걸.' 나는 생각했다. 엄마는 내가 코카콜라를 마시면 미국 생활에 적응하는 데 도움이 될 거라 생각했지만 그건 착각이었다. 아이들은 하이C나 카프리썬, 땅콩버터 샌드위치, 런처블 과자를 먹었고, 도시락에는 전업주부 엄마가 편지를 써준 냅킨이 있었다. 하지만 결국 엄마한테 콜라 이야기를 하지 않기로 했다. 엄마는 언제나 열심히 노력했고, 그 사소한 잘못도 동기는 좋았기 때문이다.

아빠에 대한 믿음은 거의 사라져 있었다. 파산하고 메모리얼로 이사한 뒤에도 아빠는 달라진 게 없었고 가족생활이 엉망이라는 것도 인정하지 않았다. 몇 년 전까지 나는 아빠의 아이디어가 세상의 인정을 받게 해달라고 기도했다. 나중에는 아빠가 좀 더 현명해지기를 빌었고, 마침내는 다 그만두고 아빠가 그냥 평범한 아빠이기를 빌었다. 나는 아빠가 하루에 세 시간 이상 자는 모습도, 또 일 이외의 사안에 자발적으로 행동하는 모습도 본 적이 없었다. 성당에 일이 생겼거나 집에 손님이 와서 어쩔 수 없이 쉴 때도 늘 일 생각뿐이었고, 그러다 보니 물건 가격이나 사람들 수입에 대해 어색한 말도 자주 했다. 다 아빠의 집착에서 튀어나온 말들이었다.

그날 아빠와 아빠의 꿈이 공식적으로 패배했을지라도 나는 매일 서류 가방을 들고 출근하고 규칙적인 봉급을 받는 아빠가 꿈을 좇다가 실패만 거듭하는 야심가보다 좋았다. 어쩌면 이제 나도 가난을 벗어나고 사람들도 내가 멍청하다고 생각하지 않을지도 모른다. 어쩌면 우리는 월세 아파트를 떠날 수 있을지도 모른다.

아빠가 공정 엔지니어로 주당 60시간 일했기에 세계 정복을 도모할 시간은 밤과 주말뿐이었다. 토요일이면 아빠는 우리를 한국 학교에 데려다준 뒤 케이티에 위치한 공장으로 갔다. 폐쇄되기 전까지 아빠가 규모를 두 배 이상 키운 공장이었다. 이제 공장 문에는 두꺼운 사슬과 튼튼한 자물쇠가 걸리고 안쪽 용광로는 잠들어 있었다. 성당에 다녀온 일요일 오후 내가 한국 가게에서 산 새우칩을 먹으며 26번 채널에서 이소룡이 등장하는 영화를 볼 때 아빠는 방바닥에 옛날처럼 전화번호부 상호 편을 펴놓고 앉아 공책에 메모하며 전화할 상호에 표시를 했다. 아빠는 아직도 사업을 꿈꾸고 있었다. 텔레비전에서는 이소룡이 쌍절곤으로 악당과 싸웠다. 그러다 월요일 아침이 되면 아빠는 다시 와이셔츠에 넥타이 차림으로 서류 가방을 들고 7시 전에 출근했다.

슈거랜드가 아빠의 시절이었다면 메모리얼은 엄마의 시절이었다. 집이 병원과 가까워져서 나는 엄마를 더 자주 보았지만 이제 엄마는 나에게 그림과 글을 가르쳐주던 벨레어 시절의 엄마가 아니었다. 파산의 충격이 너무 컸던 엄마는 늘 긴장 속에 살았고 이제 두 사람이 벌게 됐는데도 가난하던 시절의 마음가짐을 버리지 못했다. 아빠가 언제 회사를 때려치우고 다시 사업에 뛰어들지 몰랐다. 그래서 아서와 나는 방과 후에 많은 시간을 엄마의 장보기에 동행했다. 그러려면 자동차를 몰고 성당 근처에 위치한 할인점 세이브얼랏과 한국 마트 두 곳에 갔다가 (엄마는 그 두 마트의 우열에 대해 여러 가지 의견이 있었다) 집 근처 대로변에 위치한 미국 마트인 크로거와 랜덜스에 갔다. 이 마트들은 할인 쿠폰을 쓸 수 있을 때만 방문했다. 고속도로 북쪽에 있는 성당 같은 건물에 들어선 멕시코 마트인 피에스타에도 자주 가서 450그램에 52센트 하는 **싱싱한** 후숙 토마토를 샀다. 옥수수 껍질을 들추고 그 안의 든 고기를 살펴보는 엄마는 피에스타의 유일한 비라틴계 쇼핑객이었다.

가게를 나서면 엄마는 그 자리에서 쇼핑 내역을 계산했다. "피에스타의 완두콩 통조림이 더 싸서 좋네. 랜덜스 건 반품해야겠어. 한 캔에 42센트니까 세 캔이면 126센트고 세금을 합하면 136센트야. 여기서 34달러 80센트를 쓰고 랜덜스에서 51달러 57센트, 한인 마트에서 11달러 17센트를 썼는데 내일 전기 요금으로 24달러 50센트를 내야 해." 엄마는 신호가 바뀌자 액셀러레이터를 밟았다. "그러면 금요일까지 계좌에 119달러가 남아 있을 테니 문제없어!"

엄마는 나를 돌아보며 흡족하게 운전대를 두드렸다. 어렸을 때 그러면 나는 얼른 유리창에서 머리를 떼서 엄마의 미소에 응답했다.

"그리고 크로거에서 감자하고 사워크림을 살 수 있어!" 엄마가 즐거운 목소리로 말했다. "사워크리이이임!" 그런 뒤 룸미러로 아서와 눈을 맞추었다. "오늘 저녁에 구운 감자 먹을까?" 그러면 아서도 충실하게 "크리이이임!" 하고 호응했다.

하지만 나이가 들면서 나는 엄마의 이런 계산을 들을 때면 입을 다물게 되었다. 그리고 차가 주차장을 빠져나갈 때 고개를 창문으로 돌리고 바깥에 보이는 사물들에 정신을 집중했다. 뜨거운 텍사스 햇빛이 일으키는 두통과 차멀미는 익숙했다. 나는 속이 부글부글 끓었다. 엄마는 언제나 나를 그런 빈곤 수학에 끌어들였다. 계산 연습을 시키는 게 아니라 그렇게 하면 엄마가 상황을 통제한다는 느낌을 받았기 때문이다. 엄마는 내가 결국 그 습관을 익혀서 내 인생에도 적용하게 될 줄은 몰랐을 것이다.

하지만 엄마의 이런 노력과 타고난 창의성 덕분에 우리 식탁에 놓인 음식들은 싸구려 같아 보이지 않았다. 아빠는 서양 물건이라면 서양 돈만 빼면 모조리 싫어했고, 특히 서양 음식은 맛도 없고 건강에도 안 좋다고 격하게 싫어했다. 그래서 우리는 거의 매끼 한식을 먹었다. 하지만 아서와 나는 이따금 학교 구내식당의 햄버그스테이크가 생각나서 삼계탕이나 도미 조림 말고 다른 걸 해달라고 졸랐다. 엄마는 우리가 서양 요리를 부탁해도 타박하지 않았다. 모든 일에 그랬듯이 엄마는 병원 동료들에게 배운 요리법으로 무언가를 열심히 만들었다. 엄마의 동료는 대부분 백인이었다. 우리 식구는 그들을 '미국인'이라고 불렀다. 우리도 미국인이라고는 생각하지 않았다. 엄마는 우리에게 미트로프*나 스파게티를 만들어줄 때도 아빠에게는 따로 한식을 만들어주었다.

---

* 다진 고기와 달걀, 채소 등을 섞어 덩어리째 구운 요리.

닮은꼴 친구

메모리얼로 이사한 뒤 나는 슈거랜드 친구들과 연락이 끊겼고, 에이버리가 시험을 보고 사립학교로 떠나자 그 애와도 연락이 끊겼다. 나는 계속 해나와 함께하고 우리 아파트의 아이들과도 놀았다. 그러다 5학년 때 말괄량이 삐삐처럼 활발한 메이시 조더노비츠가 이사 왔다.

메이시의 집은 학교 뒤쪽이었다. 처음 그 애의 집에 갔을 때 우리 엄마는 지붕 있는 주차장 진입로에서 클래식 카를 손보는 메이시의 아빠와 이야기를 나누었다. 그는 엄마의 말을 이해하기 힘든 게 자신의 청력 문제인 것처럼 고개를 갸우뚱하거나 귀 뒤에 손을 대지 않았다. 두 분은 같은 언어로 말하는 것처럼 자연스러웠고 그게 사실이었다. 나는 하루도 빠짐없이 몸에 두르고 있던 불안이 누그러드는 걸 느끼며 엄마가 즐겁게 대화하는 모습을 지켜보았다. 두 분의 대화는 기본적인 의사소통 이상으로 나아갔다.

메이시의 아빠는 우리 부모님보다 나이가 조금 더 많았고, 각지고 남성적인 얼굴에 치아가 희고 곧았다. 그는 자연스럽고 솔직했다. 그가 입은 분홍에 파랑 하와이안 셔츠는 우리 아빠는 죽었다 깨나도 걸치지 않을 옷이었다. "꽃무늬 옷은 여자들이 입는 거지. 남자가 그런 거 입으면 고추 떨어져!" 아빠의 말소리가 들리는 것 같았다.

"아저씨라고 하지 말고 '팻'이라고 이름으로 부르렴." 그가 걸레로 닦은 큼직한 손을 내밀며 말했다.

나는 그럴 수 없다고 그냥 '아저씨'라고 부르겠다고 했다.

"그래, 좋아!" 그가 몸을 젖히고 너털웃음을 터뜨렸다. 입 속 어금니까지 들여다보였고 나는 그가 메모리얼의 다른 아빠들과는 다르다는 것을 알았다. 그는 메이시에게 학교 일을 묻고 흥미로운 내용이 나오면 "후파!" 하고 외쳤다. 메이시를 끌어안는 모습은 우리 아빠와 많이 달랐다. 보기 좋으면서 동시에 쑥스럽기도 했다.

메이시가 뒷문을 열자 조그만 강아지가 부엌문에 내놓은 구멍으로 왈왈 짖으며 뛰어나왔다. "얘 이름은 랄라야. 악동이고 내 단짝이지." 메이시가 말했다.

악동 강아지는 흰색 몸통에 연갈색 얼룩이 있었다. 랄라가 뒷발로 일어서더니 내 가랑이에 코를 들이박고 편안히 숨을 쉬어서 메이시가 떼어놓았다. 우리는 안으로 들어가서 집을 구경했다. 윤기 나는 나무 바닥이 깔린 17~18세기 고전풍 단층집이었다. 벽에 걸린 그림들은 메이시 엄마가 인테리어 디자이너와 함께 고른 것이라고 했다.

랄라는 메이시의 방까지 따라왔다. 메이시의 방 벽은 바다처럼 짙은 푸른빛이고 가구들도 다 세트였다. 사방에 랄라의 사진이 걸려 있었다.

"너 외동이니?" 내가 물었다. 집을 둘러볼 때 손님방, 엄마 업무실, 부모님 방까지만 보았기 때문이다. 부모님 방 안은 들여다보지 못했다.

"나보다 열두 살 많은 언니가 있는데 애빌린에 살고 커리어를 쌓고 있어." 메이시는 커리어에 힘을 주어 '카-리어'처럼 발음했다.

그런 뒤 메이시는 외출복을 벗고 속옷 위에 큰 셔츠 하나만 걸친 차림으로 방바닥에 앉았다. 이어 랄라를 무릎 위에 올려놓고 침대 밑에서 카시오 전자 키보드를 꺼냈다. "너 피아노 친다고 했지. 오늘 합창 수업 때 받은 악보 한번 쳐봐."

엄마는 1년 전, 그동안 모은 돈으로 첫 할부금을 내고 피아노를 샀다. 나는 얼마 전부터 피아노를 배우고 싶어 했다. 아이비리그 대학에 가고 싶었는데 그러려면 피아노 정도는 칠 줄 알아야 할 것 같았기 때문이다. 아이비리그를 알게 된 것은 내가 동일시하던 똑똑한 아이가 나온 텔레비전 프로그램을 통해서였다. 내가 엄마에게 하버드대에 가겠다고 하자 엄마는 그 학교는 자신의 모교와 같은 급이라고 말했다. "그러면 난 거기 갈래요." 그 말에 엄마는 기뻐했다.

나는 키보드에 악보를 세워놓고 연주했다. 메이시가 노래를 불렀다. "나에겐 집이 있다네… 바닷가에…."

랄라가 주둥이를 들고 함께 울부짖었다. 나는 음악에 집중하려고 했지만 개 우는 소리가 몰입을 방해했다. 메이시는 반의반 음 정도 틀리게 몇 구절을 부르다가 보사노바 버튼을 눌렀고, 그러자 랄라는 더 큰 소리로 울었다. 이어 메이시가 삼바 버튼을 눌렀다.

"내가 알았던 세상 저 너머에… 자유를… 꿈꾸네!"

내가 코드 연주를 하는 동안 메이시는 계속 이런저런 버튼을 눌렀고 랄라는 발정기인 것처럼 울부짖었다. 나더러 음악을 연주하라고 하지 않았나?

메이시는 전에 자신은 저혈당증이 있어서 "뭔가를 계속 먹지 않으면 쓰러진다"고 말했다. 그래서 아까부터 계속 토르티야 칩을 먹으며 손가락을 소스에 담갔고, 두 번에 한 번꼴로 악동 강아지에게 손가락을 핥게 했다. 나는 그 소스를 먹을 수가 없었다. 소스가 개 병균이 들끓는 배설물처럼 보였다.

"정말 좋다, 혜승아!" 메이시가 키보드 소리와 개 울음소리를 뚫고 말했다. "하지만 뭔가 더 필요한 것 같아!"

그러더니 소스를 듬뿍 떠서 가온도 건반에 문질렀다. 랄라가 건반에 묻은 소스를 핥으려고 메이시의 무릎에서 뛰어내렸다. 개는 엉덩이를 내 얼굴 앞에 들이밀고 발톱으로 내 맨다리를 긁었다. 메이시는 그게 재미있어서 이 건반 저 건반에 계속 소스를 묻혔다. 어느새 랄라가 혀로 음악을 연주했다.

"그만할래." 내가 메이시를 보고 말했다. 메이시의 두꺼운 안경이 흥분으로 뿌옇게 변해 있었다. 전자 탱고가 울렸다. "너 제정신 아닌 거 같아." 내가 개를 밀쳐냈다.

메이시는 나뿐 아니라 메모리얼의 다른 여자애들과 달랐다. 큰 키에 머리가 부스스했고 가슴은 빨래판처럼 납작하다고 스스로 한탄했다. 그리고 엉뚱하고 특이했다. 좋은 아빠가 있고, 집에는 인테리어 디자이너가 고른 멋진 그림이 걸렸지만 그런 것이 메이시의 본성을 억누르지는 못했다. 메이시는 언제나 메이시였다.

나는 메이시를 다시 보았다. 랄라는 메이시가 코끝에 묻힌 소스 때문에 난리였다. 나는 고개를 젓다가 결국 웃음을 터뜨렸다.

랄라가 머리를 들고 울부짖었다.

그 뒤로 메이시와 나는 뗄 수 없는 친구가 되었다. 메이시는 우리 둘의 환경이 특이하다는 걸 알았다. 둘 다 여자로서의 행동 규칙이 있고 완벽해지기를 기대하는 환경이었다. 또 드물게 엄마도 일을 했지만, 물론 메이시의 집은 부유하고 우리 집은 가난하다는 차이는 있었다. 나는 메모리얼의 여학생들은 대부분 (금발, 파란 눈동자, 자연스러운 옷차림) 여자라고 해서 불만이 없다고 느꼈지만, 그러면서도 내 성별이 아서처럼 남자라면 나았으리라는 생각도 했다. 부모님이 아서에게는 더 많은 자유를 허락했기 때문이다. 내가 남자라면 염탐하는 변태들을 조심하라는 엄마의 잔소리도 안 듣고, 여름에 민소매 셔츠도 입고, 스포츠도 잘할 수 있을 것 같았다.

하지만 내가 나에게 허락된 작은 기회를 잡기 위해 열심히 공부한 것과 달리 메이시는 메모리얼에 적응하려고 노력하지 않았다. 나도 엄마와 차츰 부딪히기 시작했지만 메이시는 엄마와 더 심하게 싸웠다. 토르티야 칩 소스로 랄라가 키보드를 연주하던 날 메이시 엄마가 딸의 방에 들어와서 부드러운 텍사스 북부 억양으로 말했다. "메이시, 무슨 일이니? 이게 웬 난리야?" 메이시 엄마는 은행의 부행장이었고 그건 '카-리어'를 쌓았다는 뜻이었다. 메이시 엄마는 맞춤 정장에 비싼 구두를 신고 단정한 코치 가방을 들고 다녔고, 진정한 남부 여자였다.

어느 날 메이시와 내가 메이시 엄마의 업무실에서 유명 범죄 사건과 범죄자들을 파헤치는 '조다노비치앤드송 유한책임주식회사'를 만들었다. 사건이 안 풀리면 점잖은 사업으로 옮겨가서 부유층 고객을 상대로 수백만 달러짜리 디자인 서비스를 했다. 우리는 메이시 엄마가 보는 《건축 디자인》에 나오는 경쟁 디자이너들의 작품을 비평하며 언제나 그들이 잘

못했다는 결론을 내렸다. "이 샹들리에는 좋아. 크리스털이라 분위기가 밝아져. 하지만 저 소파는, 으." 메이시가 대형 가죽 소파를 가리키며 고개를 저었다. "저 방에 저 소파를 놓을 생각을 하다니 정말 바보야."

우리가 가장 좋아한 것은 방과 후의 동네 산책이었다. 우리 아파트 단지와 메이시의 집은 부모님이 건너다니지 말라고 한 큰길을 사이에 두고 갈라져 있었는데, 메이시의 집 쪽에는 폭스포토, 프렌치베이커리 같은 가게가 있어서 우리 쪽보다 재미있었다. 돈이 자유와 이동을 의미하는 느낌이었다.

우리는 폭스포토에 자주 가서 메이시의 카메라용 후지 필름을 사거나 필름 인화를 맡기거나 사진을 골랐다. 사진은 거의 다 랄라가 자거나 미쳐 날뛰는 모습이었다. 메이시는 돈을 아끼지 않았다. 양면 액자도 좋아하고 5×7 사이즈도 좋아했다. 나는 100만 달러가 있어도 4×6 사이즈 이상은 못 샀을 것이다. 그 이상은 엄마에 대한 배신처럼 느껴졌다.

가게들에서 집으로 갈 때 하던 '정원 품평' 놀이는 최고였다. 메이시의 실제 이웃들을 비평했기 때문이다. 우리의 평은 훨씬 더 가혹했다.

"저 집은 산울타리가 너무 높아." 메이시가 2층짜리 튜더식 주택*을 가리키며 말했다.

---

* 15~17세기에 주로 건축된, 중세의 고풍스러움이 특징인 영국식 주택.

"나도 그 말을 하려고 했어!"

"창문보다 낮아야…."

"그래야 애들이 밖을 내다보지!"

"맞아." 메이시가 흐뭇해하며 말했다. "그리고 진달래는 좋지만 왜 하필 흰 진달래야? 색깔이 있는 게 더 좋다고요!"

메이시가 우리 집에 처음 오는 날 나는 긴장했다. 나는 화장실도 청소하고 싱크대도 닦고 7킬로그램에 이르는 쌀자루들도 정돈하고 신발도 정리했다. 엄마가 청결을 게을리하지는 않았지만 나는 비판적인 외부자의 눈으로 집을 살펴보았다. 조다노비치앤드송 회사 일을 함께하는 동안 나는 메이시가 디테일을 얼마나 잘 보는지 알았다.

메이시 아버지는 다른 하와이안 셔츠를 입고 왔고, 메이시는 붉은 곱슬머리를 풀어 내렸다. 나는 랄라가 오지 않아서 기뻤다. 머릿속으로는 동물도 내면이 복잡하고 고귀한 생명체라고 생각했지만 실제로 동물과 함께 있으면 정신이 산란해졌다. 아저씨는 "제이!" 하고 엄마의 이름을 불렀고 두 분은 가족처럼 악수했다. 메이시가 기뻐하는 모습을 보며 내가 우리 집을 걱정한 만큼 메이시도 긴장했을 수 있다는 생각이 들었다. 메이시가 메모리얼에 이사한 뒤 친구 집에 처음으로 왔기 때문이다. 메이시는 작은 우리 집을 유심히 살펴보지도 않고 그렇다고 특정한 무언가를 외면하려고 하지도 않았다. 내가 메이시에게 내 방과 책장, 그림들을 보여주자 이번에는 랄라 대신 아서가 기웃거렸다. 나는 아서를 뿌리치고 싶었지만 엄마가 함께 놀라고 했다.

잠시 후 엄마가 들어와서 배고프겠다고, 같이 **만두**를 만들겠냐고 말했다.

"그게 뭐예요?" 메이시가 물었다.

"한국식 덤플링이야." 내가 말했다. "우리 엄마 만두는 진짜 최곤데 손이 엄청 많이 가."

엄마의 만두가 최고인 건 맞았다. 성당 모임이나 엄마의 대학 동창 모임에서 다른 엄마들이 만든 만두를 먹어보아도 모두 엄마의 만두만 못했다. 하지만 엄마 음식이란 게 원래 그럴 것이다. 누구에게나 자기 엄마의 음식이 최고다. 엄마가 우리 미각을 키워주고 자신의 음식에 길들이기 때문에 다른 엄마의 음식은 낯설고 입에 맞지 않을 것이다.

엄마는 특대 사이즈 스테인리스 믹싱볼을 꺼내 한차례 복잡한 쇼핑 나들이로 산 각종 재료를 섞어 소를 만들었다. 크로거에서 산 다진 소고기, 한국 마트 두 군데서 산 돼지고기, 당면, 배추, 쪽파, 피에스타에서 산 양파, 마늘, 만두피, 세이브얼랏에서 산 당근 등이었다. 여기에 엄마가 담근 김치도 잘게 썰어 소에 넣었다.

나는 왼손잡이인 메이시에게 오른손에 만두피를 놓고 왼손으로 계란 노른자를 찍어 피 가장자리에 바른 다음 소를 한

숟갈 떠 얹으라고 가르쳤다. 메이시가 소를 너무 조금 넣어서 만두피가 지나치게 헐렁하게 남았지만 우리는 온갖 방법으로 만두를 빚으며 재미있게 놀았다. 만두 봉합하는 부분에 주름 장식을 넣기도 하고 양 끄트머리를 이어 붙여서 동그랗게 말기도 했다.

우리는 중간중간 엄마가 튀겨준 만두를 먹으면서 거실에서 일했다. 엄마는 간장에 쌀 식초, 참기름, 참깨, **고춧가루**를 섞은 소스를 내왔다. 우리는 프라이팬에서 터진 만두를 먼저 먹었고, 묻지도 않고 먹던 만두를 간장에 찍었다.

"진짜 맛있다." 메이시가 소를 호호 불면서 말했다.

우리는 계속 만두를 간장에 찍어 먹었다. 아서가 영화 〈비틀쥬스〉를 틀었고, 우리는 주연 마이클 키튼이 장난칠 때마다 웃었다. 마침내 엄마가 김치를 내오자 메이시가 젓가락을 들고 "오오" 하며 달려들었다.

"안 돼, 메이시! 이거 매워. 넌 아마 안 좋아할 거야." 엄마가 말했다.

하지만 메이시는 평생 이렇게 맛있는 음식은 처음이라고 했다. 김치 그릇이 비자 메이시는 더 달라고 했다. 엄마는 놀라서 말없이 김치를 더 가지러 부엌으로 갔다.

만두로 우리 배가 어느 정도 찼을 때 엄마는 남은 만두를 얼리겠다고 했다. 메이시, 아서, 내가 무거운 눈으로 텔레비전 앞에 앉아 〈비틀쥬스〉를 보는데 엄마가 큼직한 동양배 두 알을 쟁반에 담아 왔다. 엄마는 동양배를 잘 사지 않았다. 가격이 한 알에 거의 2달러였기 때문이다.

"이게 뭐예요?"

"동양배야."

"배 같지 않은데요."

내가 말했다. "사과하고 배를 교배한 건데 훨씬 맛있어. 시원하고 달아."

"먹어봐." 아서가 말했다.

엄마가 껍질을 한 번도 끊지 않고 배를 깎은 뒤 과육을 잘라서 접시에 동그랗게 펼쳐 놓았다.

반투명한 과육이 메이시 입에서 과즙을 터뜨렸다. "이거 어디서 사셨어요?" 메이시가 눈을 빛내며 감탄하고는 배를 하나 더 집어 들었다.

메이시 엄마가 메이시를 데리러 왔다. 메이시는 우리 집에서 몇 시간을 놀았고 더 놀 수도 있었지만 우리 엄마가 너무 오래 있는 건 좋지 않다고 했다. 그래도 엄마가 메이시를 좋아하는 건 분명했다. 나중에 엄마는 메이시가 **씩씩하다**고 했다. 문 앞에서 메이시가 손을 흔들며 말했다. "배 고마워요!" 엄마가 배 하나를 싸주었기 때문이다.

메이시가 떠나자 엄마와 나는 조용히 집을 청소하고 소파에 앉아 텔레비전을 보았다. 〈비틀쥬스〉가 끝나고 이제 시트콤이 나왔다.

엄마가 나를 보았다. "한인 마트에 가야겠다. 저녁거리로 고등어 사온다는 걸 잊었어."

마트 문을 열 때 벨이 딸랑거렸고 건멸치, 양념, 신선 채소의 익숙한 냄새가 코를 때렸다.

"메이시?" 내가 외쳤다.

메이시가 엄마와 함께 동양배 앞에 서 있었다. 우리는 모두 웃었다. 메이시 엄마는 메이시가 졸라서 한인 마트에 왔다고 말했다.

"우리 엄마가 설명한 위치를 제대로 들었네, 와!" 내가 말했다.

메이시가 아서와 나를 과자 코너로 불렀다. "글자를 못 읽겠는데 다 맛있어 보여!" 그러면서 분홍과 노랑 봉투에 든 새우칩과 하리보, 빼빼로, 개별 포장된 웨하스 쿠키와 초코파이를 가리켰다.

메이시 엄마가 바구니에 동양배를 가득 담아서 우리에게 왔다. "더 사고 싶은 거 있니, 메이시?"

그러자 우리는 사고 싶으면 마음껏 사라는 말로 알아듣고 과자를 있는 대로 집어 들었다. 아서는 바구니를 하나 더 가지러 갔다. 우리가 산 물건은 우리 엄마가, 메이시네가 산 물건은 메이시 엄마가 돈을 지불한 뒤 우리는 웃으며 주차장으로 나갔다.

숫자에 달린 성공

머라이어 하트가 앞머리를 내리고 온 날, 나는 중학교 1학년 여학생 몇몇과 함께 체육관 앞에 모여 체육 수업을 기다리고 있었다. "머라이어 앞머리 봤어?" 내가 머라이어의 친구인 린지의 비위를 맞추려고 물었다. 머라이어는 학교에서 최고로 인기 많은 여학생이자 잘나가는 주니어 골프 선수였다. 그리고 한국인 혼혈이기도 했다. 메모리얼 중학교에 한국인은 많지 않았지만 우리 학교 학생들은 모두 머라이어를 기꺼이 우리의 일부로 여기려고 했다.

린지가 머리를 튕기며 말했다. "봤지. 난 별로야. 앞머리 내리니 더 동양 애 같아." 그러더니 레몬이라도 삼킨 듯 얼굴을 찌푸렸다. "기분 나쁘게 듣지 마."

"괜찮아." 나는 이해한다는 듯 대답했다. 실제로도 이해했다고 생각했다. 체육관 문이 열리고 땀에 젖은 여학생들이 나왔다. 나는 그 말이 현실이라고 생각하며 이 짧은 대화를 잊으려고 했다. 인기 많은 머라이어도 한국 혼혈인 게 문제가 된다면 순혈 한국인인 나는 어떻게 되는 건가?

잘해도 문제가 되지 않는 분야인 공부에서 다행히 성적이 좋았고 이는 한국인에게도 미국인에게도 통했다. 성공은 숫자(100점) 또는 알파벳(A)으로 표현되었고, 그것들을 꽉 잡고 놓치지 않는 게 내 목표였다.

나는 언어 과목을 가장 좋아했고 자신감에 차서 글을 썼다. 글 쓰는 것은 냄새 맡는 것과 비슷했다. 연상되는 게 있건 없건 언제나 어떤 냄새가 났다. 나는 사냥개 블러드하운드처럼 그 냄새를 쫓아 끝까지 바위 밑도 살피고 나무 뒤도 뒤졌고, 그 과정에서 아이디어를 발전시켰다.

내가 특별히 똑똑한 것 같지는 않았지만 다른 과목들도 쉬웠다. 나보다 똑똑한 아이도 많고, 대부분 나보다 좋은 환경에서 자랐다. 내가 남보다 똑똑하다면 그건 오직 기억력 덕분이다. 나는 기억력이 특출났다. 이 기억은 시각과 감정에 모두 연결되었는데, 이 연결은 탁월한 힘을 발휘하기도, 분명한 한계를 보여주기도 했다. 과학 시간에 삼삼오오 모여 앉아 조별 과제를 할 때 누군가 전날의 읽기 숙제에 대해 물었다. "골지체가 뭐야?" 아이들이 교과서를 넘기며 물었다. "세포 내 전달자." 내가 문제지에서 고개를 들지 않고 말했다. "그 챕터 두 번째 단락에 굵은 글씨로 적혀 있어. 문장 중간부터 빨간색과 파란색 미트콘드리아 그림 바로 밑까지." 나는 기억나는 대로 말했다.

시험은 더 쉬웠다. 교사들에게는 감정이 있고, 선호하는 것(x보다 y)이 있었으며, '그 선생에게 맞는 답'이 정답이었다. 'B나 C는 답이 아니야. 내용이 너무 엉성해. 이 선생님은 정확성을 중시하거든. A도 답이 아니야. 내용이 너무 구체적이라서 빠져나갈 데가 없어. 그러니까 답은 D야. 거기다가 이 선생님은 이 단어를 좋아해. 수업 때 이 단어를 언급할 때면 손을 살살 돌려.' 내가 100점을 못 맞는 경우는 내 감정을 개입시켜서 잘못 추론할 때였다. 나는 공부 재료가 아니라 사람을 연구했고, 지난 세월 동안 그림자 속에 살면서 배운 경험 때문에 그 일을 아주 잘했다.

학년 말 시상식 때 우리 엄마는 메이시 부모님과 나란히 앉았다. 자리가 성 알파벳순으로 배열되어서 메이시는 나보다 몇 줄 앞자리였다. 메이시가 상을 하나 받아 나도 기뻤다. 웬만한 선생보다 머리 반 개는 더 큰 메이시가 따가운 조명이 비치는 무대를 성큼성큼 걸어갔다. 내 차례에 교장 선생이 숨을 과장되게 몰아쉬며 내가 받을 여러 상을 열거하자 학부모들은 웃었다. 나는 상 받은 과목의 선생들 전부와 악수했다. 생명 과학, 언어, 사회 과학, 음악, 프랑스어. 그리고 박수 치는 객석을 향해 돌아섰지만 발끝만 바라보았다.

시상식이 끝난 뒤 메이시가 달려와서 같이 피자를 먹으며 축하하자고 했지만 나는 엄마의 칭찬을 듣고 싶어서 사양했다.

"내년에는 수학도 상을 받자." 집으로 가는 차 안에서 엄마가 꺼낸 첫마디였다.

"엄마는 계속 제게 수학 실력이 약하다는데 전 지금 한 학년을 월반했고 그래도 전부 A예요." 나는 창밖으로 메모리얼의 밤 풍경을 바라보았다. 불빛 환한 배스킨라빈스 가게가 가족들로 북적였다.

"92점이면 A 턱걸이지. 대체 왜 1등을 못하니? 네 나이에 나는 수학의 여왕이었어. 수학 문제는 퍼즐 같고 큐브 같은 거야. 열쇠만 찾으면 되는데 넌 그걸 찾는 끈기가 없어. 성격 문제야."

가끔 어떤 교사는 내가 성적이 좋은 건 엄마의 닦달 때문일 거라고 말했다. 엄마는 바빠서 나를 면밀히 지켜보지는 못했지만 내가 엄마가 잘했던 과목에서 부족하다 싶으면 반드시 실망감을 표현했다. 그리고 엄마 말이 맞았다. 나는 수학이 싫었다. 수학의 논리는 인간관계 바깥 영역이어서 다른 과목들처럼 잘할 수 없었다. 하지만 엄마가 그 과목을 잘했다고 나도 잘해야 하나? 나는 엄마와 다른 사람이 되면 안 되나? 나는 한국 혼혈이지만 인기 있는 머라이어를 떠올리고 내가 세상에 존재감을 나타내기 위해 선택한 길을 생각했다. 엄마는 미국에서 성장하지 않아서 알 수 없었다. 나는 살아남기 위해 인생 전부를 학교에 걸었는데 엄마는 내가 실패하고 있다고 말했다. 그 시절 나는 말할 수 없었다. 이런 반 토막 인생은 성공해도 실패하는 것이라는 말을.

"그저그런 데 만족한다면 네가 생각보다 빠르게 미국인이 되고 있다는 거야." 엄마의 말이었다.

"그리고." 엄마가 이야기의 방향을 바꾸었다. "친구 너무 좋아하지 마. 네가 걔네를 좋아하는 만큼 걔네가 너를 좋아할 것 같니? 제발 눈 좀 떠. 네가 무대에 올라갔을 때 아무도 너한테 환호하지 않았어." 자동차가 주차장에 들어서자 골함석 지붕이 엄마의 얼굴에 검은 마스크 같은 그림자를 드리웠다.

"다른 애들도 박수 쳤어요." 내가 말했다. 말이 목에 걸렸다. 그렇지 않았나? 그리고 메이시의 부모님도 있었다. 메이시의 수상은 하나였는데 그들은 메이시 차례가 지나고도 끝까지 남아 있었다. 메이시 가족은 지금 피자집에서 피자를 먹으며 그저그런 성취를 축하하고 있었다. 메이시는 내게 박수를 쳐주었고 메이시의 부모님도 마찬가지였다.

엄마가 차 문을 열자 실내등이 켜지면서 검은 마스크가 사라졌다. "사람들이 널 어떻게 대하는지 잘 봐. 정말로 널 위하는 건 엄마, 아빠뿐이야. 미국 사람들은 너한테 아무 관심 없어." 엄마의 발소리가 자갈길에 잠시 울리다가 어둠 속으로 사라졌다.

어둡고 조용한 차 안에서 나는 엄마가 그어놓는 수많은 선들에 대해 생각했다. 나는 영원히 그 선 안에서 살아야 하는 걸까? 집 밖에서 염탐하는 남자들, 그런 사람들이 정말로 있나? 시험에서 92점밖에 못 받은 나는 정말 그저그런가? 물론 내가 인기가 없는 건 맞지만 우리 반 아이들은 나를 좋아하지 않나?

행복과 꿈에 대한 이야기가 나오면 엄마는 그건 미국의 관념이고 나는 '미국에 사는 한국인'으로 한국 기준에 따라 살아야 한다고 했다. 하지만 나는 그 기준을 몰라서 답답했다. 그때 나는 어렸기에 엄마의 태도가 나를 자신에게 붙들어 매기 위해서라는 걸, 그리고 통제도 이해도 안 되는 자신의 삶에서 의미를 찾기 위해서라는 걸 몰랐다. 애초에 엄마가 미국의 기준을 제대로 알 수 없었다.

잠시 후 내가 집에 들어가자 부엌에서 저녁을 준비하고 있는 엄마가 보였다. 아빠는 방바닥에 노트와 전호번호부 상호 편을 펼쳐놓고 앉아 있었다. 아빠는 고개도 들지 않았고, 우등상에 대해서건 뭐건 묻지 않았다. 그런 게 있는지도 몰랐을 것이다. 아서는 텔레비전 앞에 앉아 시리얼을 퍼 먹었다.

나는 상을 자랑하지 않고 그냥 내 방으로 갔다. 상장을 구기고 트로피를 버릴까 하다가 모두 침대에 쏟았다. 초등학교 시절 해마다 개근상을 받았지만 그걸 소중히 여기지는 않았다. 진짜 상 같지 않았기 때문이다. 엄마는 계속 일해야 했고 베이비시터를 쓸 형편도 안 되었기에 나는 열이 나도 학교에 가야 했다. 금색 나뭇잎 무늬가 박힌 상장들(내 이름을 장식 글씨로 적고 맨 밑에 교장 선생 서명을 단)과 목에 걸려 쩔렁거리는 무거운 메달들을 내려다보았다. 갑자기 그것들도 상 같지 않다고 느껴졌다.

내세울 만한 집

아빠가 직장 일에 매여 있다 보니 파산 후 3년 만에 엄마는 5만 달러라는 큰돈을 모았다. 보증금 정도의 돈이 생기자 부모님은 집을 알아보기 시작했고, 우리는 2년 동안 일요일마다 메모리얼 곳곳을 다니며 매물로 나온 동향집들을 살펴보았다. 그 2년 동안 나는 매일 나를 다른 세상에 데려다줄 완벽한 집을 꿈꾸다가 잠들었다. 남들에게 번듯한 집, 또는 적어도 허름한 구역이 아닌 곳에 있는 집을. 그러다 중학교 3학년 전 여름 방학 때 우리는 마침내 월세 아파트를 떠나 인근의 주택으로 이사를 갔다.

나는 메이시를 가장 먼저 불렀다. 나는 아서의 도움을 받아 내 방을 연노란색으로 칠했는데, 메이시는 이제 비판적 발언이 가능해졌다는 듯 구석에 다른 제안을 했다.

푸른 비탈에 있던 그 하얀 집의 전 주인은 은퇴한 백인 부부로 아시아풍 인테리어를 선호했는데, 그들이 사랑한 아시아는 내가 아는 아시아가 아니라 아시아라는 관념이었다. 벽에는 대나무 벽지가, 현관문에는 음양 무늬가 있었다. 유칼립투스와 개고사리가 가득한 공들인 뒷마당에는 바위 정원과 조류 음수대가 있었다. 집 도로명이 마침 '해버샴'로라서 학교에서 찰스 디킨스의 소설 《위대한 유산》을 읽은 친구들은 나를 그 책의 등장인물인 '미스 해버샴'이라고 불렀다. 나는 그보다는 책의 주인공 핍과 더 비슷하다고 느꼈다. 나도 핍처럼 현재보다 더 나아지려고 애썼기 때문이다.

이사 후 엄마와 나는 마당에서 벼룩시장을 열었다. 이웃들이 찾아왔다가 우리를 일꾼으로 오해하고 새 집주인은 어디에 있느냐고 물었다. 그래도 어쨌건 그 집은 내 마음에 안정을 주었고 해버샴은 내가 메모리얼에서 받아들여지는 데 필요한 마지막 조각 중 하나인 '좋은 주소'를 주었다.

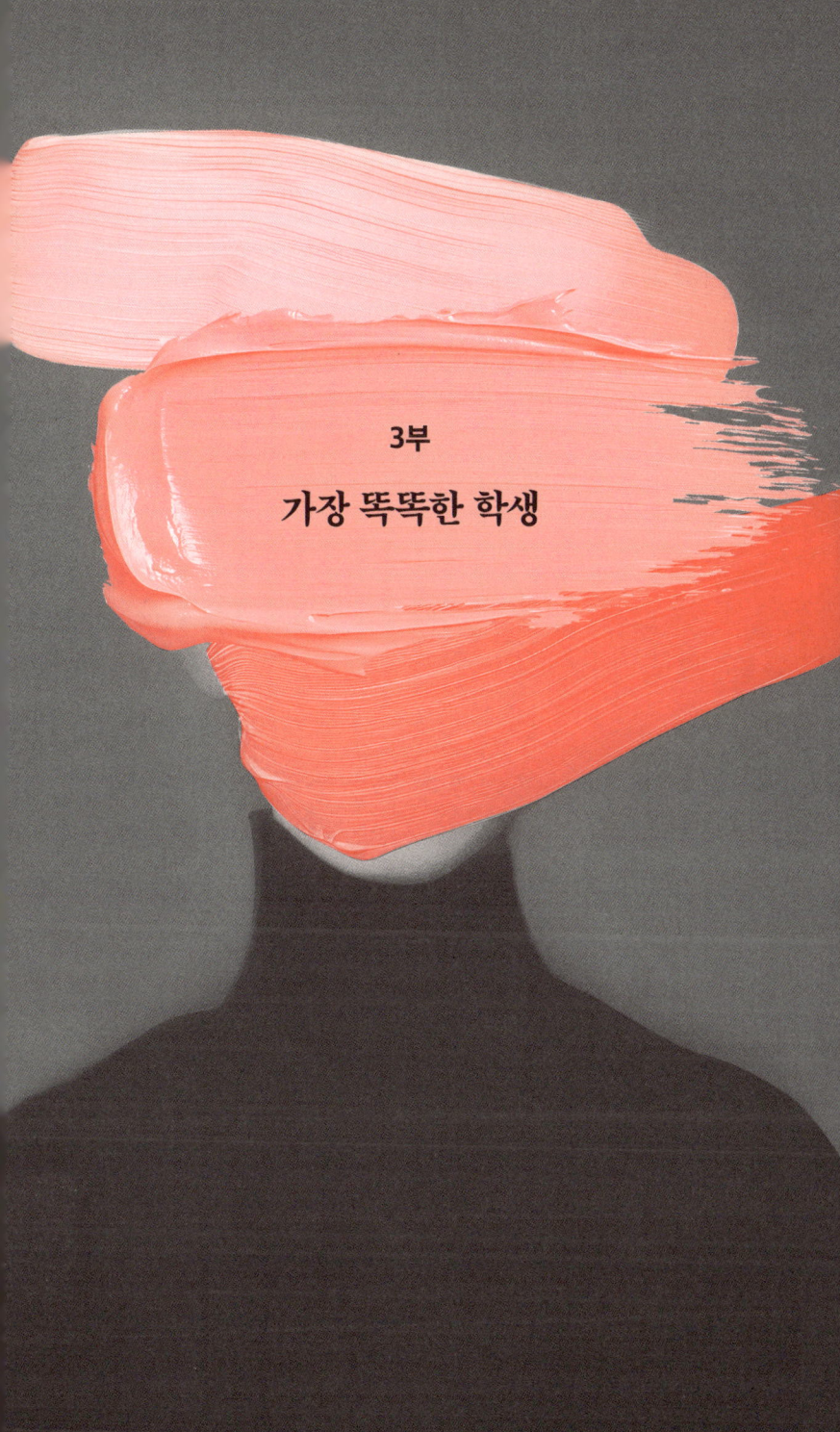

3부

가장 똑똑한 학생

회귀

책등 두께가 13센티미터나 되는 SAT* 책의 수학 섹션을 닫았다. 타이머는 12분이 남아 있다고 표시했지만 몸이 피곤했다. 고교 입학을 앞둔 여름 방학 동안 나는 한인 아이들에게 과외를 하며 시험을 준비했다. 하지만 지루해져서 영화를 보러 가기로 했다.

영화는 휴스턴의 무더위를 보내는 훌륭한 방법 중 하나였다. 극장은 당연히 시원했다. 나는 자판기에서 콜라를 뽑아 들고 물방울 맺힌 컵 속의 얼음을 달그락거렸다. 중간에 잠든 일은 없지만 영화를 볼 때면 나는 의식 속으로 깊이 내려가서 따뜻한 물에 몸을 담그듯 정신을 푹 담갔다. 거기서 바깥세상

---
* 미국 대학입학자격시험.

을 차단하고 영화 스토리를 대강 따라가며 고요와 자유를 느꼈다.

나는 영화를 통해 미국 동부 지역에 대해 배웠다. 그곳은 사계절이 뚜렷하고 교육 수준이 높고 문화와 교양이 넘쳤다. 동부 지역 사람들은 오페라와 유서 깊은 도서관을 좋아하고, 풋볼을 인생의 중심으로 삼지 않았다. 나는 내가 별로 좋아하지도 않고 이해도 안 되는 것들(트렁크 파티, 훈제 고기 등)을 좋아하는 척해야 하는 남부 텍사스를 떠나 동부로 가고 싶었다. 동부의 중심 도시는 뉴욕 아니면 보스턴이었고 그곳으로 가려면 먼저 동부의 대학에 입학해야 했다.

하지만 그건 몇 년 뒤 일이었다. 여기는 아직 휴스턴이고 나는 엄마가 태워줘야 극장에 갈 수 있는 열네 살 어린애였다.

"왜?" 엄마가 바닥에 앉아 아빠의 셔츠를 다리면서 물었다.

"뭐가 왜예요?"

"왜 지금 극장에 가야 하냐고?" 엄마 목소리에 날이 섰다.

"그냥이요. 여름이고 수학 공부도 다 했어요."

"잡화점에서 산 비디오 있잖아."

"옛날 비디오는 보고 싶지 않아요."

"그럼 새 비디오를 사면 되지. 꼭 극장에 가야 돼?"

"돈을 달라는 말이 아니에요. 과외 일로 번 돈이 있어요."

엄마는 다림질을 멈추고 고개를 들었다. 눈이 가늘어져 있었다. "누구와 가는데?" 엄마는 내가 엄마 몰래 누군가를 만나러 간다고 생각했다. 하지만 나는 지역신문인 《휴스턴 크로니클》에서 15분 후에 〈로빈 후드〉가 상영된다는 정보를 보았을 뿐이다. 낮 시간이라 정가인 7달러보다 할인된 가격에 표를 살 수 있었다. 물론 엄마가 팝콘이나 콜라 살 돈을 줄 리는 없었다.

"가끔 혼자서도 가잖아요."

"혼자 가는 거 확실해?"

엄마는 이제 청소년이 된 내가 두렵거나 속을 모르겠다는 듯 추궁이 잦아졌다. 내가 남자애들이나 불량한 무리와 어울린다고 생각한 것이었다. 어이가 없었다.

나는 숨을 들이마셨다. "그럼요. 혼자 가요."

차 안에서 엄마는 냉랭했다. 엄마는 자주 그랬다. 내 행동이 못마땅하면 아무 말도 하지 않고 나를 투명 인간처럼, 죽어서 없는 것처럼 외면했다. 엄마 환심을 사려고 속마음과 상관없이 "엄마, 사랑해요. 미안해요" 하며 말을 걸어도 엄마는 내가 차라리 죽고 싶은 마음이 들 때까지 반응하지 않았다. 나는 사랑이란 전적으로 조건부고 내 엄마조차 나를 본척만척할 수 있다는 걸 배웠다.

엄마는 나를 내려준 뒤에 떠나지 않고 주차한 뒤 나를 따라 쇼핑몰에 들어왔다. 우리 모습(엄마가 분명한 성난 중년 여자와 뒤에 따라오는 청소년)이 너무도 우스울 거라는 생각에 나는 제대로 화낼 수도 없었다.

나는 표를 사고 으스스할 만큼 추운 상영관 안에 들어갔다. 눈꼬리에 엄마가 유리벽 앞에 미어캣처럼 서서 수상한 남학생이나 불량 집단이 있는지 살피는 모습이 보였다. "그렇게 불안하면 145분 동안 거기서 기다리든지!" 나는 분노했다.

기대했던 몽롱한 쾌감(차가운 콜라 속 얼음을 달그락거리며 마음을 이완시키는 일)을 느끼려 했는데 망했다. 나는 케빈 코스트너가 연기하는 서퍼 같은 로빈 후드를 보면서도 영화관의 서늘한 어둠 속에 잠기지 못했다.

내가 밖에 나왔을 때 엄마가 유리에 얼굴을 대고 있는 모습은 보이지 않았다. 하지만 쇼핑몰 문을 열고 어두워진 밖으로 나오자 주차된 올즈모빌 자동차에 엄마의 빡빡한 파마머리가 보였다. 엄마는 나와 내가 만났을 거라고 추정하는 누군가를 기다리고 있었다.

나는 차에 타고 문을 닫았다. 말은 하지 않았다. 엄마는 아무것도 못 봤지만 (실제로 볼 게 없었기 때문이다) 자신이 뭔가를 놓쳤고 내가 계속 거짓말한다고 생각했다. 이해할 수가 없었다. 나는 평생 엄마한테 거짓말한 적이 없었다.

내 머릿속에 이런 상상의 대화가 오갔다.

엄마　거짓말 그만해.
나　　거짓말 안 했어요.
엄마　지금 하고 있잖아. 너는 내가 알던 아이가 아니야.

나 　엄마는 평생 날 보고 살았으면서 어떻게 나를 그렇게 몰라요?

엄마 　너는 내 딸이 아니야.

나 　엄마는 내 엄마고 나는 엄마 딸이에요.

우리는 침묵 속에 귀가했다. 저녁 내내 엄마가 나를 무시하자 나는 결국 엄마에게 가서 허리를 끌어안았다. "죄송해요. 제가 잘못했어요. 사랑해요." 그러자 엄마가 마음이 풀려 나를 쓰다듬었다. "그래, 용서할게." 그리고 내가 착하고 말을 잘 듣는다고, 무슨 일이 있어도 금방 자신에게 돌아온다고 칭찬했다.

그 말이 사실이라서 나는 토를 달지 않았다. 나는 무슨 일이 있어도 엄마에게 돌아갔다. 하지만 그 '무슨 일' 중에는 엄마가 틀리는 일도 있었고, 교착 상태에서 내가 먼저 고개를 숙인 것은 사랑이 필요해서였다. 그게 나약함이라면 나는 나약했다.*

---

* 　George Eliot, *Middlemarch* (London: Penguin Classics, 2011), p. 481. (조지 엘리엇, 《미들마치》 1~2권, 민음사, 2024.)

내 안의 폭력성

　사소한 싸움이 걷잡을 수 없어졌다. 아서가 울음을 터뜨리자 나는 그렇게 약해 빠진 동생에게 화가 나서 더 세게 때리며 소리쳤다. "이 등신 같은 놈아!"

　아서가 나를 밀치고 자기 방으로 들어가더니 몸에 체중을 실어 문을 닫았다. 하지만 나는 닫히는 문틈으로 팔을 집어넣어서 아서의 머리를 잡고 얼굴을 할퀴었다. 지난날 내가 사랑했던 아서의 수줍은 얼굴이 이제 꼴도 보기 싫어졌다. 아서가 살짝 물러서자 나는 벌떡 일어나서 문을 확 열었고, 그 바람에 문손잡이가 맞은편 석고판으로 날아가 구멍을 냈다.

　아서가 물러서며 훌쩍거렸다. "**누나** 미워!"

　나는 앞으로 달려들었다.

　아서 몸의 체온이 변하면서 입고 있던 열감지 티셔츠 색깔이 바뀌었고, 겨드랑이와 부푼 두 가슴 사이에 불그죽죽한 선이 나타난 모습에 나는 웃었다. 나는 그 못생긴 티셔츠의 목덜미를 잡았고 아서가 바닥에 웅크리자 멈추었다.

내가 물러가자 아서는 다시 벌떡 일어나서 문을 닫았다. 나는 문밖에 선 채 성난 말처럼 문을 걷어찼다. 둔탁한 소리가 쾅쾅 울렸다. 나는 손을 씻으러 욕실에 갔다가 세면대 거울을 보고 눈을 깜박였다. 나의 이런 특징, 거리낌 없이 상처 입히는 공격성은 아빠에게서 왔다는 걸 알 수 있었다.

아서는 열한 살이었다. 그 나이 때 나는 메이시와 즐겁게 놀고, 악단에서 플롯을 불고, 전체적으로 희망에 차 있었다. 물론 당시에 나는 내가 꿈꾸는 사람이 아니라 남들의 기대를 실현하려는 존재가 되어가고 있었다. 학생 명단에서 아서의 이름을 본 중학교 교사들은 아서가 나 같은 우등생일 거라 기대했다. 하지만 아서는 B와 C를 받는 그저 그런 학생이었다. 키는 큰 편이었지만 갈수록 내향성과 체중만 늘었다.

해버샴으로 이사하면서 나와 아서의 단짝 시절은 끝났다. 나는 아서가 내향적이고 과체중이기 때문에 유령처럼 존재감 없이 산다고 생각했다. 엄마는 나에게 잘하는 것도 더 잘하라고 닦달했다. 하지만 아서는? "아서는 잘하고 있어." 언제나 엄마의 이 말이 내게는 의문이었다. '무슨 차이지?' 결국 내가 아서를 미워하게 된 것은 그 애가 존재감 없이 살아서가 아니라, 나를 좀처럼 인정하지 않는 엄마가 그 애는 너무도 확고하게 인정해서였기 때문이었던 것 같다.

　몇 시간이 지나자 우리는 불안한 평화 조약을 맺고 아서의 침대에서 함께 수다를 떨었다. 그날 아서는 쇼핑몰에서 처음으로 스매싱펌킨스 밴드의 앨범을 사왔다. 우리는 CD를 오디오 플레이어에 넣고 틀었다. 〈천사의 록 Cherub Rock〉 전주가 흐를 때 엄마가 들어왔다. 엄마가 침대 옆에 앉아서 나와 아서의 다리에 손을 하나씩 얹었다.

　"깜짝 소식이 있어." 엄마는 유난히 젊어 보였다. 그때 엄마의 나이는 마흔한 살이었다. 엄마가 숨을 들이쉬고 웃었다. "우리 집에 아기가 생기면 어떨 거 같니?"

　아기는 크리스마스가 며칠 지난 후에 태어났다. 아빠는 나와 아서를 태우고 함께 병원에 갔다. 우리는 신생아실 유리벽 너머로 강보에 싸인 사람 비슷한 형체를 신기한 눈으로 보았다. 검은 머리칼이 뾰족 일어서 있고 귀에서 솜털이 튀어나와 있었다. 세상에 나오느라 힘들었는지 얼굴이 빨갛게 부은 상태였다.

　전에는 아기 이름을 캐서린으로 지으려 했지만 막상 보니 어울리지 않는 것 같아서 세라로 바꾸었다. 아기 얼굴은 일주일도 지나지 않아 붉은 기를 떨구고 도자기처럼 하얘졌고, 1월 말에는 이상한 털이 다 떨어져 나갔다. 메이시가 집에 와서 아기를 안아보았고 메이시 엄마는 동생이 도자기 인형 같다고 했다.

전략의 대가

고등학교 4학년에 올라가기 몇 주 전에 해리슨 와일리가 집으로 전화를 했다. 우리는 최근에 같이 졸업한 초등학교에서 만났다. 같은 초등학교 졸업생 4학년들(해나, 토리, 티모시)이 거기서 졸업 앨범 사진을 찍었다. 졸업반을 위한 특별 행사가 이미 시작되었다.

그때 해리슨은 내가 최근에 산 진녹색 체로키 지프차에서 내리는 모습을 보고 감탄했다. "와, 새 차야?" 엄마는 모든 걸 반대하는 사람이었기에 아빠가 없었다면 나는 멋진 SUV를 타고 메모리얼을 다니지 못했을 것이다. 메모리얼에서 자동차는 인종만큼은 아니라도 사람에 대한 평가에 중요했다. 우리 집에서 그걸 허락해준 사람은 물론 아빠였다.

해리슨의 차는 부모님이 1년 전에 사준 것으로 스포일러*

를 단 빨간 혼다 차였다. 해리슨의 집에서는 누가 반대하고 찬성했는지 몰라도 어쨌건 혼다는 아빠의 취향이 반영된 것 같았다. 하지만 스포일러는? 나는 그걸 왜 스포일러라고 부르는지 몰랐다. 첫 데이트에서도 묻지 않았다.

해리슨은 소풍을 가자고 했다. 그날은 늘어지는 8월 아침이었고, 우리는 도시락거리를 사려고 식료품점인 라이스 에피큐리언으로 갔다. 어렸을 때 메이시와 두어 번 가본 게 전부인 가게였다. 그 가게는 폭스포토, 그리고 메이시의 아빠에게 받은 20달러짜리 신권으로 빵을 사던 프렌치베이커리와 같은 쇼핑몰에 있었다. 메이시의 아빠는 자식에게 허락과 금지를 적절하게 구사하는 분이었다.

하지만 나는 이제 고등학생이고 더는 메이시와 단짝이 아니었다. 나는 전 과목이 우등 및 심화반이고 수학은 월반해 영재반이었다. 메이시는 그런 것에 전혀 관심이 없었다. 에피큐리언에서 나는 엄마 곁에서 훈련 받은 눈으로 비싼 가격표를 단 시든 농산물을 보면서 생각했다. '크로거에 가야 했어.' 해리슨은 우리 엄마의 쇼핑에 항상 따라붙는 바쁜 계산 같은 것 없이 가게를 돌아다니다가 델리에서 칠면조 샌드위치를 주문하고 딸기와 음료수를 집어 들었다. 계산대에서 내가 지갑

---

* 자동차 후방에 달린, 날개처럼 생긴 부품. 공기 역학을 방해spoil해서 안정성을 확보하는 역할을 하기에 '스포일러spoiler'라고 부른다.

을 꺼내자 괜찮다면 자기가 다 사겠다고 했다. "여름에 아르바이트로 돈을 꽤 많이 모았어. 언제 다 쓸지 몰라." 나는 "대학 학비를 모아야지" 같은 말은 하지 않고 미소만 지었다. 우리 엄마라면 그렇게 말했을 것이다. 나는 고맙다고 말하고, 쿠폰을 주지 않는다는 이유로 엄마가 절대 가지 않던 라이스 에피큐리언이 익숙한 것처럼 행동했다.

공원에 가자 준비성 좋은 해리슨이 가져온 깔개를 꺼냈고, 우리는 바람 없는 하늘 아래 작은 나무 그늘에 앉았다. 나는 사 온 음식을 너무 빨리 먹지 않으려고 했다. 이것이 나의 첫 데이트였기 때문이다. 칠면조 샌드위치에는 디종 머스터드가 알맞게 뿌려져 있었고, 해리슨은 내가 좋아하는 민트초코 쿠키도 샀다. 여름 방학 동안 나는 서양 음식을 거의 먹지 않고 대부분 엄마가 출근 전에 해놓은 한국 음식만 먹었다. 식사가 끝나자 해리슨이 사과 주스를 꺼내서 우리는 함께 샴페인처럼 마셨다. 이 모든 사려와 전략에 대가가 있다는 걸 나는 몰랐다.

봄이 되고 4학년 2학기였다. 그 사이에 해리슨은 나와 헤어지고 내 친구 노라와 사귀었다. 노라의 홀어머니는 딸의 일을 대부분 허락했다. 중학생 때부터 화장하는 것, 핸드백을 사는 것, 어린 나이에 연애하는 것 등. 그리고 나는 작년 여름에 해리슨이 에밀리아 브라운에게도 전화했다는 걸 알게 되었다.

"하지만 데이트 신청은 안 했어." 에밀리아가 바로 덧붙였다. 해리슨은 4학년을 즐겁게 보낼 생각이었고, 거기에는 풋볼, 야외 파티, 실내 파티, 댄스파티 말고 다른 것(여자 친구)도 필요했다. 멋진 한 해를 함께할 짝이 있어야 했다.

에밀리아의 말에 따르면 그는 4학년 여학생들을 하나하나 살피다가 "너하고 노라한테까지 갔다". 에밀리아는 왕청의 집에서 해리슨을 만났고, 그때 함께 소고기와 브로콜리를 먹으면서 해리슨이 4학년을 함께할 여자 친구로 자신의 친구 중에 누가 좋을지 장단점을 논했다고 했다.

에밀리아가 해리슨에게 각각의 장단점으로 든 항목을 이야기할 때(나: 똑똑하다, 마칭밴드* 대장, 리더십. 노라: 역시 똑똑하고 재미있고 편하다), 나는 역겨움을 느꼈다. 보통 다들 이러나? 사람의 가치를 이렇게 후딱 계산하나? 하지만 에밀리아가 2년 동안 선행 미적분에 일등이었다는 사실이 떠올랐다. "이번에도 에밀리아의 답을 기준으로 다른 학생들의 오류 가득한 적분 계산에 점수를 매겼어." 윌리스 선생은 각별히 학생들을 나무랄 때 쓰는 지루한 목소리로 말했다. 에밀리아의 미적분 실력은 대단했다.

---

* 관악대를 기반으로 행진하며 연주하는 밴드. 미국 풋볼 경기 하프타임 공연에 자주 등장한다.

나는 에밀리아의 이야기를 들을 때 내가 어떤 감정이었는지 말하지 못했다. (나는 언제나 내 감정을 파악하는 데 더뎠다.) 친구인 에밀리아가 내 등 뒤에서 해리슨을 거들었다. 에밀리아가 눈을 깜박일 때 나는 혐오감을 느꼈다. 그 애는 상담자가 된 걸 우쭐해하고 있었다. 하지만 내가 아는 해리슨에 따르면, 그가 에밀리아에게 그런 일을 물었던 것은 그 애의 의견을 높이 사서가 아니라 그 애가 노라와 나 모두와 친했기 때문이었다.

내가 말을 잘랐다. "걔가 점심 사줬어?"

에밀리아가 눈을 깜박였다. "그게 무슨 상관이야?"

"그냥 궁금해서. 걔가 점심 샀어?"

"그랬을걸?" 에밀리아가 어깨를 으쓱했다.

해리슨이 집에 올 때마다 엄마는 현관에서 "네 친구 왔다" 하고 말했다. '해리슨'이라고도 부르지 않고 '네 남자 친구'라고도 하지 않았다. 모르는 척하면 아무 일도 일어나지 않은 게 된다는 것처럼. 그리고 엄마가 옳았다. 엄마는 내가 경험을 쌓을 기회를 허락하지 않았고, 나는 청소년기에 배워야 할 연애 감각을 억누르면서 순수성을 중시하는 엄마의 교훈적 가르침에 기댔다. 나는 집안도 좋고 똑똑한 해리슨을 내가 정말로 좋아하는지 어쩐지도 스스로에게 묻지 않았다. 해리슨과 함께 있으면 강력한 친구들과 강력한 경험에 우선적으로 접

근할 수 있었는데 그런 상황에서 내 취향이 의미가 있을까? 물론 여기서 강력하다는 건 백인이라는 뜻이었다.

해리슨이 세상을 말하는 방식은 내게 낯설었다. 언제든 약자가 강자를 이길 수 있다고 믿었다. 때로는 그게 그의 힘인 것 같았다. 이미 모든 걸 가졌기에 더 많은 걸 노릴 수 있었다. 반대로 우리 가족은 이제 경제적 안정은 찾았지만 아직 인생은 희생하며 사는 것이라 여겼고 사회의 규칙을 잘 읽지 못했다. 우리가 그 규칙을 작성한 게 아니었기 때문이다.

함께 미적분 숙제를 할 때 나는 가끔 책에 파묻힌 그의 금발 머리를 보고 그가 문제를 척척 푸는 데 감탄했다. '내 남자 친구는 정말 똑똑해!' 감탄에 빠져서 내가 그를 어떤 인증 마크로 삼고 싶어 한다는 걸 몰랐다. 그러니까 나는 해버샴의 집 덕분에 드디어 열망하던 '승인'을 받았다고 믿고 싶었다.

어떤 승인이었나? 인생에 더 많은 걸 요구하고 그걸 얻을 거라고 기대해도 된다는 승인? 나는 미국적 관념인 꿈과 행복만 원한 게 아니라 내게 오는 요구를 거절할 수 있기를, 또 세상이 떠먹여주는 걸 허겁지겁 받아먹지 않아도 되기를 바랐다. 돌아보면 내게 해리슨에 대한 낭만적인 감정은 없었다. 하지만 그는 내 첫 남자 친구였고 남자 친구란 엄마 말대로 그냥 남자이며 따로 만나는 친구 아닌가? 실제로 내가 그해에 키아누 리브스 포스터를 보며 자위를 할 때도 해리슨과 키스하는 상상은 못했다. 아시아 혼혈의 판타지인 키아누 리브스는 그렇게 자신의 역할에 계속 충실했다.

해리슨은 우리가 키스를 한 번밖에 안 한 게 문제라는 기색을 보이지 않았다. (그것도 풋볼 경기 후 나를 집에 데려다주며 가볍게 뽀뽀한 것이었다.) 우리가 데이트한 다섯 달 동안 나는 그에게 두 번 이별을 통보했다. 그때마다 그는 집으로 꽃과 선물을 보내고 읽기 민망한 시도 써 보냈다. 나는 매번 그걸 받아들이는 스스로에게 놀랐고, 왠지 내가 놀이 대상이 된 느낌이 들었으며, 나를 되찾는 게 그가 하는 체스 게임의 일부 같았다.

다시 만난 뒤에도 해리슨은 계속 미적분 숙제를 하러 왔다. (그의 실력은 에밀리아와 비슷했고, 에밀리아와는 다른 참신한 방법으로 문제를 풀었다. 그가 독창적으로 우회해서 냉정하고 끈기 있게 문제를 푼 반면 에밀리아는 선생이 가르쳐준 명확한 방법을 활용했다.) 그와 내가 모두 하버드대 조기 전형에서 '보류' 판정을 받았을 때 나는 차마 내 상처를 드러내지 못했고, 아직도 젊어 보이는 해리슨의 금발 엄마는 직접 만든 라자냐로 우리를 위로해주었다. 시즌 첫 풋볼 경기 때 친구들이 그의 차 뒷유리에 분필로 "마칭밴드 대장과 하는 사이"라고 낙서해놓은 걸 발견한 그의 표정은 즐거워 보였다. 그 '한다'는 말이 성적인 의미일 거라 짐작되었지만 실제로 우리 사이에 성적인 일은 마음속에서조차 일어나지 않았다.

상처

맨다리에 하이힐을 신고 망토를 두른 섹시한 하녀가 모자 쓴 19세기 신사 옆에 서 있다. 그림 아래에는 이런 글이 적혀 있다. "롱펠로를 잡고 미친듯이 일해서 빅토리아의 비밀을 찾으세요."* 그 비밀이 뭔지는 몰랐지만 쇼핑몰에 있는 속옷 브랜드 가게인 빅토리아시크릿은 알았고, 학부모가 후원하는 클럽 티셔츠 디자인이 이렇게 섹시하다는 데 놀랐다. 하지만 그 말을 입 밖으로 꺼내진 않았다. '시니어 맨'은 초대를 받아야 갈 수 있는 파티였고, 내 친구 중에도 딱 두 명만 초대받았다. 노라도 그중 한 명으로, 퀴즈 대회에서 나와 같은 팀이었던

---

* 롱펠로Longfellow는 19세기 미국 시인의 이름이지만 남성 성기를 가리키는 의미로도 해석된다. '빅토리아의 비밀'은 속옷 브랜드 빅토리아시크릿을 빗댄 말이다.

로런스 김볼이 파트너였다. 그래서 그 금요일에 나는 평소 데이트처럼 내 셔츠를 입고 학교에 갔다.

컨트리클럽에서 댄스파티를 한 뒤 해리슨과 나는 그의 친구들(초등학교 때는 나하고도 친했지만 그 후에 멀어진)과 함께 해변 도시 갤버스턴에 갔다. 가보니 기둥 다리 위의 비치하우스는 안개에 싸여 있었다. 남학생들은 멕시코만이 내다보이는 바람 부는 테라스에서 담배를 피웠고, 여학생들은 벽난로 앞에 앉았다. 아이들은 오손도손 대화를 나누었지만 나는 말없이 벽난로 불만 들여다보았다.

남학생들이 술 냄새와 담배 냄새를 풍기며 들어오자 여학생들은 각자의 데이트 상대와 짝을 이루어 방으로 사라졌다. 내게 다가온 해리슨에게 나는 배가 고프다고 했다. 저녁 식사 때 스테이크가 덜 익어 나오는 바람에 못 먹었다고. 그가 다정하게 말했다. "나가서 먹을 걸 사자."

"나는 핏물 흐르는 고기가 싫어." 내가 그의 손을 잡으며 말했다.

자정이 다 되었고, 집에 돌아가야 할 시간이었지만 갤버스턴은 집에서 한 시간도 넘게 떨어진 거리에 있었다. 나는 통금을 걱정하지 않으려 했고 집에 가서 혼날 각오를 했다. 차로 둘러보아도 해변 도시는 텅 비어 있었다. 주유소들도 문을 닫았고 편의점이나 맥도날드도 열지 않았다. 1월의 바람만이 쓰레기와 신문지를 신나게 두드리고 있었다. 마침내 우리는 텅 빈 주차장에 차를 세우고 시동을 껐다.

"여기서 뭘 하려고?" 내가 물었다.

"그냥 좀 쉬려고." 그가 안전벨트를 풀고 내게 몸을 기울였다.

그 시절 나는 순진했고, 그가 너무 쉽게 탐색을 포기하는 모습에 실망해서 몸을 피해 고개를 밖으로 돌리고 창밖을 바라보았다. 침묵이 흐르는 가운데 나는 해리슨의 기대를 다른 뜻으로 착각했다. 뱃속이 요동쳤다.

잠시 후 해리슨이 다시 몸을 세우고 시동을 걸었고 우리는 말없이 휴스턴으로 돌아왔다.

다음 주 월요일 학교에서 해리슨이 결별을 통보했다. 세 번째 결별이었고 이번에는 봉합되지 않았다. 편지도 꽃도 없었다. 나는 슬프지 않았다. 계속 그와 친구로 지낼 생각이었고 여전히 키아누 리브스의 포스터를 보며 자위했다. 전에 헤어졌을 때처럼 나는 학교 행사에서 계속 해리슨 무리를 보았고, 그가 풋볼 경기에 왔던 게 나를 응원하기 위해서였다는 걸 깨달았다. 하프타임 쇼 때 나는 단 위에 올라 단원 수 100명의 마칭밴드를 지휘하면서 해리슨이 어디선가 날 본다고, 우리는 계속 친구라고 생각했다. 그가 내 남자 친구(친구인 남자)였을 때와 다를 게 없다고.

종이 울리고 선행 영어 수업이 끝났다. 담당 교사는 학생들과 나이 차이가 크게 안 나는 로링 선생이었다. 그 선생은 해리슨과 장난치는 걸 좋아했다. 해리슨이 소속된 졸업 앨범 편집부의 지도교사이기도 했다. 때는 봄이었다. 대학 지원은 끝났고, 4학년 교실 내 학교도 교사들도 지쳐 있었다.

에밀리아가 책을 집어 들고 친구 샤일러에게 해리슨과 노라 이야기를 했다.

"해리슨하고 노라가 왜?" 내가 묻자 노라의 단짝 샤일러는 급하게 떠났다.

"걔네 지금 사귀거든." 에밀리아가 나를 돌아보면서 말했다.

나는 얼굴이 달아올랐다. 소식통인 에밀리아가 그동안 아무 말도 안 했다니. 잠시 후 내가 얼마나 됐느냐고 물었다.

"한 달 정도?" 에밀리아가 눈을 피했다.

"그런데 왜 나한테 이야기 안 했어?"

"네가 상처받을까 봐." 그리고 그때 에밀리아가 여름 방학 때 왕청의 집에서 해리슨과 점심 먹은 일을 이야기했다.

에밀리아는 조용히 미소 짓고 교실을 나갔다. 내가 에밀리아만큼 수학을 잘하지는 못해도 시간 계산은 할 수 있었다. 해리슨은 나와 헤어진 직후 노라와 사귀었다. 나는 해리슨을 알았기에 더는 확인할 필요가 없었다. 학교 복도를 걷는 내 머릿속에 에밀리아와 해리슨이 나와 노라의 장단점을 논한 일, 친구들이 공모한 듯 내게 이 소식을 감춘 일이 맴돌았다. 그리고 놓쳤던 실마리들이 하나둘 떠올랐다. 노라가 점심 때 해리슨 무리와 밥을 먹은 일(나는 로런스 때문인 줄 알았다), 노라와 해리슨이 방과 후에 주차장에 함께 있던 일. 그리고 많은 걸 허락해주는 노라의 엄마.

갑자기 눈이 뜨였다. 노라는 분명 잠자리를 허락하고 있을 테고, 해리슨은 내게서 얻지 못했던 걸 얻고 있다는 것이었다.

행복할 자격

그 전해 가을 나는 그전까지 한 번도 경험해보지도 이해할 수도 없는 심리 상태에 빠져서 학교 수업을 거의 빼먹었다.

내 친구들은 수업을 빼먹는 부류가 아니라 우등생 집단이었지만 나는 갑자기 학업에 관심을 잃고 등교 후 한두 시간이 지나면 집으로 돌아갔다. 저녁 식사 때면 입에 넣는 것들이 다 죽어 있어서 나도 죽은 느낌이 들었다. 아서는 소파에 있거나 자기 방에 있었다. 엄마는 바쁘게 움직이면서 음식을 만들거나 동생 세라를 돌보았다. 나와 함께 식사를 하는 건 아빠뿐이었다. 아빠가 손에 든 《코리안 저널》의 글자들이 물처럼 음식으로 흘러내리는 것 같았고, 나는 물 위에 뜬 한글을 읽었다.

드라마 〈프렌즈〉의 배경 웃음소리가 내 무기력을 뚫고 들어왔고 나는 내 방으로 들어가 문을 닫고 (문을 잠그는 것은 상상할 수도 없었다) 문틀에 털썩 기댔다. 그리고 눈을 감고 셋을 세었다. 넷에 눈을 뜨면 보이는 방은 여전히 책, 종이, 과제로 어지러웠다. 갑갑해진 나는 침대에 쓰러져서 기도했다. '하느님, 모든 게 끝났으면 좋겠어요. 연극이 끝날 때처럼, 등장인물이 다 죽고 돈 조반니가 지옥에 떨어지는 오페라처럼.'* 그대로 자다 깨다 하다가 새벽 1시 알람에 일어났다. 석차를 유지하려면 숙제를 해야 했기 때문이다. 나는 4학년 전체 324명 중에 9등이었다. 반드시 10등 안에 들어야 했다.

퀴즈 대회 준비 때문에 아침 6시 45분에 집을 나가야 했다. 수업은 3시에 끝나고 그 뒤로 저녁 시간까지는 방과 후 활동이 있었다. 하지만 나는 때로 2교시나 3교시에 학교에 가서 숙제를 낸 뒤에는 뇌 스위치를 내리고 아무것도 받아들이지 않았다. 그러다 참을 수 없는 수준이 되면 손을 들고 화장실에 갔고, 한번은 수업 중에 그냥 가방을 들고 일어나 주차장으로 갔다. 그리고 언제나 로즈영화관으로 향했다.

상영 중인 두 영화 가운데 〈센스 앤 센서빌리티〉를 골랐다. 다른 하나는 〈쥬만지〉였다. 후자는 판타지 보드 게임을 영화화한 것이라 흥미를 느낄 수 없었다. 평범한 삶도 이미 복잡

---

* 오페라 〈돈 조반니〉의 주인공 돈 조반니는 방탕하고 거침없는 귀족으로, 많은 사람들을 속이고 상처를 주다가 마지막에 지옥으로 끌려간다.

했다. 학교에서 일찍 나오거나 오전 시간이 너무 힘들면 10시 45분과 12시 30분 영화를 연달아 보았다. 다음에 벌어질 일을 안다는 것, 엠마 톰슨이 놀라운 이성(센스)을 발휘하고 케이트 윈슬릿이 놀라운 감성(센서빌리티)을 발휘한 끝에 결국 두 자매가 중용과 사랑을 발견하는 결말은 마음에 위안을 주었다.

그렇게 지내던 중 4월에 세 통의 편지를 받았다. 프린스턴대와 예일대의 합격 통지서, 하버드대의 불합격 통지서였다. 나는 이미 하버드대에 미련을 버렸기에 두 대학에 합격한 것이 기뻤고 마침내 약간 안도했다.

다음 날 4학년들은 모든 게 끝난 듯 어슬렁거렸다. 두 대학에 합격했다는 내 말을 들은 윌리스 선생은 놀라움에 눈썹을 치켜세웠다. 그 선생은 내가 미적분을 건너뛰고 에밀리아나 해리슨만큼 시험을 잘 보지 않아서 나를 별로 대단하게 여기지 않았다.

대학 합격으로 하루이틀 우쭐했지만 내면의 먹구름은 사라지지 않았다. 그게 충분하지 않다는 사실이 당황스러웠다. 대학 합격과 휴스턴 탈출이 지금까지 내 목표가 아니었나? 그렇다. 비록 금발 남자 친구가 안겨주던 사회적 승인을 잃고 하버드대에 불합격했지만 어쨌건 나는 프린스턴대에 갈 것이다. 그런데 왜 문제가 해결된 것 같지 않은가? 왜 여전히 죽고 싶은가?

나는 에밀리아와 노라가 있는 친구 집단에 배신감을 느껴서 메이시에게 손을 뻗었는데, 메이시는 이제 운동에 몰두했고 운동하는 남자 친구를 사귀었다. 소꿉친구 메이시는 내 본모습을 아는 소수 중 하나였지만 그 애에게도 모든 걸 말할 수는 없었다. 나는 몇 달 전 엄마의 옷에서 꺼낸 처방전 용지에 알아보기 힘든 글을 끼적여 지각한 날 행정실에 제출했다. "진료 확인서는 깜박했는데 이게 그 날짜에 받은 처방전이에요." 무단결석 횟수가 기준을 넘기면 학교 졸업도, 휴스턴과 우리 동네와 가족이라는 엉킨 실타래를 탈출하는 일도 불가능했다.

이 무렵 나와 엄마의 싸움은 더 심해졌다. 해리슨과 사귈 때 우리는 주로 귀가 시간 문제로 싸웠다. 나는 풋볼 경기가 끝나면 마칭밴드 대원들과 식사를 하고 11시쯤 귀가했다. 엄마는 외식을 돈 낭비라고 싫어했고 내 입에서 술 냄새가 나는지 알아내려 했다. 나는 술은 한 방울도 마셔본 적이 없었다. 10대에 대한 고정관념 때문에 엄마가 내 진정한 모습을 못 본다는 데 배신감을 느꼈다. 엄마는 내 행실이 나쁘다고, 한국에서는 매춘부와 행실이 나쁜 여자들만 늦게 다닌다고 했다. 하지만 나는 해리슨과 이상한 일을 한 적이 없고, 시카고대에 가는 오언, MIT에 가는 티모시, 듀크대에 가는 딜라일라와 함께 칠리스식당에서 양파 튀김을 먹었을 뿐이다. 그것도 내가 과외로 번 돈으로 사 먹었다.

엄마도 배신감을 느꼈다. 그건 내게서 불의 기질이 사라졌기 때문이다. 엄마가 물려준 그 기질이 이제 거의 사그라져 있었다. 평생 서너 시간만 자면서도 똘망똘망하던 내가 갑자기 식탁에서 수프 그릇에 얼굴을 박았다. 엄마는 두 손을 들고 "이게 10대라는 거로구나!" 하고 말했지만 정말로 그렇게 생각하지는 않았다. 그래서 마침내 엄마가 내게 상담을 권했을 때 나는 놀라우면서도 안도했다.

나는 상담에 두 번 갔다. 상담할 때 엄마가 옆에 있는 게 당연하지 않다는 걸 당시에는 몰랐는데, 상담사가 40대 남자였고 엄마는 내가 아빠 아닌 어떤 남자하고도 단 둘이 있는 걸 허락하지 않았다. 나는 하버드대나 해리슨 이야기를 하고 싶었지만 그럴 수 없었다. 대신 맞은편에 앉아 여동생을 어르는 엄마에게 소리쳤다. 나에게 그렇게 많은 기대를 한 것에 대해, 나를 낳기만 하고 본모습을 모르는 것에 대해. '처음부터 이게 문제였어.' 나는 분출되는 감정에 놀라면서도 알아차렸다. 나는 낯선 상담사가 내 인생의 중대한 실존적 문제를 이해해주기 바라며 절박하게 물었다. "저도 행복할 자격이 있지 않나요?" 하지만 엄마가 먼저 끼어들었다. "행복은 성취한 게 없는 자들의 도피야."

나는 소파에 털썩 기댔다. 엄마가 격언처럼 던진 그 말은 진실 같았지만 정말 그런가? 하버드대에 갔다면 아마 행복했겠지만 인간의 행복이 그렇게 허약한 것인가? 엄마는 승리감에 입을 딱 다물고 있었다. 나는 엄마의 얼굴에 붙은 그 승리감을 떼어내고 싶었다. 그 결연함을 흔들고 싶었다. 우리가 평생 서로를 이해할 수 있을까? 그 순간 우리 가족과 함께 사는 것보다 내게 더 부당한 일은 없다고 생각했다. 우리 부모님은 당신들이 이미 많은 실수를 저질렀다는 이유로 내 실수를 용납하지 않았다. 인생은 유희나 자기실현의 장이 아니었다. 감탄과 호기심의 장도 아니었다. 그 공간은 이미 아빠가 차지했다. 그리고 엄마가 있었다. 빈곤 수학을 하는 엄마, 보증된 인생을 향해 나를 밀고 가는 엄마가. 엄마는 앞으로도 내게서 성공과 실패만 볼까? 엄마가 눈빛을 번쩍이며 고개를 돌렸다. 하지만 내게도 신념이 솟아났다. 내가 오랜만에 느낀 불꽃이었다.

    상담은 여섯 번까지 보험이 적용되었지만 우리 상담은 두 번으로 끝냈다. 그리고 두 번 다 똑같았다. 아무도 내가 우울증일 수 있다고 말하지 않았다.

흩어지는 정체성

5월이 되자 다시 사교 활동이 많아졌고, 클럽 몇 개의 회장직을 맡고 있던 나도 거기에 끌려 들어갔다. 회장직 사퇴는 생각하지 않았다. 사퇴 같은 조치는 대통령이나 물의를 일으킨 정치인, 실적이 저조한 최고경영자나 하는 일이지 고등학생에게 해당되지 않는다고 생각했다. 내셔널메리트* 장학생 관련 모임, 졸업 앨범 클럽 사진 촬영, 졸업 파티, 졸업 앨범 메시지 작성, 댄스파티에 모두 참여했지만 내 중요한 부분은 이미 소진된 것 같았다.

졸업식 몇 주 전 어느 날, 졸업 앨범 편집부가 선행 생물

---

* 미국 고등학생이 치르는 대학입시시험 모의고사(PSAT, Preliminary SAT) 성적을 바탕으로 학업 성취를 평가해 수여되는 장학 제도.

교실에 들어와서 '최고의 학생' 투표용지를 돌렸다. 지난 몇 년 동안 이런 투표 결과가 졸업 앨범 부록에 실렸다. '최고 인기'와 '최고 미남미녀'는 다음 해 홈커밍 축제의 '왕'이나 '여왕'이 되었는데 대체로 풋볼의 쿼터백 선수나 수석 치어리더가 그 자리에 뽑혔다. '최고의 대통령감'은 대개 모의 UN 활동가로, 살짝 어리숙해도 아이들 레이더에 걸릴 만한 매력은 있는 사람들이었다.

이제 우리 학년 차례였다. 나는 고개를 숙였다. 뒤에서 남학생들이 서로를 때리며 농담을 주고받았다. 선생이 조용히 하라고 시켰다. 나는 연필을 들었다. '가장 똑똑한 여학생'에 그레이스 조를 쓸 수는 없었다. 대부분의 다른 아이들은 그레이스를 쓸 게 분명했다. 그 애는 우리 학년에 두 명뿐인 한국계 여학생 중 한 명이었다. 우리는 같은 악기를 연주했고, 부모도 우리 엄마와 같은 서울대 출신이었다. 그레이스의 오빠는 3년 전에 '가장 똑똑한 남학생'으로 뽑혔고 하버드대에 갔다.

그레이스네는 우리 집보다 잘살았다. 내가 부유한 구역에 있는 그레이스의 넓은 집에 갈 때마다 그레이스의 엄마는 내게 눈길을 주지 않고 에밀리아와 노라에게만 호들갑을 떨었다. 나중에 엄마가 나를 데리러 오면 아줌마는 엄마에게 인사만 하고 들어오시라고 말하지 않았다. 그런 행동은 한국 문화에서 큰 결례였다. 아줌마는 나를 딸의 경쟁자로 여겨서 내게 친절을 베풀지 않았다. 덕분에 우리 엄마는 똑같이 행동하지 않았다. 아줌마가 너무 대놓고 나를 무시해서 우리 엄마는 그레이스가 오면 각별히 친절하게 대했다. 엄마와 딸은 별개였기 때문이다. 그리고 이러한 태도로 우리 가족이 그레이스네처럼 부자는 아니라도 품격은 더 높다는 걸 보여주었다. 4학년이 되자 그레이스와 나는 모든 수업을 같이 들었는데, 그레이스는 졸업식 고별사 낭독자로 지정되었다. 학년 초에 몇몇 학생과 상담실에 갔을 때 제리건 상담 교사가 내 손을 잡더니 "축하한다"고 말했다. 그분이 착각했다는 걸 알고 나는 그레이스가 아니라 '다른 한국 여학생'이라고 차갑게 대답했다. 그레이스는 1등이고 나는 9등이었다.

나는 투표용지를 바라보다가 마지막 순간에 '가장 똑똑한 여학생'란에 내 이름을 적었다.

졸업식 전주에 내가 학교에 갔을 때 4학년 학생들이 구내매점 앞에 모여 있었다. 졸업 앨범 지도 교사인 로링 선생이 마이크 앞에 나와 최고의 학생 투표 결과를 발표했다. 라이언 스마일링이 가장 먼저 불렸다.

"놀랄 거 없지." 내가 테이블에 앉을 때 메이시가 말했다. 라이언은 '최고 미남'으로 뽑혔다.

'최고 미녀'는 예상대로 금발의 수석 치어리더가 차지했다. 변호사를 꿈꾸는 에밀리아는 '최고의 대통령감'에 뽑혔다. 이름이 하나하나 불릴 때마다 두려워졌다. 내가 '가장 똑똑한 여학생'에 뽑힐 가능성이 없었기에 애써 무시하려고 했다. 어쨌건 4학년 전체가 투표한 결과였다. 해마다 고별사 낭독자가 '가장 똑똑한 여학생' 또는 '남학생'으로 선정되었다. 로런스 김볼이 '가장 똑똑한 남학생'으로, 그레이스가 '가장 똑똑한 여학생'으로 뽑혔다.

'자기가 가장 똑똑하다고 생각하는 남학생'에 매슈 쿠색이 뽑히자 아이들은 멈칫했다. 매슈는 로런스와 달랐다. 하버드대 진학을 앞둔 로런스는 사교성이 좋아 두루 호감받았지만 매슈는 황당한 가설이나 난해한 이야기로 대화의 맥을 끊기 일쑤였다. 어쨌건 그 후 우리 팀이 퀴즈 대회 전국 챔피언이 된 건 매슈 덕분이었다. 매슈가 헐렁한 청바지 허리를 붙들고 앉았다.

"이제 자기가 가장 똑똑하다고 생각하는 여학생." 로링 선생이 말했고 잠시 후 내 이름이 들렸다. 나는 마치 꿈속인 듯 일어나 두둥실 앞으로 떠갔고, 로링 선생이 미소 띤 얼굴로 내 등을 두드리며 주머니에 머스탱 말이 그려진 학교 티셔츠를 건넸다. 나는 내가 그걸 큰 상처럼 받아 드는 모습도 보았다.

그러다 정신을 차리고 보니 나는 테이블에 돌아와 있고 식이 끝나 모두 끼리끼리 수다를 떨고 있었다. 메이시가 내게 말을 걸었지만 귀에 들리지 않았다. 잠시 후 메이시가 떠났다. 나는 메이시가 가는 쪽을 보았다. 그레이스가 머스탱 티셔츠를 입고 에밀리아와 웃고 있었다. 로런스 김볼은 하버드대 조기 합격했을 때와 똑같은 동작(영화 속 로키처럼 두 팔을 번쩍 들고 흔드는 동작)을 했다.

나는 티셔츠를 집어 들었다. 무슨 말을 걸려고 다가오는 마칭밴드 친구를 손짓으로 물리쳤다. 주차장으로 가는 길에 티셔츠를 쓰레기통에 버리고 차에 들어가 운전대에 머리를 계속 찧었다. 어떻게든 나를 해치고 싶었고, 가슴을 두드려 그 안에서 뛰는 심장이 멈추게 하고 싶었다. 나는 이 아이들과 함께 자라고, 이들과 친구가 되려고 노력했고, 나를 아는 이 작은 세계에서 당당해지고 싶었는데 결과적으로 세상은 나를 사기꾼으로 여겼다.

11시가 지났고 〈센스 앤 센서빌리티〉를 감상하러 갈 생각은 들지 않았다. 대신 병원으로 차를 몰았다. 나는 그 병원 청소년 봉사회 회장이었지만 지난 몇 달 동안 기운이 없어 내 몫을 하지 못했다. 그런데 이제 내가 나타나자 감독관은 내게 말을 걸지 않았다.

엄마가 로비 근처 병동의 수간호사였지만 나는 눈물을 참을 수 없었다. 그래서 병동으로 가는 길에 복도의 핸드레일을 잡고 울었다. 행인들이 놀라거나 동정 어린 시선을 보냈지만 무시했다. 사람들은 가까운 이가 죽었나 보다고 생각했다. 정말로 누가 죽었다. '내'가 죽고 싶었다. 나는 평생 부유한 백인 도시 메모리얼에서 최고가 되려 애썼고 그 성패는 전적으로 내 지성에 달려 있었다. 내가 생각하는 나의 정체성이 무너져 내렸다.

다른 간호사와 이야기하던 엄마가 나를 보았다. 아마 내가 히스테리 상태였던 것 같다. 엄마는 처음에는 무슨 일인지 몰랐다. 사실 엄마는 많은 걸 몰랐다. 슈거랜드에서 여기 처음 이사 왔을 때도, 여학생들이 레스토랑 별실에서 화려한 파티를 하거나 메이크업 아티스트를 데리고 패션쇼를 할 때도, 호숫가 별장에서 밤샘 파티를 할 때도 몰랐다. 초등학교 4학년 때 내가 '납치 파티'에 초대받았는데, 엄마는 새벽 5시에 나를 깨워서 얼른 세수하고 좋은 옷을 입으라고, 친구들이 곧 와서 나를 아침 식사에 데려갈 거라고 말했다. 엄마는 '납치 파티'가 잠든 친구를 깨운 뒤 잠옷 그대로 리무진에 태워 브런치 식당에 데려가는 거라는 걸 몰랐다.

하지만 그때 엄마는 알았다. 내가 누군가에게 상처받았다는 걸 알았다. 엄마는 일을 멈추고 나를 빈 병실로 데리고 갔다. 침대 하나가 환자를 기다리고 있었다. '여기서 누가 죽었구나.' 나는 그레이스가 '가장 똑똑한 여학생'에 뽑히고 나는 '가장 똑똑하다고 생각하는 여학생'에 뽑혔다는 걸 말했다.

"그게 왜 문제야? 너도 네가 최고로 똑똑하다고 생각하잖아. 그게 사실이니까."

"나는 최고가 아니에요! 최고로 뽑히지 않았어요. 만약 거기에도 뽑혔다면 모르겠지만."

엄마는 고개를 저었다. "내가 그레이스를 아는데 그 애는 똑똑하지 않아. 똑똑한 건 너야."

"그런 말하지 말아요! 그렇게 말하는 사람은 엄마뿐이에요!" 나는 항변했다. 하지만 그게 내가 듣고 싶은 말이었다. 엄마가 나를 이해하지는 못해도, 그러니까 내가 술을 마신다거나 행실이 불량하다고 생각한다 해도, 그래도 엄마는 나를 알지 않는가?

엄마는 평소에는 퇴근한 뒤에도 병원 옷을 벗기 전에는 몸에 손을 못 대게 하지만 누군가 죽은 그 빈 병실에서 나를 안아주었고 나는 엄마의 어깨에 얼굴을 묻고 흐느꼈다. 엄마의 간호복에서 희미한 섬유 유연제 냄새가 났고, 나는 내가 진실이라고 알던 모든 것이 거짓이라고 느꼈다.

내가 어느 정도 진정하자 엄마는 환자를 인도하듯 나를 데리고 주차장으로 나갔다. 한 노인이 비틀비틀 복도를 걸었다. 링거 튜브들이 핏기 없는 팔과 링거 대를 연결하고 있었다. '저분은 울어도 돼. 죽을 날이 가까우니까. 여기서는 아무도 안 죽었어. 아무도 안 죽었어!!!' 나는 속으로 악을 썼다.

"혜승아." 밖에 나오자 엄마가 말했다. "다른 사람들이 어떻게 생각하든 신경 쓰지 마. 나는 너를 알아." 그리고 나 대신 자기 가슴을 토닥였다.

나는 고개를 끄덕이고 힘없이 차에 탔다. 엄마가 집에서 보자고 했다. 내가 그 후 어디를 갔는지, 영화관에 갔는지 기억나지 않지만 어쨌건 집에 돌아왔을 때는 누그러들어 있었다. 어렸을 때 엄마는 내게 힘들면 말하라고, 고통을 덜어주겠다고 했는데 그날 내가 엄마의 말대로 했다고 느꼈다.

내가 인생 최초로 맞은 큰 위기로 흩어지는 정체성을 수습하기 위해, 내가 살아 있는 걸 확인하기 위해 달려간 사람은 나 자신이 아니라 엄마였다. 내가 영위하는 이 처량한 인생에서 성적이 떨어지거나 상을 못 받았을 때처럼 불가피하게 실망했을 때 내 가치를 확인할 대본이 내게는 없었다. 행여 그 대본이 있었다고 해도 파편적이고 허술하며 남의 목소리로 가득했다. 물론 그중에는 좌절 속에 찾아온 내게 친절을 베푼 엄마의 목소리도 있었다. 엄마는 나를 안다고 말했다.

돌아보면 그때 누군가 죽은 그 병실에서 우리 엄마, 내 삶의 근원인 엄마가 온 세상이 미워해도 너 자신은 널 사랑할 수 있다고, 심지어 엄마인 내가 미워해도 너는 살아갈 수 있다고 말해주었으면 좋았을 것 같다.

하지만 나는 엄마에게 전보다 더 밀착되어 내 심장과 가치 감각을 엄마에게 넘겨주고 떠났다.

명예 없는 졸업

 다음 날 학교에 가지 않았고, 그다음 날도, 그다음 날도 마찬가지였다. 졸업 직전에 어쩔 수 없이 학교에 나가면 고개를 푹 숙이고 아무와도 대화하지 않았다. 메이시는 나를 안아주었지만 에밀리아는 보급형 그레이스인 나를 피해갔다.

 나는 사물함 앞에서 '최고 미남'으로 선정되었던 라이언과 마주쳤다. 우리는 성이 똑같이 S로 시작해서 7년 동안 같은 홈룸 반*이었다. 그는 풋볼 쿼터백이고 내가 마칭밴드 대장이라서 풋볼 경기장에서 스쳐가며 우리가 가진 간극 너머로 조용히 서로를 인정했다. 체격 좋은 금발 미남인 라이언은 최

---

* 아침에 공지 사항 등을 전달하기 위해 모이는 반. 이후에는 대학교처럼 과목별로 모여 수업을 듣는다.

고의 학생 투표 말고 졸업에 대해 이야기하려고 했다. 미소를 짓자 보조개가 나타났다. 그가 일부러 가볍게 말해서 나도 대답했다. "그래, 올여름은 아주 이상할 거야." 내게 얻을 게 없는데도 상대가 친절을 보였다는 점이 의미 있었기 때문이다.

마칭밴드 경쟁 시즌이 끝나서 단장이 자유 시간을 주었다. 나는 바닥 구석에 그레이스 등과 앉아 있었다. 모두 졸업 앨범에 사인을 하느라 바빴다. 최고의 학생 투표 결과가 담긴 반짝이는 부록도 있었다.

"'가장 똑똑한 여학생'으로 선정된 거 축하해요, 그레이스." 1학년 대원들이 와서 환호했다. 그리고 나를 보더니 말없이 갔다. 내가 마칭밴드 대장으로 몇 달 동안 소리를 지르며 그들에게 명령하고 벌을 주고 조별 연습을 지도했지만 이제 나는 그들의 존경을 잃었다.

나도 그레이스의 졸업 앨범에 사인해야 했다. 우리는 몇 주째 대화하지 않았다. 의식했건 안 했건 내가 지난 4년 동안 만든 페르소나는 명랑하고 여성적인 그레이스(모범적인 아시아 여학생)와는 정반대였다. 그레이스는 다른 친구와 최고의 학생 투표에 대해 이야기하고 있었다.

"'자기가 가장 똑똑하다고 생각하는 학생' 항목은 좀 잘못된 것 같아." 그레이스가 말했다. "아직까지 그런 항목을 뽑는

데는 우리 학교뿐이야. 스트랫퍼드는 얼마 전에 없앴다더라."

"기분 나쁘게 듣지 마, 그레이스. 나는 '가장 똑똑한 여학생'에 혜승을 찍었어. 하지만 네가 뽑힌 것도 좋아." 색소폰 주자 앤서니(온화한 감리교도다)가 말했다.

나는 사인할 졸업 앨범 표지 안쪽에 집중했다. 조심해야 했다. '무난하고 재미없게 써. 아무도 너한테 뭐라 할 수 없도록.' 그레이스가 나에게 다정하게 굴건 말건 상관없었다. 그래서 뭐라고 몇 마디 끄적이고 의미 없이 "보스턴대 생활 즐겁기를"이라고 마무리한 뒤 앨범을 돌려주었다.

몇 달 동안 수학 수업에 빠졌으니 선행 적분 2 성적에 B를 받은 건 당연한 결과였다. 그 때문에 석차가 9등에서 11등으로 떨어져 10등 밖으로 밀려났다. 상담 교사 제리건 선생이 나를 그레이스와 헷갈렸을 때 엄마가 그에게 전화를 했는데, 그 뒤로 그 선생은 마칭밴드 공연과 풋볼 경기에 꼬박꼬박 와서 엄마에게 "저 이렇게 따님을 응원하고 있어요" 하고 말하는 듯 손을 흔들었다. 그리고 복도에서 마주칠 때마다 그때의 잘못을 만회하려는 듯 내 이름을 꼬박꼬박 불렀다. 그레이스의 엄마는 한 번 그레이스의 성적 문제로 항의한 적이 있다는데 (그래서 89점이 마법처럼 90점으로 바뀌었다) 우리 엄마는 학교에 전화를 건 적이 없었다. 우리 부모님은 우리가 일본인이 아니라 한국인인 걸 꼭 알려야 한다고 생각하는 이민자가 아니었고 인종 차별도 대체로 넘어갔다. 하지만 그때는 예외적으로 전화를 했다. 상담 교사가 대학에 추천서를 써준다는 내 말을 들었기 때문이다. 대학은 현실이었다.

졸업식은 내 열여덟 생일 전에 있었다. 졸업식 며칠 전에 4학년은 안내장을 받았다. 두꺼운 종이에 금색 글씨와 붉은 머스탱 말 그림이 새겨져 있었다. 나는 안내장을 구겨 사물함에 던져 넣었다. 졸업식에 가지 않을 작정이었다. 이룬 것도 없고 축하할 것도 없었다. 엄마가 우리 학년 여학생 중 아이비리그 대학에 진학한 게 나뿐이라고 말했을 때도 감흥 없었다. 그냥 부끄럽고 죽고 싶었다.

하지만 졸업식 당일에 나는 결국 졸업 모자에 가운을 입고 부루퉁한 얼굴로 행사장 바깥에 조용히 줄 서 있었다. 1996년이었고 더운 날씨에 졸업 모자가 땀에 젖었다.

내 앞 10등 자리는 옛 친구 해나(노스웨스턴대)가 차지했다. 해나는 9등의 에밀리아(미시간대)와 수다를 떨고 있었다. 에밀리아는 투표에서 '최고의 대통령감'으로 뽑힌 후 석차를 계속 유지했다.

"톱텐의 차말석penultimate으로 졸업하는 것도 괜찮은 듯해." 해나가 에밀리아에게 말하자 에밀리아는 그 말이 마음에 들었는지 내내 '9등' '끝에서 두 번째'라는 말 대신 '차말석'이라는 단어를 썼다.

"그러면 나는 나머지 전체의 수석이네." 내가 끼어들어 농담을 시도했다. 하지만 해나는 듣지 못했고 에밀리아는 줄이 움직이자 앞으로 달려갔다.

여기 있고 싶지 않았다. 졸업은 그저 남들을 위해 견뎌야 하는 또 다른 하루였다. 에밀리아가 지난주에 우리 엄마가 학교에 세라를 안고 와서 나를 찾아 다녔다고 했다. 그때 나는 물론 영화관에 있었다.

"어머님, 어쩐 일로 오셨나요?" 놀란 제리건 선생이 엄마를 상담실로 데려가는 모습이 눈앞에 떠올랐다. 엄마에게 졸업식 안내장을 준 것도 제리건 선생이었다.

나는 힘없이 줄을 따라 앞으로 움직였다. 남들과 똑같이 붉은 모자와 붉은 가운을 입었지만 이런 일이 무의미하다고 느끼는 게 나뿐일까? 엄마가 우기는 바람에 졸업 기념으로 간 노스차이나 식당에서 삼킨 조미료를 땀으로 쏟아내면서 나는 내가 수많은 클럽과 모임의 회장을 역임하고, 좋은 성적을 받고, 음주도 섹스도 없이 보낸 고교 4년을 생각해보았다. 한 달에 한 번 하복부가 견딜 수 없이 팽만하면 변비약을 먹었고, 그러면 격렬한 장운동 때문에 며칠 동안 꼼짝하지 못했다. 의사가 내게 섬유질을 많이 먹으라고 했을 때 나는 한국 음식에 섬유질이 풍부하다는 사실을 떠올리며 웃었다. 내가 찾아가야 할 의사는 따로 있었지만 그때는 몰랐다.

졸업식장에서 나오는 에어컨이 너무 시원해서 신음이 나왔다. 차말석 자리에 있던 에밀리아가 돌아보더니 무슨 일이냐고 물었다. 내가 고개를 저으며 별거 아니라고 하자 에밀리아는 고개를 다시 앞으로 돌렸다. 모자에 달린 붉은 술이 생기 있게 흔들렸다.

마침내 자리에 앉자 땀은 증발되고 오히려 덜덜 떨렸다. 나는 계속 부정적인 생각에 잠겨서 '올여름에는 폐렴에 걸릴 거야' 하고 생각했다. '가장 똑똑한 남학생'으로 뽑힌 16등의 로런스 킴볼이 앞으로의 인생에 대해 연설했고 나는 마칭밴드가 〈위풍당당 행진곡〉을 반복 연주하는 가운데 무대에 올랐다. 제리건 선생이 내 이름을 다정하게 부르며 졸업장을 건넸다.

나는 부모님 자리를 찾아볼 시간이 없었다. 찾고 싶지도 않았다. 특히 엄마는 나 때문에 마음이 아플 게 분명했다. 엄마는 내가 우울한 게 그레이스처럼 고별사 낭독자가 되거나 로런스처럼 하버드대에 가지 못해서일 거라고 생각했지만 그게 아니었다. 나는 이유를 몰랐다. 실패한 느낌이었지만 그렇다고 뭘 바꿔야 승리하는지도 몰랐다. 그래서 나는 미래에 집중하려고 했다. '이제 상황이 달라지고 이런 기분도 느끼지 않을 거야.' 나는 프린스턴대에 갈 거고, 거기 가면 이런 감정과는 결별할 것이다. 로런스 말대로 대학은 남은 인생의 시작이 될 것이다. 메모리얼에서나 우리 집에서나 아웃사이더로 살던 생활을 떠날 것이다. 이해하지 못하는 농담과 (그보다 더 나쁜) 나에 대한 농담에 모른 척하거나 억지로 웃는 일은 없을 것이다. 포용과 배척을 반복하는 엄마도 없을 것이다. 지겨운 더위도 없을 것이다.

졸업식 순서지에 졸업생들의 이름과 진학 대학이 적혀 있었다. 밴더빌트대, 스탠퍼드대, 듀크대, 라이스대, UC버클리대가 있고, 또 많은 학생이 텍사스 A&M대에 진학했다. 백인이었다면 나 역시 주립 대학에 가도 좋았겠지만 이제 나는 텍사스와는 안녕이었다. 나는 지성인들이 살고 지적인 일이 가득한 동부에 갈 것이다. 진정한 것이 무엇인지 알아내고, 지식을 통해 행복을 얻고, 스스로 존재감을 찾을 것이다. 인종을 초월하고, 어지러운 가족사를 초월하고, 또 내게 붙어 있지만 내가 아닌 모든 것을 초월해서.

그레이스의 고별사가 끝나자 모두 일어섰고 교장 선생이 모자를 위로 던져 올리라고 했다. 사각모가 공중에 꽃가루처럼 흩날리고 객석에서 우레 같은 박수가 쏟아졌.

하지만 나는 모자를 던지지 않았다. 오히려 모자가 나 자신과 심장을 보호해주는 방패라도 되는 것처럼 가슴에 꼭 끌어안았다. 졸업식이 끝나고 졸업생들은 가족을 찾아 흩어졌다. 사방에서 카메라 플래시가 터졌다. 모두의 손에 꽃다발이 들려 있었다.

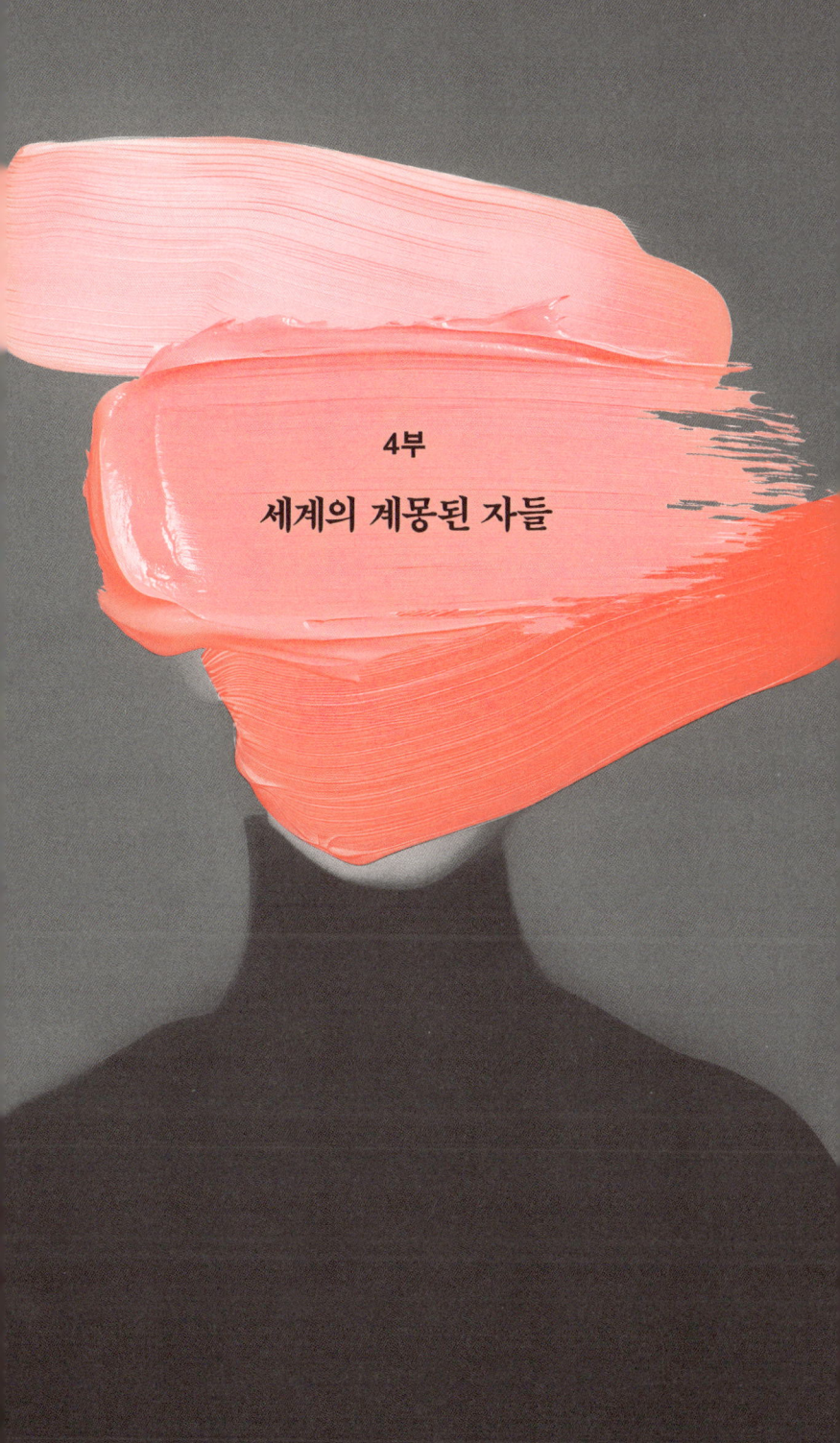

다가온 희망, 놓아버린 기대

신입생 입주 날에 기숙사에 갔을 때 룸메이트 애비게일 메이필드 크로스가 방바닥에 앉아서 통화하는 모습이 보였다. 그는 나를 보고 웃으며 손을 흔들었지만 일어나지는 않았고, 이미 2층 침대의 1층과 책상은 그의 차지가 되어 있었다. 아빠가 망치와 못을 사러 간 사이 나는 문을 닫고 나와서 공용 공간에 짐을 내려놓고 기다렸다.

소파에 앉아 돌출된 창밖으로 중정中庭을 내다보았다. 학생들이 어수선하게 오갔고, 수업, 이팅클럽*, 어느 학교 출신 누가 어쩌고 하는 대화가 단편적으로 들렸다. 맞은편 동 입구

---

* 프린스턴대 내 전통 사교 클럽으로, 학생 간 교류와 공동체 의식을 높이는 데 목적이 있다. 학생들은 각 클럽의 전용 건물(클럽하우스)에서 식사 모임 등을 하며 인적 네트워크를 넓혀간다.

위쪽에서 한 남학생이 샌드위치를 먹으며 2층 창밖으로 다리를 흔들다가 버켄스탁 샌들을 떨어뜨렸다. 주황색 리본으로 머리를 묶은 치어리더 스타일 여학생들이 원형 광장 같은 중정을 대각선으로 질러갔다. 부모들이 사방에서 짐, 옷, 책, 텔레비전을 끌고 소파를 옮겼다.

일주일 전 오리엔테이션을 준비할 때 이미 신입생들은 삼삼오오 무리를 짓고 있었다. 물론 그렇게 임의로 모인 집단은 곧 해산되고 좀 더 잘 어울리는 집단으로 재구성될 것이다. 지금 모인 것은 두려움 때문이었다. 그 모습이, 그리고 내가 사랑한 적 없는 고향에 대한 향수가 나를 슬프게 했다. 왜 우리 모두는 각각의 카테고리로 분류되어야 하는가? 내가 이런 생각을 할 때 한 여학생이 뒤따라오는 부모를 무시하고 앞으로 달려가더니 그들 면전에서 문을 쾅 닫는 게 보였다. 나와 엄마 사이의 간극은 여전히 넓었고, 그 힘들었던 여름에 엄마가 즐거워한 시간은 기숙사 물품을 사러 생활용품점 베드배스 앤 비욘드에 다닌 일뿐이었다. 그때만 빼면 엄마는 내가 대학 진학을 앞두고 들떠 있어야 할 시기에 이렇게 우울해하는 것을 이해하지 못하겠다며 분노했다.

방문이 열리고 애비게일이 나왔다. 키가 크고 단단한 몸에 곧게 편 머리를 포니테일로 묶었다. 그가 휴대전화를 거치대에 놓자 우리는 인사했다. 여름에 이미 편지를 주고받아서 나는 애비게일이 코네티컷주 출신 조정 선수였고 매사추세츠

주 기숙학교에 다녔다는 걸 알았다.

아빠가 가게에서 망치와 못 말고도 여러 가지를 사왔고 우리는 2인실의 내 구역을 꾸몄다. 이어 애비게일의 부모도 오셨다. 모두 친절했고 내 이름을 제대로 발음하려 노력했다.

아빠가 떠날 시간이 되어 우리는 아치문을 지나 거리로 나갔다. 입주하느라 법석을 부리는 와중에도 아빠는 내게 아무 조언도 하지 않았다. 우리는 조언 같은 걸 나누는 사이가 아니었다. 아빠의 차가 공항을 향해 떠날 때, 나는 어린 시절에 그랬던 것처럼 내가 아빠 시야에서 사라질 때까지 손을 흔들었다.

그날 저녁 우리는 강당에 갔고 나는 이층에 앉았다. 거기에서도 케일럽의 엄지손가락에 낀 은반지가 조명에 닿아 반짝이는 모습이 보였다. 2학년인 케일럽은 신입생들에게 보수적인 가정에서 자랐으나 작년에 프린스턴대 친구들의 도움으로 용기를 내서 커밍아웃하게 된 사연을 전했다.

나는 의자에 등을 기댔다. 저 사람은 이미 비용을 계산해보고 환경에 파묻혀서 자기 존재를 잃어버리기에는 그 대가가 너무 크다고 판단했다. 그는 내가 프린스턴대에서 보고자 한 진짜 인간의 사례였다.

내 또래가 자신의 취약성을 남들 앞에 공개하는 장면을 목격한 첫 번째 사례이기도 했다. 적응이 두려운 신입생의 마음과 대학의 정돈된 완벽함(이 깔끔한 오리엔테이션에서도 잘 드러난다) 속에서 실수와 부적응에 대해, 자기 이해를 통해 두려움을 떨치고 용기를 얻은 과정에 대해 이야기하는 케일럽의 말을 감명 깊게 들었다. 내 자신감은 그전 해에 박살이 났지만, 남들에게는 이런 머뭇거림이 불안이 아니라 동양인의 조심성으로 보일 수 있다는 것도 알았다.

불이 켜지고 나는 우리 조언 그룹을 따라 밖으로 나갔다. 애비게일과 우리 조의 학생 멘토가 똑같이 노스페이스 옷을 입고 자매처럼 내 곁을 지나갔다. 2층에 사는 재미있지만 서로 극단적으로 다른 남학생들이 내게 다가오더니 오늘밤 파티에 우리 방 사람들도 올 수 있는지 물었다. 나는 어물쩍 웃어넘기고 뒤로 빠졌다.

곧 다른 1학년들이 내 뒤에 왔다. 나와 다른 조의 남학생들이었다.

"어우, 시간 아까워." 한 사람이 말했다.

"왜 맨날 호모 새끼들 얘기를 들으라는 거야?"

바람이 없는데도 나는 싸늘해졌다. 세 번째 남학생이 케일럽의 목소리를 우스꽝스럽게 흉내 내는 소리를 듣고 내가 뒤를 돌아보았다. 라크로스 셔츠 차림의 턱이 긴 남학생이 자위하는 흉내를 냈고, 또 한 명이 과장되게 하느작거리며 빙그르르 돌았다.

나는 다시 고개를 돌렸다. 그만하면 충분했다. 그 시절 나는 대학과 동부 지역에 있는 모두가 지성인이리라는 큰 희망을 품었다. 프린스턴대는 미국과 세계의 계몽된 자들이 모이는 곳인 줄 알았는데 강당에서 나가면서 세상이 똑같다는 걸 깨달았다.

남학생들이 하이파이브 할 때 나는 아치문을 지나갔다.

담쟁이로 덮인 건물들, 동부 지역 엘리트 문화, 많은 학생들의 엄청난 부와 기득권(애비게일은 집안에서 7대째 프린스턴대에 입학한 학생이었다)으로 인해 프린스턴대도 위엄 있는 버전의 메모리얼과 다를 바 없어 보였다. 첫 학기에 나는 다시 익숙한 상황에 들어섰다. 이곳에서도 공부는 편하고 친구들은 나보다 유복했다.

식당 건물은 크고 성 같았고 저학년들은 여기서 그저 그런 음식을 식판에 담아 큰 테이블에서 식사했다. 거기서 메모리얼에서 처음 사귀었던 친구를 만났다. 전학 첫날 내게 악센트를 가르쳐준 에이버리였다. 에이버리는 불편한 모습으로 혼자 가장자리에 서 있었다. 낯선 사람들과 테이블에 함께 앉아야 할지, 아니면 사람들이 자리 채우기를 기다리며 빈 테이블에 먼저 앉을지 고민하는 모습이었다. 내가 에이버리를 불렀고 우리는 함께 앉았다. 하지만 내가 에이버리의 기억을 되새겨주어도 ("초등학교 3학년 때 네 생일 파티에 갔잖아." "점심 먹고 트램펄린을 했는데." "우리 일주일에 한 권씩 책을 바꿔 읽었어.") 그는 멍한 얼굴로 바라보기만 했다. 그것이 우리가 처음이자 마지막으로 함께한 식사였다.

학부생 중 아시아계는 유학생까지 포함해도 15퍼센트도 안 되었다. 나는 휴스턴에서 그랬듯이 대부분 백인들과 어울렸다. 그때는 내가 백인 중상층 문화를 내 문화로 받아들였다는 걸 깨닫지 못했다. 그때부터 나를 닮은 사람들과 어울렸다면 좋았을지도 모른다. 하지만 나는 내 깊은 두려움을 이해할 만한 사람들을 피하고, 아시아계 학생들과 거리를 두며, 때로 그들을 '아시아의 침공'이라고 놀렸다.

그러다 결국 다양한 집단에서 활동하기 시작했고, 애비게일, 그러니까 애비하고도 잘 지냈다. 두어 달이 지나자 우리 사이의 미묘한 벽이 깨졌다. 우리는 자기 전에 남학생들 이야기를 자주 했다. "조지는 슬림한 화이트 진을 입어. 여기까지만 말할게." 내가 침대 2층에서 말하면 아래층에서 키득거림이 올라왔다. 이어 애비가 말했다. "너는 내가 다니던 기숙학교의 유순한 아시아 친구하고 전혀 달라. 요코는 말을 한 마디도 안 했는데."

한국인 남자애

식당에서 샐러드를 먹는 내게 수재나가 다가왔다.

"밸런타인데이에 더블데이트 어때?" 수재나가 갈색 눈동자를 반짝이며 말했다. 수재나는 다정한 성격이었다. 오리엔테이션 첫날 식당에 줄을 섰다가 만난 그 애는 얼굴이 자기 엄마와 똑 닮았다. 수재나가 나를 꼬드겼다. "척에게 차가 있거든. 넷이 영화 보고 1번국도를 타고 나가서 저녁 먹자." 3학년인 척은 수재나의 남자 친구로 한 이팅클럽의 임원이기도 했다.

"내 멋진 상대가 누군데?" 내가 물었다.

"정치학과 학생이고 이름은 가이 정이야, 그리고…." 수재나가 숨을 들이켰다. "한국인이야!"

백인들은 쉽게 내가 한국인, 특히 한국 남자와 잘 지낼 거라고 생각했다. 나는 수재나가 왜 내 친구들이 대부분 본인과 같은 백인이라는 걸 알아차리지 못하는지 의아했다.

"척이 가이한테 신입생 페이스북*에 실린 네 사진을 보여주니까 가이가 귀엽다고 했대." 수재나가 키득거렸다.

어떤 여자라도 그랬겠지만 나는 그 말에 마음이 누그러들었고, 밸런타인데이라는 게 조금 걸렸지만 함께하기로 했다.

금요일 밤에 수재나가 나를 데리러 왔다. 나는 슬랙스에 스웨터를 입고 갔다. 도서관 복장을 약간 업그레이드한 수준이었다. 그런 뒤 남학생들과 만나서 함께 차로 갔다. 나도 재학생 페이스북에서 가이를 찾아보았다. 두 종류의 페이스북(신입생 버전과 재학생 버전)은 프린스턴대 내 모든 기숙사에서 인기 있는 책자였고, 어떤 선배 남학생들은 1년 안에 정복할 1학년 여학생들 얼굴에 다 동그라미를 쳐놓았다는 소문도 있었다. 가이와 나는 점잖은 대화를 나누었다. 그는 말랐지만 탄탄했고 플래그풋볼**을 한다고 했다. 그건 진짜 풋볼, 어쨌건 텍사스에서 하는 풋볼과는 다른 종류 같았다.

극장이 눈에 보이자 나는 안도했다. 척은 가이에게 운전을 맡기고 뒷좌석에서 수재나와 키스했다. 〈스타워즈〉 시리즈의 새 영화였고 가이가 내 푯값까지 계산했다. 나중에 햄버거

---

* 과거 몇몇 대학에서 학생들의 얼굴 사진과 이름을 실어서 배포한 책자. 소셜미디어 페이스북은 여기에서 발전해 나온 것이다.
** 아메리칸풋볼보다 인원이 적고 접촉이 없는 스포츠다. 태클 대신 상대 허리춤에 달린 플래그를 뺏는 형식으로, 팀당 인원은 4~9명이다.

와 감자튀김을 먹을 때도 가이가 내 몫까지 냈다.

학교로 돌아온 뒤 수재나는 이팅클럽에 가서 더 놀자고 했다. 영화관에서 가이와 나는 교과서를 들여다보듯 말없이 스크린에 집중했고 햄버거 집에서는 햄버거에 집중했다. 나는 기숙사로 돌아가고 싶었지만 수재너가 보내주지 않았다.

밤공기 속에 모두 하얀 입김을 뿜었다. 수재나가 몸을 떨자 척이 걸음을 늦추고 한 팔로 수재나를 감쌌다. 하지만 가이는 씩씩한 걸음으로 멀찌감치 앞서갔다. 이팅클럽은 소문과 쑥덕 공론의 산실이었고 거기에 누구와 함께 들어가느냐는 그런 일에 신경 쓰는 사람에게는 중요했다. 가이는 그런 일에 신경을 쓰는 부류였다.

안에 들어가자 가이 대신 척이 내게 맥주를 사다 주겠다고 했다. 가이는 말도 없이 사라져버렸다. 늦은 시간이라 디제이는 없었고 사람들은 맥주바와 휴게실에 드문드문 남아 있었다. 나는 추워서 벽난로 앞에 앉았는데 잠시 후 가이가 한 구석에서 이번에도 내게 등을 돌리고 다른 사람들과 대화하고 있는 모습이 보였다. 우리의 공식 데이트는 끝났고, 그는 이제 캠퍼스에서 마주쳐도 앞쪽 멀리서 무언가가 잡아끄는 듯 급히 지나가는 사람이 될 것이다.

수재나가 다가왔다. 약간 취해 있었다. "너 괜찮아? 척이 가이한테 가서 그런 식으로 행동하지 말라고 말하겠대."

"아냐, 그러지 마. 난 괜찮아. 그냥 좀 추울 뿐이야."

그때 가이가 "주드!" 하고 문 앞에 있는 누군가를 불렀다. 나는 고개를 들었다가 그가 내게는 보여주지 않던 열렬한 태도로 어떤 여학생에게 성큼성큼 다가가는 모습을 보았다. 나는 주드라는 여학생을 바라보았다. 키가 크고 당당한 매력을 풍기는 백인이었다. 그 앞에서 가이의 태도는 180도 변해서 약간 비굴해 보이기까지 했다.

수재나는 떠났다. 나는 혼자 벽난로 불길을 바라보며 한국 남자들이 나를 무례하게 거절하는 게 정당한지 생각해보았다. 어쩌면 그 대답은 간단하고 우리 인종과 아무 상관없을 것이다. 하지만 솔직히 나도 가이가 마음에 들지 않았고 다른 한국인을 만나고 싶지도 않았다. 우리가 모인다고 해서 따로 있을 때보다 더 좋아질 게 없었기 때문이다. 어쨌건 나는 가이를 비난하지 않았다. 어쩌면 그도 다양성 정책의 장식 같은 존재로 프린스턴대의 인생을 꾸려왔는지 모른다.

그때 누가 왼쪽 어깨를 두드리는 것 같아 돌아보았는데 아무도 없었다. 나는 누가 장난친다는 걸 알았다. 같은 기숙사에서 잘생기기로 유명한 닉 페더로브였다.

"무슨 일이야, 혜승?"

나는 데이트를 했다고 말했다.

그가 휴게실 구석을 힐끔 보았다. "나는 모르는 사람이네. 재미있었어?" 그가 조심스레 물었다. 닉은 좋은 친구였다. 내가 어깨만 으쓱하자 더는 질문하지 않고 "맥주 더 마실래?" 하고 물어보았다.

우리가 맥주를 가지고 벽난로 앞에 돌아왔을 때 수재나, 척, 가이는 모두 떠난 뒤였고 클럽은 조용했다. 닉이 나에게 다정하게 팔을 둘렀다. 나는 그의 친절하고 잘생긴 얼굴을 바라보았다. 그가 내 어깨를 쓰다듬었다. 나도 그를 쓰다듬고 싶었다. 그는 나보다 한 살 많았고 키아누 리브스 같은 포스터 속 인물은 아니었다. 이어 그의 손가락이 내 얼굴로 올라왔고 마침내 우리는 키스했다. 그의 혀는 따뜻했고 내 입에 들어와도 역겹지 않고 사랑스러웠다.

수재나는 다음 날 브런치를 함께하며 전날 일을 사과했지만 닉과 키스했다는 내 말에 기뻐하며 말했다. "멋진 복수네." 나는 복수하려던 건 아니라고 했지만 물론 가이가 알게 돼도 상관없었다. "근데 가이는 주드와 전혀 잘될 분위기가 아니던걸." 내 말에 우리는 입을 가리고 킥킥거렸다. 내가 새벽에 기숙사에 돌아갔을 때 애비는 눈이 휘둥그레졌다. "야, 부럽다! 닉이라니. 다 말해줘!" 나는 애비에게 전부 말했지만 그게 내 진짜 첫 키스였다는 것은 말하지 않았다.

닉은 오후에 찾아왔다. 그때쯤 기숙사에 소문이 돌아서 모두 키득거리며 휴게실을 어슬렁거렸고 "첫 번째 온 가이Guy보다 두 번째 온 가이guy(남자)!"가 그날의 유행어가 되었다. 닉이 선물로 초콜릿을 사왔고 나는 고마웠지만 안 그래도 된다고 말하고 싶었다.

다시 드러난 상처

나는 애비가 열어놓고 간 창문을 피해 이불을 뒤집어썼다. 그래도 창밖에서 봄의 소리가 들려오고, 며칠 사이 캠퍼스에 피어난 수국과 터리풀 냄새가 들어왔다. 나는 이틀 동안 외출하지 않았다. 마지막 수업 후 돌아올 때는 잔디밭 그늘의 독서 모임들과 비치 타월 위에서 얼굴에 《롤리타》나 《오만과 편견》을 덮고 일광욕하는 여학생들과 부딪혔다. 해키색*과 얼티밋 프리스비**를 하며 노는 사람들도 피해서 돌아온 뒤에는 침대에 붙박여 잠을 자거나 즐거운 봄을 피할 방법을 고민했다. 프린스턴대에 오면 내 마음속 날씨가 달라질 줄 알았는

---

* 작은 콩주머니를 발로 차며 땅에 떨구지 않고 이어가는 놀이. 서양식 제기차기다.
** 5~7명으로 구성된 팀이 플라스틱 원반을 던져 득점하는 스포츠로, 정식 이름은 '얼티밋'이다.

데 나는 아직도 그대로 물속이었다. 죽음에 대한 생각이 머리를 떠나지 않았다.

친구들은 나를 이팅클럽들로 끌고 다녔다. 이팅클럽에는 당구실, 도서실, 맥주바, 목욕탕, 그리고 유화와 태피스트리를 건 고풍스러운 식당이 있었지만, 모든 것이 에이버리의 아홉 살 생일 파티, 아이들이 엄마의 진주 목걸이를 하고 온 그 파티 같았다. 나는 최대한 침대에서 뭉개다가 더는 피할 수 없을 때 따뜻한 침구에서 억지로 몸을 빼낸 뒤 재킷을 걸치고 친구들을 따라 나갔다. 클럽이 가까워지면 음악 소리가 커지고 친구들도 시끄러워졌지만 나는 뒤에 홀로 처졌다. 그러다 첫 번째 클럽에 들어가기 직전에 우뚝 걸음을 멈추고 뒷걸음질을 치며 소리치는 작전이었다. "방에 뭐 두고 왔어. 다음 클럽에서 봐!" 친구들은 내 거짓말을 알아차리고 손을 뻗으며 소리쳤다. "이제 안 속아!" 하지만 이미 늦었다. 나는 벌써 멀찌감치 떠나 있었다.

그러다 우울한 마음을 참회하듯 애써 모임에 참여한 어느 날 나는 고등학교 친구의 소식을 듣게 되었다. 아이러니하게 해리슨도 프린스턴대에 입학했다. 하지만 우리는 캠퍼스에서 마주친 적도 없고, 고등학생 때 헤어진 뒤로 한 마디 말도 건네지 않았다. 내가 비어퐁 게임[***]을 구경하고 있을 때 기숙

[***] 테이블 끝에 놓은 맥주 컵에 탁구공을 넣는 게임.

사 친구 한 명이 다가왔다.

"방금 이상한 남자를 만났어. 너와 같은 고등학교를 다녔다는데?" 그가 말했다.

맥주 캔이 내 손에서 구겨졌다. "아 그래?" 나는 가볍게 말했지만 얼른 이야기를 마치고 싶었다. 나는 이제 달라졌고 (여전히 슬프고 소극적이었지만) 그 시절과는 결별해야 했다.

"졸업 직전에 너한테 아주 나쁜 일을 했다고 하더라. 네가 그렇게 반응할 줄 몰랐대." 그는 맥주를 한 모금 마셨다.

"술 취했나 보네."

"아냐, 그렇지 않았어. 그냥 너한테 사과하고 싶은 거 같았어."

나는 고개를 저었다. "무슨 말인지 모르겠어. 아무래도 술에 취했을 거야."

나는 혼자 기숙사로 걸어갔다. 어두운 인문대학 구역에 들어서니 이팅클럽 음악 소리가 희미해졌다. 나무들 틈새로 스며드는 달빛에 고개를 들어보니 하늘에 얇은 달이 걸린 모습이 보였다. '밤하늘의 저 구멍으로 나가면 바깥쪽에는 뭐가 있을까?'

애비는 아직 돌아오지 않았다. 나는 옷을 벗고 오래도록 샤워하며 뜨거운 물로 등을 지졌다. 거울에 비친 내가 가운을 벗고 얼굴에 로션을 발랐다. "졸업 직전에 너한테 아주 나쁜 일을 했다고 하더라." 친구가 말했다. 졸업 직전에 무슨 일이 있었지? 그때는 해리슨과 헤어진 지 이미 몇 달이 지난 뒤였다. 나는 미적분에 B를 받았다. 졸업 석차가 10등 밖으로 떨어졌다. 텍사스를 떠난 뒤에는 그 힘들었던 시절을 떠올리고 싶지 않아서 계속 피했다.

그리고 '자신이 가장 똑똑하다고 생각하는 여학생'에 뽑혔다. 그 굴욕적인 결과는 스스로 자초한 것 아니었나? 훗날 내 남편은 그 일이 학교가 인가한 괴롭힘이었다고 했다. 부모님이 항의해야 했다고. 하지만 그런 위로는 미래에 왔고, 아직 과거였던 대학 신입생 시절 나는 마음을 억누르려 브러시로 머리를 빗었다.

그때 맥주바에서 들은 이야기가 만화경 속 그림처럼 착착 들어맞았다.

해리슨은 졸업 앨범 편집자였다. 그래서 최고의 학생 투표용지를 다 보았고, 로링 선생도 알고 묵인했을 것이다. 나를 깎아내리고 싶었던 누군가가 내가 그 타이틀을 얻도록 조작했던 걸까? 우리 학년 전체가 아니라 그냥 해리슨이 나를 싫어했던 거였을 수 있다.

그런 해리슨이 이제 마음의 짐을 덜려고 아무에게나 그 일을 털어놓고 있었다. 하지만 나는 대학에서 만난 누구에게도 그 투표 결과를 말하지 못했다. 대학 캠퍼스에서의 첫날에 이미 대학이란 진정한 것들을 배우는 곳이라는 기대가 무참히 흔들렸다. 내가 1년 동안 프린스턴대에서 배운 것은 세상은 여전히 내가 굽히고 들어가야 하는 곳이라는 점이었다. 고등학교 4학년 때 불지옥 속에서 나는 녹고 변했다. 그 불길이 아직도 이어지는가? 내 영혼은 이미 검게 그을렸고 내 가치에 대해 뒤늦게 깨달았다고 해도 그걸 되돌릴 수는 없었다.

거울에 비친 내 눈이 차갑게 빛났다. 낯선 내 모습에 나는 빗질을 멈추었다. 그러자 만화경이 다시 한번 돌면서 다른 모양이 펼쳐졌다.

고등학교 때 내가 만든 '가장 똑똑한 여학생'이라는 정체성은 차마 들여다보지 못한 내 복잡한 정체성을 사회가 받아들일 만한 방식으로 변형한 것이었다. 그리고 내가 받은 가장 중요한 교육은 내게 주어진 자리에 어울리지 않는 것은 무엇이든 모두 없애는 것이었다. 고등학교 시절 나는 그 자리에 가기엔 부족했고, 이에 대해 백인 남학생 한 명이 나를 벌주었다.

그때까지 1년 가까이 최고의 학생 투표 결과를 진실로 여겼으니 이제 그 무엇도 내가 우울증으로 미끄러져 들어가는 것을 막을 수 없었다. 그 뒤로 몇 주 동안 나는 닉과 더 많은 시간을 보냈다. 하지만 그도 나도 서로에게 진지한 기대가 없었다. 그는 그저 매너가 좋아서 이따금 잊지 않고 연락하고 찾아올 뿐이었다. 하지만 마침내 그가 다른 사람과 연애를 시작했다는 소식이 들리자 나는 침대로 돌아가서 조용히 죽고 싶다는 생각만 했다.

실패할 자유

2학년이 시작된 지 두 주가 지난 어느 날, 자정을 넘은 시간에 뉴저지 트랜짓*을 타고 잠들지 않는 도시 뉴욕의 펜실베이니아역으로 갔다. 하지만 도착해보니 뉴욕은 잠들어 있었다.

"나 혼자 나 혼자 나 혼자." 나는 역 대기실을 서성이며 중얼거렸다. TGIF와 던킨 가게 사이에 노숙자도 한 명 어정거렸다. "나 혼자 나 혼자 나 혼자." 그 사람이 한 말인가?

역 반대편으로 잠시 나가서 타임스스퀘어 쪽을 보니 동쪽에 밝은 빛 무리(텅 빈 거리에서 번쩍거리는 간판과 스크린들)

---

* 미국 동부권의 철도 및 버스 회사로, 여기에서는 이 회사에서 운용하는 뉴욕행 교통편을 뜻한다.

가 나를 맞았다. 신문지가 사막의 회전초*처럼 도로에서 공중제비를 넘었다. 나는 달아나기 위해 한밤중에 불쑥 혼자 여기로 향했다. 대학이라는 아름다운 거울의 집을 벗어나야 했다. 하지만 도시의 소란과 무질서를 원했을 뿐 이렇게 섬뜩한 고요를 바란 건 아니었다.

역으로 돌아와 열차 운행 안내판 아래를 서성이는데 안내판이 스르륵 돌아가며 프린스턴행 5시 7분 기차를 알렸다. 한 시간 뒤 나는 캠퍼스 남쪽 끝에 여명이 트는 걸 보면서 돌아왔다. 애비가 이미 아침 훈련을 나간 덕분에 나는 어디 갔었냐는 질문을 피할 수 있어 안도했다. 프린스턴에서 뉴욕은 가까운데도 프린스턴대 학생들은 뉴욕에 잘 가지 않았다. 그들의 인생은 캠퍼스라는 공간에 국한되어 있었고, 만약 프린스턴대를 대표할 학교 모델을 뽑으면 금발에 눈이 파랗고 학교 대표 조정 선수인 애비가 제격이었을 것이다. 그는 건강한 정신에 강인한 육체를 지닌 데다가 친절했다. 그해 9월 그는 내 우울을 눈치챘지만 이런 일이 낯설어서 대처할 방법을 몰랐다. 그건 나도 마찬가지였다.

나는 이불 속에서도 쉬지 못했다. '나는 왜 이렇게 나약할까? 왜 남들처럼 적응하지 못할까? 대체 왜 이런 걸까?' 막막

---

* 마른 줄기가 뭉쳐져 공 모양으로 바람을 타고 바닥에 굴러다니는 식물. 서부 영화에 자주 등장한다.

한 질문들이 계속 돌아왔다. 내가 햄스터가 되고, 내가 돌리는 햄스터 휠 안쪽에 그런 질문이 새겨져 있는 것 같았다. 그러다 배가 고파 일어나 식당에 가다가, 베이글을 씹고 있는 내 학생 멘토 봉주를 만났다.

"괜찮아?" 그가 걸음을 멈추고 물었다. 봉주는 한국인이고 내 친구이기도 했다. 내 안색이 안 좋았는지 그의 얼굴에 근심이 어렸다. 그와 나는 얼굴이 많이 닮았다. 부드러운 이목구비, 매끈한 이마, 피부색. 그 순간 나는 그를 친오빠처럼 여기고 그에게 모든 걸 말하기로 했다.

봉주에게 내 사정을 털어놓고 한 시간 뒤에 나는 학장실에 갔다. 학장실은 넓었고 두 짝 여닫이창 밖에는 가을 아침이 펼쳐져 있었다. 햇빛이 공중의 먼지 조각들에 부딪혀 반짝였다.

50대 초반인 케이 학장은 차분한 단발머리에 이해심 깊은 표정이었다. 그를 왜소해 보이게 만드는 커다란 나무 책상 위에 있는 가족사진은 학장 쪽이 아닌 바깥쪽을 향해 놓여 있었다. 사진이 사랑스러운 자녀들을 보기 위해 놓인 게 아니라 방문자들에게 부드러운 분위기를 만들어주기 위해서라는 것 같았다.

"혜승 학생이 힘든 시간을 보낸다고 봉주 학생에게 들었어요." 내가 앞에 앉자 학장이 말했다. "학업 문제 같지는 않아요. 작년 성적은 아주 좋아요. 그리고 평판도 좋다고 봉주가 말했어요." 그는 두 손을 깍지걸이했다.

나는 억지로 웃었다. "저는 한국계 이민자 1세대예요. 잘할 수밖에 없어요."

"그런데도 프린스턴대 생활이 즐겁지 않은 것 같군요."

"저는 여기 왔을 때 이 모든 게…." 나는 방 안을 넓게 가리켰다. "새로운 출발이 될 거라고 생각했어요. 하지만 막상 와보니 프린스턴대는 더 많은 성취를 기대하고, 제가 늘 열심히 하던 일을 더 잘하라고 요구하고 있어요. 문제는 옛날에 한 일들은 제게 전혀 도움이 안 된다는 거예요. 저는 실패해도 인생이 끝난다고 느끼지 않고 싶어요."

학장이 고개를 끄덕였다. "실패는 교육의 중요한 한 부분이죠."

"그런가요?" 나는 갑자기 뻔한 격언에 기분이 상했다. "저는 친구들이 왜 그렇게 사소한 일들에 감정이 상하는지 모르겠어요. 그들은 실패하지 않아요. 부모가 실패를 막아주고 프린스턴대도 막아줄 거예요. 그렇게 완벽한 길은 비현실적이지 않나요?"

"대학이니까요. 현실적이기도 하고 그렇지 않기도 해요." 학장이 고개를 움직이며 말했는데 단발은 흐트러지지 않았다.

햇빛에 내 시야가 흐려졌다. 나는 부모님이 내게 원하는 안전하고 완벽하고 보장된 삶이 어떤 것인지 알았다. 그들은 내가 앞에 놓인 검증된 길(그들 자신은 가지 않은)을 걸어가기만 하면 실수도, 상처도, 자신들이 받은 고통도 없을 거라고 믿었다. 하지만 산다는 것은 고통받는 것이다. 여기 또 한 가지 뻔한 격언이 있었다. 성취에 목숨을 걸면 실패가 죽음이 되고 삶이 협소해진다는 것이다. 하지만 어쨌건 나는 고통받았고 이런 존재 구조에 대한 믿음도 흔들렸다.

"저는 다른 누구도 아닌 저 자신만을 위해 단순하게 살고 싶어요. 그리고 현실적인 인생에 따르는 위험을 겪고 싶어요." 내가 전날 밤 뉴욕으로 떠났던 것은 그 때문이었다. 좀 더 진정성이 느껴지는 경험을 해보고 싶었다.

나는 다리 한 부분을 긁고 생각해본 뒤 천천히 말했다. "학장님은 많은 학생들을 보시죠…."

"그래요."

"이런 학생이 저뿐인가요?"

"아니오." 학장 역시 천천히 대답했다. "하지만 혜승 학생은 오래도록 혼자라고 느낀 것 같고 그건 가혹하게 들려요. 인식하는 게 중요해요. 어떤 학생도 그런 현실을 겪지 않기 바라지만요."

"아침마다 제가 너무 가치 없다는 생각에 일어날 수가 없어요. 매일 우는 바람에 룸메이트를 걱정시켜요. 겉으로는 별 문제 없지만 안을 보면 모든 게 문제이고 제 생활은 다 연기예요. 그동안은 잘 연기했지만 곧 모든 게 무너질 거 같아요."

학장이 희미하게 미소 지었다. "아까 말한 단순한 인생에 대해 다시 말해봐요."

나는 바닥을 보았다. 카펫의 검붉은 원형 무늬가 흐릿해지면서 머릿속에 한 장면이 떠올랐다. 하얀 방이었다. 나무 책상과 책, 창문이 있는데, 창밖에는 아무것도 없고 그냥 하얬다. 이스트 같은 따뜻한 냄새가 흘렀고 그 냄새에 마음이 포근해졌다. 그 방에 들어갈 때의 나는 허약하고 외로웠는데 나갈 때는 역시 외롭지만 강해질 것 같았다.

"한동안 혼자 살고 싶어요. 어리석을지도 모르지만 제과점 위층에 살면 좋지 않을까요? 빵 굽는 냄새를 맡으며 깨어나고 싶어요. 그러면 빵으로 된 자궁 속에 안락하게 사는 느낌이 들 거예요. 제 삶의 주인이 되고 싶고, '최고가 되려고' 아등바등할 필요 없는 일을 하고 싶어요. 실수가 나락으로 이어지지 않고 그냥 실수로 여겨지는 일 말이에요. 밤에는 책을 읽고 산책을 할 거예요. 규칙은 단 하나. 저를, 오직 저만을 만족시키는 일을 한다는 거예요."

그렇게 나는 전부 털어놓았고, 카펫 무늬가 다시 또렷해지자 고개를 들었다. 학장의 눈에 눈물이 고여 있었다.

내가 헛기침을 했다. "〈이니스프리의 호수 섬〉이라는 시를 아시나요?"

"윌리엄 예이츠의 시. 알죠."

"저는 그 시에 나오는 장면처럼 '벌떼 잉잉대는 숲에 혼자' 살고 싶어요. 단순한 삶을요."

벽시계가 똑딱거렸다. 커지는 침묵 속에 학장도 말이 없었다. 학장은 아마 내가 수녀원에 들어가서 빵을 굽고 싶어 한다고 생각했을 것이다. 나는 고개를 숙여 책상 위의 사진을 보았다. 이미 성인이 된 학장의 자녀들이 은색 액자 안에서 반짝거렸다. 그들도 아마 프린스턴대에 다녔을 테고 그 생활이 즐거웠을 거라는 생각이 들자 그들의 어머니에게 늘어놓는 나의 두서없는 한탄이 그들의 행복을 더럽히는 것처럼 느껴졌다.

"이런 타협책은 어때요?" 학장이 침묵을 깨고 말했다. "1년 동안 휴학하고 단순한 인생을 찾아보는 거예요. 새벽 2시에 뉴욕으로 달아나는 일 같은 건 하지 않고요."

안도와 놀라움, 감사의 감정이 강하게 밀려들었다. "감사합니다." 내가 숨을 고르고 나직이 말했다. 그렇게 하면 학교를 떠나도 호텔에 가서 자살할 필요가 없었다. 오히려 이 생을 끝내지 않고 새로운 인생을 탐색할 수 있었다. 그때까지 나는 정지 버튼을 누를 수 있다는 생각은 해보지 못했다.

"문은 열려 있어요. 학생이 자신의 주체성으로 그 문을 연 거예요."

"돌아와도 그 문은 열려 있겠죠." 내가 말했다.

학장은 고개를 끄덕였다.

그날 오후 나는 교수들에게 이메일을 보내고 짐을 쌌다.

이틀 후에는 휴게실에서 애비와 작별의 포옹을 나누었다. 일단 휴스턴으로 돌아가 단순한 삶을 살 장소를 찾아볼 예정이었다.

내가 돌아올 수 있을까?

알 수 없었다.

엄마의 인형

학장 면담 후 부모님에게 전화했을 때 두 분은 나를 이해하지 못했다.

"2학년에 올라간 지 얼마 안 됐잖아." 아빠가 말했다. "어디 아픈 거니?" 엄마가 물었다. "뭔 소리야? 그냥 학교가 싫대." 아빠가 소리쳤다. "좋고 싫은 게 어디 있어? 학교인데!" "성적도 좋았는데 왜 그래? 성당 사람들한테 뭐라고 말해?" 아빠가 말했다. "그렇게 힘들면 학점 망치지 말고 집에 와." 엄마가 마지막에 말했다.

집에 돌아와 짐도 다 못 푼 첫날 밤 엄마가 내 방에 들어와 침대에 앉았다. 우리가 서로를 이해하려고 노력해야 할 때였다.

"겨우 1년이에요." 나는 답답한 심정을 감추고 한숨을 쉬었다. '진정해, 진정해.' 꼴사납게 튀어나오려는 감정을 누르며 말했다.

"1년으로 끝날지 어떻게 알아? 1년이 2년이 되고 3년이 되고 아예 기약 없어질 수도 있어!"

나는 엄마를 알았다. 엄마는 모든 걸 재난과 연결했고, 불행 가설과 '삐끗하면 나락'이라는 신조에 싸여 살았다. 나는 인내심을 잃었다. 억누른 감정이 끓어올라서 여차하면 터져 나올 것 같았다.

"사람들은 네가 공부를 못 따라간다고 생각할 거야."

틀린 말이 아니었다! "맞아요. 우울하니까요!"

엄마는 여름 방학 때 학장이 보낸 축하 편지를 꺼내서 흔들었다. "이게 못 따라가는 학생의 성적이니?" 그 순간 나의 아름다운 엄마는 전혀 아름다워 보이지 않았다. 엄마에게 학업 성취와 정신적 혼란은 양립 불가능한 일이었고 나는 그 말에 맞서지 않았다. 어렸을 때처럼 그냥 조용히 지나가는 편이 더 편했다.

집으로 돌아간 첫 주 일요일에 나는 부모님과 성당에 가지 않았다. 부모님은 아침 식사 때 목소리도 안 줄인 채 사람들이 물어보면 거짓말을 해야 하나 어쩌나 이야기를 나눴다. 나도 충분히 상상이 되었다. "혜승이 프린스턴대에서 잘 지내나요? 계속 공부 잘하죠?" 한 **아줌마**가 물을 것이다. "빵 냄새를 맡으며 단순한 삶을 살고 싶어서 집에 돌아왔어요"라는 말은 답이 되지 않았다. 마침내 부모님은 면피가 되는 구실을 생각해냈다. "공부를 너무 열심히 하다가 건강을 해쳐서 우리가 집에 와서 쉬라고 했다고 하자." 정신적 나약함보다는 육체적 나약함이 나았다. 두 분은 내게 일어난 일을 받아들이지 못했고(나 자신도 잘 이해되지 않았다), 또 그 일을 부끄러워했다.

이 연옥 같은 시기에 나는 주로 방에서 지냈다. 거실을 차지한 유모는 세라가 잘 때마다 쪽잠을 잤다. 아서는 고등학교 2학년이었다. 하교하면 부엌에서 간식거리를 들고 자기 방으로 들어갔다. 내 방에서도 그 애의 큼직한 두 발이 침대 밖으로 삐져나온 모습이 보이고, 그 애가 무언가를 읽으며 키득거리는 소리가 들렸다. 그 큰 발과 웃음소리가 죄악과 나태의 결합이라도 되는 듯, 나는 방구석에 틀어박힌 무기력한 검은 원숭이처럼 빨간 눈으로 그 발을 노려보았다.

프린스턴대 동문들이 운영하는 취업 게시판에서 일자리를 알아볼 생각이었다. 일해서 돈을 벌면 자유가 생길 것이다. 친구들이 파티하고 공부하고 대학 생활을 즐기는 동안 나는 고향 집 방에서 신문, 노트, 노트북 컴퓨터로 구인 목록을 살피고 이메일과 자기소개서를 보내고 이력서를 고쳐 썼다.

두어 주 후 시카고의 한 비영리 단체에서 연락이 왔다. 시카고! 나는 그곳의 빵집, 미시간 호숫가 산책, 미술관, 서점을 상상했다. 단체 대표와 통화를 마쳤을 때 엄마가 고개를 들이밀었다.

"안 돼." 엄마가 말했다. "네가 정 휴학하겠다면 쉬는 동안 아빠하고 내가 시키는 대로 해야 돼."

"그게 뭔데요? 난 집에 있지 않을 거예요. 일자리를 구해서 혼자 살려고 휴학한 거예요."

"시카고에서? 시카고에 살면서 일한다고?"

"네, 시카고요!"

"'시카고'에서 뭘 얻겠다고? 넌 그냥 '시카고'에 가겠다는 마음뿐이야." 엄마는 '시카고'라는 말에 경멸을 담았다. "너는 네가 뭘 원하는지 몰라. 너처럼 고마움을 모르는 애는 고생을 좀 해봐야 돼."

나는 노트북을 내려다보았다. 이메일 중간에 커서가 깜박거렸다. 내가 고마움을 모른다고?

"엄마한테 더 좋은 생각이 있어." 엄마가 단호하게 말했다. 갑자기 케이 학장이 내게 주체성이 있다고 했던 말이 농담처럼 느껴졌다.

내가 세라를 안고 있는 동안 엄마는 한국 지인에게 전화를 걸었다. 내가 두세 살이던 벨레어 시절에 알고 지내던 남씨 아저씨였다. 아저씨는 그 뒤로 서울 어느 회사의 최고경영자가 되어 있었다. 나는 세라를 무릎 위에 어르면서 그가 엄마의 제안을 수락하는 소리를 들었다.

엄마가 전화를 끊고 말했다. "됐어. 이제 서울에 가서 일해. 엄마가 널 엇나가게 둘 거 같니?" 그리고 세라를 받아갔다.

엄마는 그 자리에서 전화 한 통으로 날 취직시켰다는 사실, 그리고 비록 우리가 미국에서 보잘것없이 살아도 한국에 힘 있는 친구들이 있다는 사실에 뿌듯해했다.

"서울에 가면 어디서 살아요?" 빵집 2층 하얀 방의 꿈이 흩어졌다. "**큰아빠** 네서 살라고요?"

엄마는 세라를 다시 나에게 건네고 친척들에게 전화했다.

그날 오후 엄마는 내가 서울로 가져갈 짐 가방들을 꺼냈다. 그리고 세 번째로 항공사에 전화를 걸었다. 벌떼 잉잉대는 숲에 혼자 살고 싶다는 굳은 결심으로 휴학했는데 어떻게 서울에 취직해서 큰엄마, 큰아빠, 사촌오빠와 함께 살라는 말인가?

세라가 방으로 아장아장 걸어 들어왔다. 이제 세 살이 다 된 세라는 내가 세상에서 가장 사랑하는 사람이었다. 내가 내 무릎을 톡톡 두드리자 아이가 와서 앉았다. 나는 세라의 정수리를 만지고 깨끗한 아이 냄새가 나는 반짝이는 머리에 코를 박았다. 내가 아무리 힘을 써보려고 해도 엄마를 이길 수 없었다. "너는 언젠가 이길까?" 내가 속삭였다.

하지만 세라는 인형을 가지고 놀 뿐 대답하지 않았다. 어쨌건 나는 엄마가 뭐라고 반응할지 알았다. "너는 열아홉 살이야! 열아홉 살짜리가 무슨 힘이 있어!" 그건 내 감정의 정당성도, 그 감정이 내 것이라는 소유권도 **빼앗아가는** 말이었다. 나는 엄마의 인형이고, 엄마가 나를 뒤집어서 내 안에 있는 걸 전부 비워내는 것 같았다. 내 머리가 공중에서 열리고 내장이 싸구려 구슬들처럼 바닥으로 쏟아져 내렸다. 나는 텅 비워졌고 그 안을 채우는 건 엄마의 몫이었다. 엄마는 내가 아는 사람들 중 가장 똑똑했지만 언제나 보고 싶은 것만 보았고, 의심하고 또 의심해서 상대도 스스로를 미쳤다고 생각하게 만들었다. 상대는 자기도 모르는 새 스스로 의혹의 밧줄에 휘감겼다. 내가 힘과 의지를 지닌 성인이라는 생각은 누구도 하지 않았고, 그건 나도 마찬가지였다.

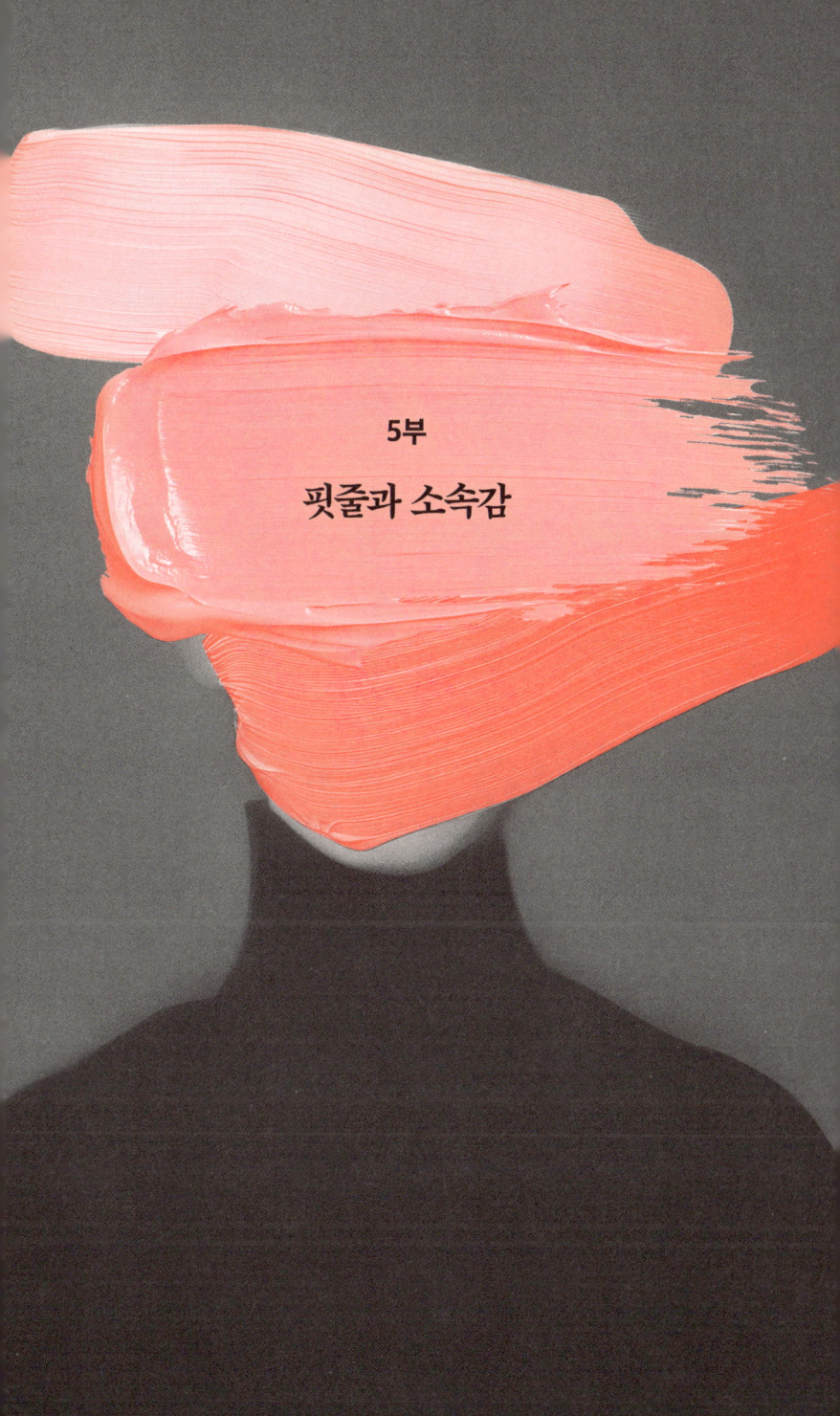

5부

핏줄과 소속감

정체성의 경계에서

오전 8시가 다 되어서 남코 본사에 도착했다. 직원들(대부분 남자이고, 풀 먹인 셔츠와 넥타이에 회사 점퍼를 입은)이 이미 업무 중인 걸 보니 내가 늦은 것 같았다. 안내 직원은 내게 꼭대기 층인 사장실로 가라고, 내 직무는 경제사업전략부 인턴이라고 알려주었다. 한국에 온 지 이틀이 지났고, 그날 아침 큰아빠가 보는 SBS 방송에는 주부들이 도산한 국가를 살리려고 금반지를 기증하는 장면이 나오고 있었다. 1997년 10월, 아시아에 금융 위기가 닥쳤을 때였다.

문이 닫히자 바깥 소음이 차단되고, 나는 눈처럼 부드럽게 내리는 침묵 속에서 안경을 쓰고 책상 앞에 앉은 깔끔한 남자를 마주했다. 고급 정장을 입은 남 사장은 관자놀이에 흰머리가 있었지만 전반적으로 내가 어렸을 때 텍사스에서 본

모습과 똑같았다. 그의 얼굴에 어린, 부드럽지만 날카로운 면모를 보니 이분은 우리 부모님과 달리 미국에서 목표를 이루고 돌아와서 그곳의 박사 학위와 한국 인맥을 바탕으로 성공했다는 생각이 들었다. 반면 아빠는 휴스턴에서 아직도 통달하지 못한 언어로 보고서를 쓰느라 쩔쩔맸고, 엄마는 인간 문어가 되어 혼자서 100가지 일을 하고 있었다.

곧 남 사장이 말했다. "너는 내 직속으로 일할 거야. 문제가 있으면 나한테 말해. 내가 사장이니까."

그가 영어로 말했고 나도 영어로 대답했다. "감사합니다. 아무 문제없을 거예요."

"오전에 IMF에 대비한 전 사원 회의가 있어. 그다음에 박 부장이 널 소속 팀에 데려다줄 거야."

회의장에서는 사람들이 성별로 나눠 앉은 채 뒷짐을 지고 우렁차게 사가를 불렀다. 그들에게도 가족이 있고 해고나 임금 삭감을 걱정할 텐데 임원진 앞에서는 씩씩하게 회사 찬가를 불렀다. 노래가 끝나자 남자들이 먼저 나갔다.

내가 착각해서 남자들을 따라 나갔다가 박 부장을 만났다. 그가 나를 다시 회의장으로 데리고 들어갈 때 사람들의 수군거리는 소리가 들렸다. "누구야?" "신입인가?" "IMF 시기에 신입을 뽑았어?" "박 부장과 있는 걸 보니 알바생은 아닌 것 같네." 그러는 사이 나는 근엄한 분위기의 회사에 눈에 띄는 꽃분홍색 원피스를 입고 온 것을 자책했다. 그날 아침 지하철과 버스에서도 비슷한 눈길을 받았기에 전날 큰엄마가 한 말이 떠올랐다. 큰엄마는 내 걸음걸이가 미국인 같다고, "너무 꼿꼿하다"고 했고, 텔레비전을 보던 사촌오빠 강대가 고개를 돌려 끄덕였다.

박 부장의 얼굴은 미소 짓는 핼러윈 해골 같았다. 체격은 크지만 살집이 없고 구석구석 움푹 패어 있었다. 열정적인 성격이라 나에게 회사를 안내할 때도 웃음을 자주 터뜨렸다. 나는 사람들이 **명함**을 줄 때마다 두 손으로 받아서 앞뒤를 다 살펴보며 (앞면은 한국어, 뒷면은 영어였다) 적당한 관심을 보였다. 그리고 그것이 다 평판이자 교육이고 관계인 것처럼 챙겨 넣은 뒤 자기소개를 하고 겸손하게 목례했다. 30분가량 문화적 샤워를 마치자 내 머릿속은 다시 뒤죽박죽이 되었다. 이씨, 김씨, 한씨, 서씨, 강씨, 정씨 들을 100명쯤 만난 것 같았다.

"저분은 한국어를 하시나요?" 어떤 사람이 물었다. 그러자 나는 과소평가를 막기 위해 부장을 앞질러 "약간요" 하고 대답했다. "아, **대단해요**." 질문한 남자가 말했다. 외국에서 자라면서 조국에 대한 애정을 잃지 않았다고 칭찬하는 말이었다. 하지만 그의 태도는 나를 얕잡아 보는 게 분명했고 또 다른 사람이 말했다. "순진한 만큼 대담하네요! 진정한 미국인이에요!" 박 부장이 웃음을 참지 못하고 소리쳤다. "송혜승 씨는 전략부에서 사장님 직속으로 일할 거예요."

다음 부서로 갈 때 나는 '미국식 자세'를 고치려고 했지만 내가 복잡 미묘한 한국의 기업 문화에 적응할 준비가 안 되어 있다는 사실에 주눅이 들었다. 그래서 다른 사람에게 똑같은 질문을 들었을 때 겸손하게 한국어로 대답했다. "아뇨, 한국어 전혀 못해요." 그러자 여덟 살 때 토리가 선생에게 재 영어 할 줄 아냐고 물었던 슬픈 기억이 떠올랐다.

남코 경제사업전략부 사람들은 모두 영어를 잘했다. 특히 마케팅 담당 손제미 씨가 그랬다. 그는 그 팀의 유일한 여성이었고 그날 만난 이들 중에 가장 흥미로운 사람이기도 했다. 서른 살이 다 된 그는 상냥하면서도 섹시한 저속함을 내뿜었고 파마한 머리는 번개 맞은 사자 갈기 같았다. 박 부장은 그를 깎아내리는 의미로 미대 출신이라고 말했지만, 그 말을 들으니 오히려 그가 멋지게 느껴졌다. 인사할 때 그는 나에게 호감을 느낀 듯 내 손을 잡고 작고 검은 눈으로 윙크하며 영어로 말했다. "있잖아요, 나는 파티 귀신이에요."

나도 그에게 바로 호감을 느꼈다.

점심시간이 다 되어서야 내 컴퓨터 앞에 앉았다. 처음 맡은 과제는 현재 금융 위기가 닥친 경제적 요인들에 대한 보고서를 작성하는 것이었다. 거시 경제와 미시 경제에 대한 내 이해를 측정하려는 의도 같았다. 나는 《파이낸셜 타임스》와 《월스트리트 저널》을 정독하면서 박 부장이 몇 번이나 커피

잔을 들고 손제미 씨의 책상 앞을 지나 정수기로 가는지 세어 보았다.

"매일 회사에서 뭐 해요, 손제미 씨? **요리**를 배워야 신랑감을 구하지. 이제 노처녀잖아!"

손제미 씨는 키보드 위에 있던 손을 멈추고 인조 속눈썹을 파닥이며 상냥하게 웃었다. 그는 실제 피부색보다 두 단계나 어두운 파운데이션을 떡칠한 얼굴로 (얼굴을 작아 보이게 하기 위해서였다) 선웃음을 치며 농담했다. "저는 매일 박 부장님 프러포즈를 기다리고 있는 걸요!"

그러면 그는 고개를 젖히고 폭소를 터뜨렸다. 몇몇 사람이 고개를 들었다가 ('또 손제미 씨하고 박 부장이네' 하는 듯한 표정이었다) 다시 모니터로 돌아갔다.

"손제미 씨, 사람 마음을 희롱하네!" 그가 우렁차게 말하고 자신의 구석 자리로 우쭐우쭐 돌아갔다.

나와 눈이 마주치자 손제미 씨는 손가락을 입에 넣고 나직이 "우엑"이라고 말했다.

나는 웃었다.

그날 저녁 큰집으로 퇴근하다가 대로변 상점들이 북적거리는 게 눈에 들어왔다. 고층빌딩 그늘을 지나가면서 보니 거리에도, 자동차에도, 심지어 창문에도 한국인이 가득했다.

두부 가게가 보이자 나는 큰엄마한테 두부를 사다주고

싶어졌다. 미국에서 두부는 플라스틱 상자에 물과 함께 담겨 냉장고에 들어 있는데, 한국에서는 큰 틀에 있는 두부를 잘라 무게 단위로 팔았다. 비닐 봉투에 담긴 신선하고 따뜻한 두부가 모락모락 김을 풍겼다.

계단을 오르는 내 발소리에 강대 오빠가 현관 밖으로 고개를 내밀었다. 서른 살인 그는 성인이 된 지 오래였지만 장애인이라 직업이 없었다. 그가 남들과 똑같아야 한다는 강박이 없는 나라에서 살았다면 인생이 달라졌을까. 우리 둘은 남매처럼 닮았고 둘 다 속마음을 감출 줄 몰랐으며, 각자의 사회에서 부적응자라고 느꼈다.

"잠깐, 이 망할 힐 좀 벗고." 내가 웃으며 말했다. 강대 오빠도 그의 개도 헐떡거렸다. 개는 늙고 더워서, 강대 오빠는 내 하루가 궁금해서 보이는 반응이었다. "이름하고 얼굴 구별하는 게 정말 어려워. 다 똑같이 생겼고 다 김씨야!"

큰엄마가 봉지에서 두부를 꺼냈다. "미국 사람들은 다 다르게 생겨서 딱 보면 구별이 되더라." 그리고 내게 두부 한 조각을 건넸다. 머리가 커서 이스터섬의 모아이 석상 같은 큰엄마에게는 딸이 없었다. 그래서인지 나를 좋아하기는 해도 좋을 때의 우리 엄마처럼 다정하게 대하는 법을 모르는 것 같았다.

나는 두부를 씹으며 큰엄마의 말을 생각했다. 미국이라는 용광로에서 다양한 외모와 인종의 사람들이 무한하게 다른 방식으로 사는 일을 생각해보았다. 검은 머리도 있고, 녹색 머리도 있고, 대머리도 있다. 그런데 한국은 성씨가 같은 사람과 결혼하는 일조차 먼 친척일지 모른다며 기피했다.*

"네가 무슨 생각하는지 알아." 큰엄마가 말했다. "네가 미국인이라고 생각하지? 맞아, 너는 여러모로 미국인이야. 하지만 핏줄은 한국인이야."

강대가 텔레비전 앞에서 강아지를 쓰다듬다가 돌아보았다. 개는 지치고 늙은 고양이 같았고, 배변 훈련이 되어 있었다. 강대가 말했다. "무슨 일이 생기면 미국 사람들이 널 동족으로 여길까? 널 동족으로 여기는 건 한국 사람들뿐이야."

'엄마 말과 똑같아.' 나는 옷을 갈아입으러 방에 들어가면서 생각했다. 그 꽃분홍색 원피스를 싸서 넣어둘까 했지만 다음 기회에 다시 입기로 했다. 내가 한국인인지 미국인인지에 대해 남들의 평가를 받는 게 이번이 마지막은 아닐 것이다. 나는 음력설에 어른들께 세배를 하고 아침 식사로 매일 김치를 먹으며 자랐다. 그건 토스트와 야쿠르트로 아침을 먹는 큰아빠 같은 토종 한국인보다 더 한국적인 것이었다. 해외 이주민들은 고국에 대한 진실을 영영 모른다는 건가?

나는 그 원피스의 주름을 폈다. 프린스턴대 구내 상점에

---

* 과거 한국에서는 같은 성姓과 본관本貫(동성동본)이면 혈족으로 간주해 법적으로 결혼을 금지하던 시기가 있었다. 이 법령은 1997년 위헌 결정이 났고, 2005년 민법 개정으로 폐지되었다.

서 산 것이다. 케이 학장에게 단순한 삶을 찾겠다고 한 지 겨우 몇 주가 지났는데 벌써 그 약속이 희미해지고 있었다. 나는 희망을 잃지 않으려고 엄마 말을 떠올려보았다. 내가 원하던 걸 고국에서 찾을 수 있을까? 어쨌건 나는 한국 핏줄이니까. 여기서 그걸 못 찾는다면 나는 어디에도 존재할 수 없을지 모른다.

데칼코마니

 그해 11월 말 한국은 IMF 체제에 들어갔다. IMF, 즉 국제통화기금이 한국에 600억 달러 긴급 금융을 지원하는 대가로 공공 지출 감축, 시장 개방, 재벌 규제 등의 광범위하고 혹독한 조치를 실행했다.

 나는 한국의 미래를 예측하거나 내 내면을 들여다보는 일에 몰두하지 않을 때면 회사 일에 집중했다. 그 일은 매번 바뀌어서 때로는 다른 나라의 보건 시스템을 비교하는 보고서를 썼고, 어떤 날은 미국 증시 동향을 연구했다. 가끔은 보고서나 편지를 영어로 번역했다. 그렇게 겨울을 지나는 동안 한국어 실력이 꽤 늘었다.

 그리고 제미와 아주 친해졌다. 우리는 자주 한강변의 짓다 만 건물 콘크리트 계단에 앉아 팔러먼트 담배를 피웠는데,

겨울바람이 그 불을 끌 듯이 사정없이 덤벼들었다. 연기를 빨아들이는 사이에는 회사 근처에서 사온 새우 과자를 먹었다. 나는 솔직하고 거침없는 제미의 지저분한 농담에 웃었다.

긴긴 겨울밤에 나는 제미의 친구들과 어울려 다녔다. 강풍이 고층빌딩 사이를 휘젓고 대형 스크린이 번쩍이는 압구정동에서 제미는 술 취한 우리를 끌고 나이트클럽을 순회했다. 마지막 클럽에서 나온 뒤에는 "추우니까 소주 딱 한 잔만 더"라며 소줏집에 갔다.

제미의 친구들은 거침없고 서양 문화를 좋아했다. 그들은 나를 귀여워했다. "한국어는 형편없지만 우리는 네가 좋아." "쌍꺼풀이 진짜네!" "나도 열아홉 살이었으면!" 나는 제미가 사랑한 게 내 안의 미국인이라는 걸 모르지 않았다. 애리조나 주에서 2년 동안 MBA 과정을 한 제미는 큰 나라에서 자유와 자아가 확장되는 기분을 맛보았고, 한국의 삶과 미국이 주는 기회 사이에서 갈등했다. 갈기 머리와 분장 같은 화장을 한 그는 한국에서 튀는 사람이었기에 특별히 눈에 띄지 않던 미국에서의 삶이 그리웠는지 모른다. 돌아온 이유는 몰라도 제미는 한국에 계속 살았다. 그 점에서 우리는 뒤집힌 도플갱어였다. 나는 텍사스나 프린스턴대에 소속감을 느끼지 못하고 예나 지금이나 한약을 먹었는데 제미는 예전에 맛본 서구식 즐거움을 잊지 못하고 있었다.

"일 끝나면 바로 집으로 와야지." 어느 주말 할머니가 내게 말했다. 둘째 큰아빠네 집에 살면서 두 사촌동생을 돌봐주는 할머니가 큰집에 왔을 때였다. 할머니는 너그러운 분이고 훈계하는 스타일이 아니었지만 우리가 거의 남이나 마찬가지라서 나를 그다지 사랑하지도 않았다. 할머니에게는 당신이 직접 키우는 손주들이 최고였고 그다음이 당신의 아들들과 다른 손주들, 그리고 마지막이 딸들이었다. 할머니가 나를 잘 모르는데다 아빠가 막내라서 집안에서 내 서열은 거의 바닥이었다. "젊은 여자가 늦게 다니면 안 돼." 할머니가 말하고 군밤을 건네주었다.

나도 집에 일찍 들어오려고 노력했지만 어쩔 수 없이 다시 제미의 세계로 빨려 들어가서 술 마시고 춤추며, 나를 휴학으로 이끈 고민과 열망을 잊었다. 맞춤 정장을 입은 남자들이 흐린 눈빛으로 입술의 조니워커를 핥으며 미소를 보냈다. 몽롱한 눈의 핼러윈 호박 랜턴들. 내 눈앞에서 텅 빈 그 머릿속이 미국에 대한 환상으로 채워지는 것 같았다.

소속감

미용사가 일을 마치고 의자를 거울 앞으로 돌렸다.

그때까지는 미용실에서 비싼 커트나 파마를 한 적이 없었다. 초등학교 5학년 때 엄마가 가정용 분홍 롤러와 잡화점에서 사온 약으로 집에서 파마를 해준 적은 있다. 엄마가 "됐어!" 했을 때 나는 엄마하고 똑같아진 내 머리를 보고 눈물이 찔끔 솟았다.

하지만 지금 명동의 화려한 미용실에서 은은한 조명 속 거울에 비친 사람은 (한국계 미국인이 아닌) 젊은 한국 여자였다. 그 머리는 당시 서울에서 유행하던 단발이었다. '브라질 롤 스트레이트'라는 이름의 파마로 부스스한 머리를 잠재우고 정수리에 볼륨을 주는 스타일이었다. 가격은 커트, 파마, 하이라이트 브릿지에 팁까지 더해서 내 월급의 거의 20퍼센트였다. 나는 신경 쓰지 않았다. 머리를 찰랑찰랑 흔들어보았다. 내가 예뻐 보였나? 그랬던 것 같다. 하지만 그보다 내가 이곳에 소속된 것 같다는 감정이 더 크게 다가왔다.

수치

나는 혼미한 상태로 한빈 **오빠**와 택시 뒷자리에 탔다. 나는 그의 무릎 위에 뻗었고 그는 내 셔츠를 겨드랑이까지 올렸다. 두꺼운 소시지 같은 그의 손가락이 내 브래지어 안쪽으로 들어와서 젖꼭지를 만졌다. 택시는 시간제 모텔로 우리를 데려다주었다. 원래 목적은 술이 좀 깬 뒤 집에 가는 것이었는데, 술이 깨는 일에는 이 남자가 내 옷을 벗기는 일, 나를 침대에 눕히는 일이 포함되어 있었다. 어두운 방에서 나는 앞도 잘 보이지 않고 말도 나오지 않았다. 정신이 오락가락했다. 중간에 한 번 눈을 떴을 때 그의 그림자가 침대 끝에 웅크리고 내 가랑이 사이를 핥고 있었다. 그가 고개를 들었을 때 나는 안경을 벗은 그를 잠시 알아보지 못했다. 그가 내 몸 안에 손가락을 넣었다. 내가 '싫다'는 뜻으로 엉덩이를 움직였지만 그가 다리를 잡고 나를 끌어당겼다. 내가 음식이고 그가 그걸 맛보려는 것처럼. 그가 신음하며 내 몸 위로 내려올 때 나는 눈을 감았다. 방이 자유낙하하는 느낌이었다. 그와 몸이 닿자 나는 안 된다고 고개를 저었다.

"혜승, 네가 너무 섹시해서 참을 수가 없어. 널 갖고 싶어."
그가 간절하게 말했다. 내가 성경험이 없다고 말하고 싶었지만 뭐라고 해야 할지 몰랐다. 마침내 그가 땀에 젖은 몸을 내게 포개어 나를 꼼짝 못하게 한 뒤 격렬하게 자위했고 나는 다시 기절했다.

나는 어찌어찌 옷을 챙겨 입고 택시로 귀가해서 아파트 계단을 올라갔다. 그 집에 몇 달을 사는 동안 큰엄마는 내게 열쇠를 주지 않았고 현관문도 잠가두지 않았다.

그 새벽 나는 더럽고 혼란스러웠다. 입에서는 술 냄새가, 머리에서는 담배 냄새가 났다. 나는 방에서 기다리다가 큰아빠가 출근한 뒤에 나왔다. 큰엄마는 내게 눈길을 주지 않고 거실 바닥만 닦았다.

"무슨 일이야? 출근 안 했네?" 강대가 자기 방에서 나오면서 물었다. 그의 품에서 개가 나를 보고 짖었다.

나는 못 들은 척 욕실로 씻으러 갔다.

한빈 오빠 무리는 제미를 통해 만난 사람들이었다. 한국 남자들의 관심을 받아본 적이 없던 나는 처음에는 그들의 시선이 즐거웠다. 하지만 그들은 대학생이 아니라 성인이었다. 한빈 오빠는 제미에게 우리 집까지 택시비가 많이 나왔다면서 중간에 모텔에 들른 이야기는 쏙 빼놓고 말했다. 나는 수치심에 진실을 말하지 못했고, 제미도 차츰 나에 대한 관심이 식어서 우리 만남도 줄었다.

얼마 후 추위가 누그러들고 봄이 찾아오자 얼어붙었던 서울 곳곳에 벚꽃이 피었다. 나는 벚꽃이 화사한 서울 거리들을 돌아다녔다. 남자들은 넥타이를 풀고 노점에서 어묵 꼬치나 간장 국물에 재운 삶은 계란을 먹었다. 사람들이 카페에 머무는 시간이 점차 길어졌고, IMF 조치 이후 몇 달 동안 침울하던 나라의 분위기가 봄바람과 함께 바뀌었다.

그리고 금세 5월이 다가왔다. 이제 여름이 코앞이었고 여름이 지나면? 학장실에서는 이미 이메일을 보냈다. 복학 문제를 고민하는 동안 나는 큰엄마와 점점 더 많은 시간을 보냈다. 제미와 놀러 다니던 지난겨울의 어느 날 내가 **제사**를 잊은 적이 있다. 그날 큰엄마는 온종일 제사상에 놓을 음식을 만들었다. 상이 차려지면 큰아빠와 장남 강대가 그 앞에서 절을 했다. 큰엄마는 조카딸의 도움을 기대했지만 나는 밖에서 술 마시며 놀고 있었다.

하지만 친가의 규모가 크다 보니 제삿날은 그날 말고도 많았고, 이제 나는 집에서 빈대떡을 부치고, 얇게 저민 손바닥만한 육고기에 밀가루와 계란물을 묻혀 전을 굽고, 햅쌀을

뜨며 큰집에 없는 딸 노릇을 했다.

그다음 주는 사촌의 결혼식이 있어서 친가 쪽 친척들이 모두 모였다. 피로연장에서 내가 사촌 언니 오빠들과 소주를 마시는데 사촌 동생들이 숯불 고기판 위에 놓인 갈비를 빼앗아갔다. 신기한 광경이었다. 내가 핵가족 너머 대가족을 경험한 일이 거의 없었기 때문이다.

나와 같은 얼굴을 한 사람들

한국을 떠날 때가 가까워지자 엄마가 나더러 시골에 사는 외삼촌 댁을 찾아가라고 했다.

온양에서 버스를 내리자 **외숙모**가 보였다. 숙모도 나를 보고 달려왔다.

"니 사춘 태현이 니알(내일) 올 거여." 숙모가 나를 안으며 말했다. 숙모의 사투리를 듣고서야 나는 그분들이 사투리를 쓴다는 게 기억났다. 그사이에 내 한국어 실력이 많이 늘었지만 사투리까지 이해할 정도는 아니었고, 나는 우리 부모님의 말씀을 듣는 백인들이 흔히 하는 것처럼 고개를 바짝 붙여 그 말에 귀 기울였다.

숙모는 내 손을 잡고 집까지 걸어갔다. 숙모는 나와 혈연은 아니지만 내게 다정했다. 길에서 하수구 냄새가 올라왔고,

높은 담장을 두른 집들에서는 황홀한 장미 향기가 흘러나왔다. 엄마가 좋아하는 분홍 장미가 가득 핀 걸 보니 엄마 생각이 났다. 엄마도 한때는 이곳 사투리를 쓰던 시골 장미였다가 도시의 방식과 꿈을 찾아 그것을 버렸을 것이다.

내가 대문 안에 들어서자 외숙모가 묵직한 문을 닫았다. 마당은 싱그럽고 서늘하고 푸르고 깨끗했다. 마당 한쪽에 벽돌로 구획지은 텃밭에는 들깨와 호박 덩굴이 자랐다. 고추 냄새가 장미 향과 섞여서 맵고 달콤했다. 내가 영어로도 한국어로도 이름을 모르는 식물들이 여기저기 있었다.

외삼촌 피부는 우리 엄마처럼 한국인 평균보다 검은 편이었다. 마지막으로 삼촌 댁에 왔을 때 엄마는 다시 어린 동생이 된 것처럼 신발을 벗고 오빠 옆에 앉아서 치마를 입은 채 발길질을 했다. 화장 안 한 엄마는 미국에서는 본 적 없는 젊고 편한 모습이었다. 나는 외삼촌 부부에게 절을 했다. 이어 숙모가 우리를 텃밭 채소들로 만든 **반찬**이 가득한 상 앞으로 데리고 갔다. 그날 밤 나는 따뜻한 **온돌** 방에서 편안히 잤고 깨어나 보니 부엌에서 고등어 굽는 냄새가 풍겼다.

사촌 오빠는 아침 식사 때 도착했다. 나보다 열다섯 살 많은 태현은 그 집 장남으로 육군 장교였다. 여러 해 동안 미군과 함께 일해서 영어를 잘했고 기민하면서도 너그러웠다.

예전에 우리가 처음 만났을 때 태현은 아서와 나를 서울에서 가장 큰 놀이공원인 롯데월드에 데려갔다. 아서와 나는 나이 차이 많이 나는 사촌이 베푸는 음식과 장난감에 어쩔 줄 몰라 했다. 롤러코스터와 후룸라이드는 진지한 표정에 광대뼈가 나와 똑 닮은 태현의 아들과 함께 탔다. 그때 나는 내게 친척이 있다는 것, 내가 송씨뿐 아니라 임씨의 핏줄이기도 하다는 것, 다른 사람 얼굴에 내 모습이 있다는 것이 어떤 기분인지 느꼈다. 그때 태현의 아내는 우리를 만나려고 보라색 모피 코트에 보라색 가죽 바지를 입고 타래송곳 모양 파마머리를 하고 왔다. 그런데 그는 몇 년 뒤 진지한 표정의 아들과 남편을 두고 집을 나갔고 그 후로는 아무도 소식을 몰랐다.

아침 식사 후 태현과 나는 조부모 산소를 찾아갔고, 외숙모는 제사에 필요한 물품들을 싸주었다. 산은 깊은 시골에 있었고, 가는 동안 태현은 일부러 느린 한국어로 (아마 한국어를 할 줄 아는 외국인에게는 늘 그렇게 말할 것 같았다) 나와 대화했다. 그러다가 내가 어릴 때 자신에게 편지 썼던 것을 기억하느냐고 물었다.

나는 웃었다. "맞아요. 저 편지 쓰는 거 좋아했어요."

"그거 다 보관하고 있었어. 고모, 그러니까 네 엄마가 보낸 편지도. 고모가 보내준 너와 아서의 학교 사진들도 보관했지. 군대에 있으면 때로 아주 외롭거든."

'한국의 산은 때로 아주 아름답네.' 나는 창밖을 보며 속으로 그의 말을 흉내내보았다. 아침 안개가 차츰 걷혔다. 안개 너머로 세상의 가장자리가 점묘화처럼 부드럽고 흐릿하게 나타났다. 태현이 풀밭에 차를 대고 손으로 어딘가를 가리켰다.

"저 위까지 가야 돼."

산길은 제대로 길이 나지 않은 상태라 이따금 태현이 큰 가지를 밀거나 풀숲을 갈라서 잡아주어야 했다. 산비탈을 깎아 만든 계단식 논의 검은 흙에 벼가 자랐다. 산을 오르는 우리의 진흙 발 아래에서 향기로운 풀 내음이 올라왔다.

마침내 눈앞에 나란한 봉분 두 개가 나타났다. 해가 얇은 구름 뒤에서 움직였고 잿빛 하늘 아래 모든 것이 엄숙해졌다. 태현이 **참이슬**, 북어포, 밥, 오렌지, 사과, 그리고 큼직하고 즙 많은 배를 꺼냈다. 나는 과일들이 굴러가지 않도록 밑부분을 살짝 잘라서 접시에 올려놓았다. 하늘이 무채색이라 음식들 색깔이 도드라졌다. 오렌지의 주황색도 선명하고 사과의 붉은색도 선명했다. 태현이 땅에 방수포를 깔고 그 위에 편 담요의 청색도 선명했다.

우리는 이마를 바닥에 대며 두 번 절했다. 나는 남자 **절**을 했다. 남자만 있는 친가 사촌들에게서 배운 것이다. 성묘를 마친 뒤에는 태현과 함께 무덤을 등지고 앉아 산 아래로 넓은 전망을 내려다보았다. 우리 조부모가 복된 침묵 속에서 내려다보는 풍경이었다. 왼쪽 무덤에 묻힌 할아버지는 우리가 태어나기 훨씬 전에 물에 빠지는 바람에 돌아가셨고, 오른쪽 무덤에 묻힌 할머니는 생전에 나를 아주 예뻐하셨다. 태현과 나는 북어포를 찢고, 빨갛고 싱싱한 사과를 자르고 윤기 흐르는 오렌지 껍질을 벗겼다. 먹는 속도보다 해 지는 속도가 더 빨랐지만 우리는 서두르지 않았다.

"이제 네 나라에 살아봤으니 더 자주 오고 싶어지겠네." 태현이 이따금 딱따구리 소리만 들리는 편안한 침묵을 깨고 말했다. 그리고 할머니 무덤 밑동에서 잡초를 한 포기 뽑았다. 나는 그 말에 답해야 한다고도, 또 그가 내게 뭘 기대한다고도 느끼지 않았지만, 그 순간 우리가 이제 다시는 볼 일이 없을 것을 알았다.

"예전에 너와 재성이가 왔을 때 우리 아들이 미국 사촌들 왔다고 아주 좋아했어." 재성은 아서의 한국 이름이었다.

"롯데월드에서 재미있었어요. 변옥이는 잘 지내죠?"

"곧잘 지내고 학교도 잘 다녀. 너희 막내 세라도 보고 싶어 해! 얼마나 똑똑한지 몰라. 우리는 꼭 고모 같다고 말해. 고모는 여기서 아직도 유명해…. 지금 변옥이한테 엄마가 없는 거 알지?"

나는 고개를 끄덕였다. 태현의 전처가 떠올랐다. 제미와도 비슷한 거대한 머리와 화려한 옷차림을 했던 여자.

"아이를 생각하면 마음이 아프지만 그래도 잘될 거야." 그가 말했다.

산이라 기온이 금세 떨어졌고 나뭇가지들이 그림자를 길게 드리웠다. 우리는 자리를 정리했다. 엄마는 말버릇처럼 "불쌍한 태현이"라고 말했다. 하지만 태현은 결혼이 선택이 아닌 사회에서 이혼남이 되었는데도 자신에게도 아이에게도 연민을 바라지 않았다. 그러고 보니 내가 한국에서 친해진 사람들은 모두 태현처럼 유교적 위계의 언저리에 있는 것 같았다. 강대 오빠는 장애인이고, 제미는 결혼과 출산을 피해 커리어에 몰두했다. 우리 엄마마저 시골 마을을 떠났다.

바람이 머리카락을 날리자 나는 몸을 떨었다. 내 머리는 아직 그때 한 단발이었다. 나는 앞머리를 흔들며 여기서 내가 무엇에 소속감을 느끼려고 하는 것인지 생각해보았다.

온양에서 돌아온 다음 주 월요일에는 남 사장을 만났다. 나는 그를 '사장님'이라 부르지 않고 '**아저씨**'라 불렀다. 부모님 친구는 다 그렇게 불렀기 때문이다. 나는 그에게 이제 한국을 떠나서 학교로 돌아가겠다고 말했다. '학교'라고 말할 때 내 목소리가 사막의 진흙처럼 갈라졌다.

돌아갈 시간

한국에서 마지막 날 밤, 나는 큰집을 나와 아파트 뒤쪽 산길로 갔다. 친구 상철을 보기로 했기 때문이다. 서울 생활 막바지에 그를 자주 만났다.

나는 하늘거리는 원피스와 전날 마켓에서 산 니트 볼레로를 예쁘게 입었다. 가볍게 깡충거리자 자판기에 쓰려고 넣어둔 동전이 주머니에서 짤랑거렸다. 내가 깡충거린 건 내일이 내 스무 살 생일이었기 때문이다. 어떤 면에서 나는 아직 어린애였다.

가로등이 도로에 타원형 빛을 노랗게 뿌렸다. 오른쪽으로 가면 주차장이고 왼쪽으로 가면 산기슭의 검은 덤불숲이었다. 100미터 앞에서 상철이 평소 같은 청바지와 폴로 티셔츠 차림으로 흰색 현대 차에서 내렸다. 작고 다정한 두 눈에 안경을 쓰고 있었다. 나는 가로등 불빛 속을 들어갔다 나갔다 하며 그에게 다가갔다. 그런데 그의 모습이 어느 정도 또렷해졌을 때 보니 걸음걸이가 이상했다. 똑바로 걷지 못했고 발을 거의 대각선 방향에 놓았다. 문제가 있어 보였지만 그는 빛을 벗어나 다시 어둠 속으로 들어갔다. 나는 걸음을 늦추고 안경 안쪽에 그의 눈을 찾아보려 했다. 내가 무언가 잘못되었다는 걸 깨달았을 때 그가 속도를 냈고 우리는 마지막 가로등 불빛 아래서 부딪혔다. 눈이 지워진 것처럼 보이는 그 사람은 상철이 아니라 다른 사람이었는데 그가 나를 땅바닥으로 밀쳤다. 나는 아스팔트에 뒤통수를 찧었고, 다음 순간 그가 내 몸에 올라타서 볼레로와 원피스를 찢었다. 나는 숨을 쉴 수 없었고 시간이 느려진 느낌이었다. 내가 1~2초 뒤에 목소리를 낸 것 같고, 내 입에서 나온 말은 "노노노"와 "플리즈"였다. 눈이 없는 남자는 소리 없이 가만히 있더니 나를 덮칠 때만큼이나 갑작스럽게 일어나서 가로등 불빛을 넘나들며 오던 방향으로 사라졌다.

나는 찢어진 옷을 붙들고 일어났다. 힘겹게 산을 내려와 주차장 쪽으로 가다가 사람들(남자 한 명과 여자 두 명)을 만났다. 그들에게 방금 있던 일을 설명하려고 했지만 울음만 나왔다. 마침내 사람들은 내가 술 취한 게 아니라 험한 일을 당했다는 걸 알게 되었다. 그들이 서로에게 어떻게 할지 묻고 나에게 정확히 무슨 일이 있었냐고 물었지만 나는 정신을 추스를 수 없었다. 사람들은 내게 손을 대지 않고 도움을 청하기로 했는데 경찰이 아니라 우리 가족에게 연락했다. 나는 울면서 큰집이 있는 동까지 갔는데 거상철(진짜 상철)과 큰엄마, 강대, 할머니가 거기서 나를 기다리고 있었다.

식구들은 내가 마음을 다스릴 시간을 주려고 집으로 올라갔고, 상철이 우는 내 곁에 앉았다. 내 머릿속에 나에 대한 생각과 내가 겪을 뻔한 일은 떠오르지 않았다. 그저 수치스럽다는 생각뿐이었다. 내 마음을 읽은 듯 상철이 말했다. 야박하다기보다는 무덤덤한 말투였다. "그래, 넌 수치스러운 일을 당했어."

그와 헤어진 뒤 나는 난간을 잡고 힘겹게 계단을 올라갔다. 집에 가보니 큰아빠도 있었다. 하지만 그는 손님과 차를 마시느라 밖에 나오지 않았다. 큰엄마는 자기 방에서 땅콩을 까면서 드라마를 보고 있었다. 내가 큰엄마 무릎에 머리를 눕히자 큰엄마가 몸을 움찔했다. 큰엄마는 내게 위로의 손길을 주지 않았다.

다음 날 나는 떠났다.

서울발 비행기 안에서 생일을 맞았다. 공중에서 창밖에 펼쳐진 구름을 내다보며 여러 가지 생각을 했다. 내 조국에서 나는 약한 자아를 끌고 들어갔다가 강인해져서 나올 작고 하얀 방을 찾지 못했다. 내가 휴학하면서 꿈꿨지만 현실에서는 감당하지 못한 위험하고 큰 인생 경험. 제미와의 우정을 잃은 슬픔. 내가 '**오빠**' 또는 '동생'이라고 부른 남자들이 안긴, 하지만 나 자신이 꽤나 자초했을 고통. 내가 학교 밖에서 얼마나 무능력한지 매일매일 깨닫게 한 회사 일. 사실 한국의 삶은 벌 떼 잉잉대는 숲에 혼자 사는 것의 정반대였다.

내가 다시 돌아올까? 나는 한국에서 한국인으로 살아보려고 했지만 어설프게 조국에 적응하려는 시도는 나를 더 망가뜨렸을 뿐이다. 엄마가 늘 걱정하는 성폭력은 미국이 아니라 엄마의 도덕적 나침반인 나라에서 벌어졌다.

비행기가 바다 위를 날 때 미국으로 돌아왔다는 생각에 내 안에서 마음이 천천히 따뜻해졌다. 한국의 경험 때문에 미국의 어떤 면들을 더는 무시할 수 없게 되었다. 그때 내가 눈 없는 남자와 마주쳤을 때 내 입에서 나간 말이 몇 달 동안 쓰지 않던 언어였다는 게 떠올랐다.

나는 영어로 "헬프"라고 말했고 그 말이 나를 구해주었다.

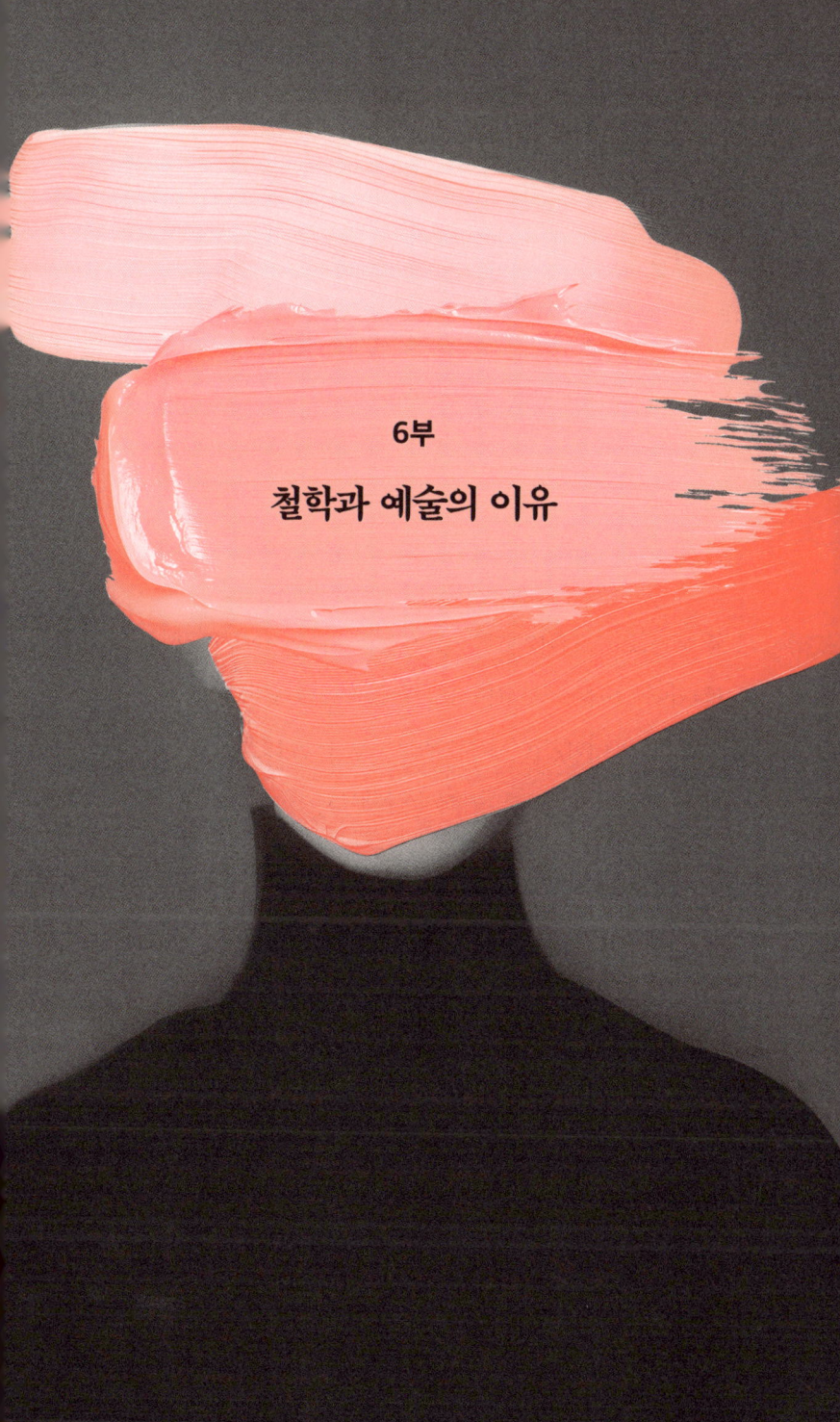

6부

철학과 예술의 이유

내게는 허락되지 않는 개별성

"안녕." 누군가 말을 걸었다.

복학 첫날 기숙사 방문을 여는데 옆방 앞에 한 남학생이 서 있는 게 보였다. 몸이 좋고 탄탄한 이두근으로 인해 흰 셔츠 소매가 팽팽해져 있었다. 우리는 얼굴을 붉혔다.

"나는 프랜시스야. 프랜시스 박."

"만나서 반가워." 내가 자기소개를 했다.

"학생 멘토야?"

"아니, 2학년이야."

"나도. 그런데 작년에 못 본 것 같은데."

"휴학했다가 복학했어. 원래는 3학년이었어야 해."

프랜시스 박은 흥미롭다는 표정이었다. 그가 뉴저지 북부에서 자랐다고 해서 나는 한인이 많은 포트리 같은 도시 출신

일 거라 짐작했다. "경제학을 전공할까 생각 중이야. 수학 트랙*으로." 그가 말했다.

나는 미소 지었다. "나도."

그때 검은 립스틱을 바르고 에르메스 스카프를 두른 강렬한 인상의 한국 여자가 그의 방에서 고개를 내밀었다. 그는 커다란 선글라스를 낀 눈을 찌푸리고 거만한 표정으로 나를 살폈다. 프랜시스와의 짧고 설레는 대화는 거기서 끝났다.

"**안녕하세요, 아주머니**." 내가 목례하며 인사했다.

하지만 프랜시스의 엄마는 내 짧은 치마가 마음에 안 드는지 "음" 하고만 말하더니 "프랜시스, 들어와. 방 정리 마쳐야지" 하고 안으로 사라졌다.

나는 손을 흔들고 자물쇠를 연 뒤 가방들을 안으로 굴려 넣었다. 나는 돌아왔다.

프랜시스가 간단하게 한국식 식사를 함께하자고 했을 때 나는 아직 그와 로맨틱한 관계가 가능할지 모른다고 생각했다. 그때까지 한국계 남자를 좋아한 적은 없지만, 한국계 미국인의 정체성을 키워가게 된 지금 실제로 곁에 있는 이에게 초점을 맞추면 도움이 될 것 같았다.

"저 여자는 왜 가톨릭 학교 교복 같은 걸 입어?" 내가 물

---

* 전공 내에서 선택하는 세부 학습 경로 또는 집중 분야.

었다. 프랜시스는 브리트니 스피어스라는 신예 팝스타에게 빠져 있었다.

프랜시스는 컴퓨터 스크린에서 눈을 못 떼고 나를 조용히 시키며 김과 데운 즉석 밥을 앞으로 밀었다. 브리트니는 "Oops, I did it again(이런, 또 잘못했네)"이라고 노래 불렀지만 별로 반성하는 것 같지는 않았다.

"너무 섹시해!" 그가 한숨을 쉬더니 다시 재생 버튼을 클릭했다.

나는 프랜시스가 안타까웠다. 브리트니 같은 금발 미녀는 그가 헬스장에서 아무리 몸을 만들어도 그 같은 남자에게 관심을 갖지 않을 것이다. 한국을 좋아하고 기숙사 방을 케이팝 스타와 한국 모델로 도배하는 한국계 남자들도 가까이 있는 한국 여자보다 백인 여자를 선호했다. 나는 프랜시스를 순진한 사촌동생 정도로 보기로 했다.

한인 2세대가 흔히 그러듯이 프랜시스는 외국어로 한국어를 선택했다. 나는 프랑스어와 중국어를 선택했다. 그는 한국 음악과 문화를 좋아하고 아시아의 약진에 기뻐했다. 프랜시스는 내 친구였지만 하나의 상징이기도 했다. 친구로서 그는 입체적이었다. 상징으로서는 내가 한인들에게 느끼는 이기적인 두려움을 자극했기에 나는 내 개별성을 위한 공간이 필요하다는 생각에 그와 적당히 거리를 두었다. 미국인들은 스스로 개별성을 중시한다고 말하지만 모든 미국인에게 이 말이 허용되지는 않았다. 우리 같은 아시아계 미국인은 특별함이나 개별성을 허락받지 못했다. 특히 함께 모이면 우리는 기꺼이 납작한 존재가 되어야 했다.

사는 게 싫어

철학 강의 개요가 칠판에 죽 적혔다. "좋은 논거란 무엇인가? 지성적 삶의 이상적 개념은 무엇인가?" 형이상학과 인식론을 강의하는 대형 강의실에 앉아서 내가 이 작업을 평생 해왔다는 생각이 들었다. 내 안의 한국인과 미국인을 분리하는 일, 양쪽을 모순 없이 통합하는 일, 그것은 철학적 탐구였다. 르네 데카르트는 평생 모순을 파악하고 오류를 부수며 학문의 성립 가능성을 살폈다. 하지만 나는 내 존재가 일관된 방식으로 성립 가능한지 알고 싶었다.

그때까지 내 해법은 양쪽 문화에 다 통하는 가시적 성취를 이루고, 어떤 신념에든 통용되도록 조합하고, 주변 문화에 맞춰 행동하면서도 그에 매몰되지 않으려 노력하는 것이었다. 미국과 한국이 모두 나를 불렀고 또 거부했다. 그러면 나는 어떤 방법에 따라 선택하고 믿어야 하는가?

가을이 절정에 이르러 공기가 서늘하고 건조할 때 나는 새벽 3시까지 깨어 있었다. 그런 뒤 두세 시간만 자고 알람이나 카페인 없이 깨어났다. 몸속에 파닥이는 충동을 느끼며 책상에 앉았고, 아무런 예비 작업도 없이 그 자리에서 리포트를 줄줄 썼다. 내 생각이 컴퓨터 스크린으로 막힘없이 날아들었고, 손가락은 키보드 위에서 춤을 추었다. 책상에 쌓아놓은 책들을 술술 읽으며 그들의 사상을 척척 이해했다.

저장 버튼을 누르고 내 방에서 빠져나와 어둡고 조용한 프랜시스의 방 앞을 지나갔다. 밖에 나오니 바람이 쌀쌀했고 나는 우뚝한 건물들 사이 컴퓨터실을 향해 내려갔다. 승리감이 용솟음쳤다. '나는 깨어 있고 인생에서 승리하고 있어!' 내면의 소리가 외쳤다. 아직 잠을 자는 로봇 같은 사람들은 불쌍한 패배자들이었다.

산들바람이 나를 훑고 지나갔다가 위로 솟구쳐 나무 꼭대기를 흔들었다. 나뭇잎들이 와글와글 떨어져 나와 공중으로 떠올랐다. 나도 떠올랐다. 나는 명랑해졌다. 달콤한 산들바람이 다시 한번 일어나 내 피부에 소름을 일으켰고 소름이 가라앉을 때 나는 몸을 떨었다. '나는 인생에 승리하고 있어.'

나는 이제 경제학보다 철학에 몰두했다. 아시아 금융 위기 때 경제학은 충분히 경험했다. 한정된 자원, 무역, 노동의 대가 같은 주제가 아닌 다른 이야기가 필요했다. 간단히 말해

내 이야기가 필요했다.

 봄이 되자 승리감에 싸여 새벽마다 두서없는 철학 리포트를 휘갈겨 쓰며 '내가 인생에 승리하고 있다'고 믿었던 일은 아득한 기억이 되었다. 겨울 방학 이후 친구들은 모두 학교로 돌아왔다. 애비는 에너지를 충전하고 프랜시스는 냉장고를 다시 채웠지만, 나는 불 끈 방에 누워 문 밑의 가는 틈새 밖으로 지나가는 발들을 보면서 '이제 막 방학이 끝났는데 어쩜 이렇게 기운이 없을까' 하고 생각했다. 텍사스에서는 하루하루가 지나가기만 기다리다가 결국 봄 학기가 시작하기도 전에 엄마에게 공부 때문에 학교에 일찍 돌아가야 한다고 말하고 비행기 예약을 당겼다. 휴스턴의 나날은 전과 똑같았다. 남동생과 부딪히고, 여동생을 예뻐하고, 해가 바뀌어도 똑같은 내용으로 되풀이되는 엄마와 아빠의 싸움을 방관했다.

 내가 이불 속에 웅크리고 있는 동안 정체 모를 슬픔이 내 다리에서 생명력을 빼내고, 팔과 머리에 추를 매달고, 몸통을 침대에 파묻었다. '조금 있으면 6시야. 식당에 밥 먹으러 가야 돼.' 나는 새끼손가락을 꼼지락거리면서 생각했다. '뭔지 몰라도 이걸 뿌리쳐야 돼.' 그러다 새끼발가락을 꼬물거리며 간신히 기운을 차렸다.

 겨우 일어나서 옷을 입고 몇 미터 떨어진 식당까지 간다 해도 거기서 사람들과 인사하고, 친구들 틈에 멀쩡하게 앉아 적절한 가벼움, 지성, 유머를 담은 대화를 주고받을 수 있을까?

다리에 마비가 온 것처럼 나는 다리를 하나하나 들어서 침대 밖에 내려놓고 꾸물거리며 옷을 입고 신발을 신었다. 디지털시계가 무심하게 깜박이며 시간을 알렸다. '사람이 사는 방법은 발을 한 번에 한 발짝씩 앞으로 내딛는 것뿐이야'라는 격려의 말을 할 수가 없었다.

내 머릿속에는 그 대신 '사는 게 싫어. 사는 게 싫어. 사는 게 싫어'라는 말이 울렸다.

식당에서 나는 사람들 눈을 피해 아무거나 대충 집어 들고 빈 테이블에 앉았다. 양상추를 썰 때 철학 수업을 같이 듣는 친구 제이미 올슨이 다가오고 이어 다른 친구들도 왔다. 그들은 내 테이블에 앉아 수다를 떨며 양상추를 썰었다. 웃는 가면 같은 얼굴에 몸이 고무처럼 유연한 친구 제이미의 목소리가 동굴 속 메아리처럼 들렸다. 그가 좌중을 지배하며 정치 이야기를 했다. '미시시피 출신인 제이미는 정치를 좋아해.' 나는 생각했다. '나는 사는 게 싫어. 사는 게 싫어. 사는 게 싫어.' 제이미가 포크로 양상추를 찍어 들었다. '사는 게 싫어. 사는 게 싫어. 사는 게 싫어.' 그가 검은 입을 벌렸다. '사는 게 싫어. 사는 게 싫어. 사는 게 싫어.' 세상이 느려졌다. 먼 사막에서 시계들이 녹았다. 갑자기 말들의 의미가 사라지고 진실이 보였다.

'이 사람들은 로봇이고 나도 로봇이야.' 들쭉날쭉한 생각이 머릿속을 지나갔다. 나는 움직이는 입술들을 집중해서 바라보았다. 입술들이 어떻게 저런 말을 하지? 진심으로 하는 말인가?

나는 옆방의 프랜시스와 메신저를 시작했다. 밖에 나갈 힘이 없는 나에게 메신저는 아직 사회와 담을 쌓지 않은 척하는 쉬운 방법이었다.

혜승	너 오늘 아시아 친구들과 밥 먹니?
프랜시스	응. 같이 갈래?
혜승	아니.
프랜시스	하하, 좋아.
혜승	걔네를 왜 그렇게 좋아해?
프랜시스	백인 흉내 내는 것보다 낫잖아.
혜승	헐. 그럼 나는 바나나*야?
프랜시스	그렇지 않아.
혜승	한국인들은 나쁜 점이 많지 않아?
프랜시스	어떤 거?
혜승	흑백 논리.

---

* 바나나처럼 겉모습은 노란색(황인종)인데 속(생각)은 하얗다는 의미다. 즉 서양인의 사고방식을 갖고 있는 아시아계 사람들을 지칭한다.

프랜시스	흑백 논리가 뭐야?
혜승	최고가 아니면 꽝인 거, 중간이 없는 거.
프랜시스	한국인이 그렇다고?
혜승	상대에게 소리 지르고 화내고 주워 담을 수도 없는 지독한 말을 하는 거는?
프랜시스	누가 그러는데?
혜승	전부… 우리 부모님.
프랜시스	너희 부모님이 좀 이상하신데?
혜승	…너네 부모님은 안 그래?
프랜시스	응. 안 그래.

 나는 타이핑을 멈추었다. 띠링, 메신저가 새 메시지를 알렸지만 보지도 않았다.
 프랜시스 말이 맞다면, 나는 미국인들이 흔히 저지르는 실수를 한국인에게 하고 있다는 뜻이었다. 그러니까 우리 부모님 사례만으로 결론을 내린 것이다. '우리 부모님이 싸운다. 그들은 한국인이다. 모든 한국인은 싸운다.' '소크라테스는 남자다. 모든 남자는 결국 죽는다. 죽는 사람은 모두 남자다.' 그건 비논리적이었다.
 어린 시절 다른 한국인들이 우리 부모님, 특히 아빠를 의아하게 바라보던 일들이 떠올랐다. 우리 부모님의 격렬함이 한국인의 특징이 아니라 그들의 특징일 수 있다는 생각은 해보지 못했다. 나는 전화를 들었다.

"여보세요?" 프랜시스가 전화를 받았다.

"너희 부모님은 어떠셨어?"

"웬 전화를 하고 그래? 웃기잖아."

"너희 부모님은 어떠셨냐고." 나는 물러서지 않았다.

"글쎄, 너도 봤잖아. 우리 부모님은 사업하느라 바빠."

"그러니까 두 분의 사이가 좋아? 너하고 동생한테 잘해주셨어?"

"두 분이 굉장히 다르지만 별문제는 없어. 그러니까 흔히 말하는 역기능 가정은 아니었어. 네 말이 그런 뜻이라면."

역기능 가정, 프랜시스가 말했다.

제3의 길

내가 4학년이 되어 학교로 돌아왔을 때 애비, 제이미 등 입학 동기들은 다 졸업해서 떠나고 없었다. 그들은 모두 사회 초년생이 돼 있었다.

그들이 떠난 공간을 새 친구들이 채웠다. 4학년 때 나는 프랜시스뿐 아니라 다른 아시아계 친구들도 사귀었다. 그 관계는 무언가 포기하는 느낌, 하급 친구들을 사귀려고 값싼 거래를 하는 느낌이 아니었고, 편안함과 즐거움, 그리고 깨달음을 주었다. 친구들은 각자 인생도 재능도 다르고 가치관도 달랐다. 나는 한국과 미국 사이에서 갈등할 필요가 없고, 한국계 미국인으로 사는 것이 남들과 다른 제3의 길일 수 있다는 걸 알았다. 마침내 아시아계 미국인은 다 똑같다는 고정관념과 두려움을 떨치기 시작했다.

여러 면에서 철학 공부가 이런 일에 대해, 그리고 미래에 대해, 특히 졸업 이후의 삶을 구체화하는 데 도움이 되었다. 나는 뉴욕에 살고 싶었다. 그건 어린 시절 꿈이기도 했다. 그곳에 살려면 뉴욕에 직장이 있어야 했다. 대학 취업박람회의 비슷비슷한 직업들을 보면 모든 대학생이 경영 컨설팅 회사나 투자 은행에 들어가려고 안달인 것 같았다. 박람회가 열린 체육관에 늘어선 상담 테이블들은 디스토피아 소설의 서두 같기도 하고, 불길이 휩쓸고 간 텅 빈 평원 한구석 같기도 했다. 4학년들은 지난 1년 동안 미니 논문급인 졸업 논문을 쓰며 정신적 삶에 몰두해 있다가 지적 자본이나 서비스 대신 돈이 최고 가치가 되는 산업들로 비집고 들어갔다. 2년 동안 파타고니아에 사는 되새들을 연구하던 생태학 전공자가 매킨지사 입사 면접에서 수압 파쇄 사례 연구에 대한 질문을 받아넘길 수 있는가? 나는 이런 부조화를 타개할 방법을 몰랐다. 룸메이트인 이브가 내게 쇼핑백을 건네며 "공짜 사은품이나 받으러 다니자"고 했다. 우리는 체육관을 돌면서 베인앤드컴퍼니와 JP모건에서 주는 USB 드라이브, 볼펜, 마우스패드, 골드만삭스의 악력 훈련기구 같은 사은품을 모았다.

나는 일반 기업 대신 비영리 단체 계약직에 지원했다. 연봉 2만 5000달러(한화 약 3500만 원)로 뉴욕에 살기 힘들다는 건 어렴풋이 알았다. 학자금 융자도 갚아야 했지만 아직 앞날은 알 수 없었고 1년이란 계약 기간도 마음에 들었다. 그렇게 일단 1년이란 시간을 벌 것이다.

그런데 1년이 지나면 그다음에는? 로스쿨에 가야 했다. 엄마는 몇 년 전부터 로스쿨을 가라고 노래했다. 엄마도 나도 변호사가 뭘 하는지 잘 몰랐다. 글을 읽고 쓰고 조리 있게 말하면 되는 것 아닌가? 중고등학교 때 모의재판을 경험했지만 그건 시늉이었고, 어쨌건 변호사는 막연해도 로스쿨에 다니는 모습은 쉽게 떠올릴 수 있었다. 비영리 단체에서 일하면서 내가 정말로 무엇을 하고 싶은지 생각해볼 수 있을 것이다. 하지만 엄마는 내가 로스쿨 합격증을 받아놓고 있지 않는 한 성공과 거리가 멀어 보이는 어떤 일도 거절할 게 분명해서 로스쿨도 준비했다. 엄마는 아빠가 한국에서 박사를 포기하고 억만장자의 꿈을 좇아 미국에 건너온 일이 평생의 한이었기에 내가 '큰길'을 포기할까 노심초사했다. 큰길의 구체적 내용은 중요하지 않았다. 그저 남들이 선망하고 진입 장벽 높고 명확하게 정의되는 직업이면 되었다.

고등학교를 졸업할 무렵 처음 우울증을 겪고 4년이 지난 지금, 나는 그 뒤로 반복된 여러 차례의 발병 사례를 하나의 선으로 연결해볼 수 있게 되었다. 가을은 언제나 즐겁고 활기차고 생산적이었고, 봄이 되면 바닥으로 꺼졌다. 나로서는 시선을 줄 만한 무언가가 필요했는데, 동공이 수축하는 계절, 따뜻한 날씨가 텍사스 및 부모님과의 어려운 관계를 연상시키는 계절에는 그럴 수 없었다.

그러니 내가 봄 학기에 수업 갈 힘도 없던 게 놀라운 일은 아니었다. 나는 지난가을 로스쿨 입시를 준비하고 비영리 단체와 로스쿨에 지원하는 한편 수업을 듣고 논문을 쓰느라 지쳤다. 피로와 어설픈 동기로 인한 정신적 해이뿐 아니라 불안감까지 겹쳐 잠을 설쳤고, 결국 협탁에 보드카를 두고 자기 전마다 한 잔씩 마시게 되었다.

어느 날 저녁 내가 누워 있을 때 이브가 들어왔다. 이브가 요즘 실험 일로 바빠서 우리는 서로 잘 보지 못했다. 이브는 얼마 전에 이름 있는 과학 저널에 논문을 발표해서 동창회보와 학보에 사진이 실렸다. 우리 둘은 친했지만 최근에 처음 싸웠다. 겉으로는 욕실 청소 문제였지만 실제로는 이브의 성공이 너무 빛나서였다. 그래도 이브는 내 자매 같았고, 나는 이브에게 어떤 이야기도 할 수 있었다.

이브가 바닥에 버려진 포장 음식 그릇을 넘어 들어왔다. 지원이 끝난 지 오래됐는데도 바닥에는 아직 자기소개서, 로스쿨 입시 자료들이 뒹굴었다. 보드카 병은 거의 비어 있었다.

이브가 심각한 표정으로 나를 보았다. "무슨 일이야?"

"피곤한데 잠이 안 와."

이브가 보드카 병을 가리켰다. "이런 걸 마시면 안 돼." 사람들은 옛날부터 내게는 생각이란 게 없는 것처럼 내가 뭘 해야 하고 하면 안 되는지 말했다. "건강에 안 좋아." 이브가 보드카 병의 빨간 뚜껑을 닫으면서 덧붙였다.

"할 게 너무 많아서 쉴 수가 없어…. 뇌가 잠을 거부해." 지금 무너질 수 없었다. 졸업해야 했다. 대학 생활에 에너지 80퍼센트만 쏟아서 B나 C, D가 찍힌 성적으로 졸업해도 된다는 생각은 들지 않았다. 그러니 그 과정에서 나 자신을 파괴할 수밖에 없었다.

이브는 생각에 잠겼다. 램프 빛이 속눈썹에 떨어져서 반짝였다. 나를 위해 고민하는 그가 고마웠다.

"의무실에 가보는 건 어때?" 이브가 마침내 제안했다.

그는 나와 약간 떨어진 데 있는 오토만 의자에 앉았다. 내가 내 침대 위를 두드렸다. 내가 사람들이 내 침대에 앉으면 싫어한다는 걸 이브도 알았지만 지금 그런 건 상관없었다. 내게는 친구가 필요했다. 의무실도 도움이 될 수 있었다. 문제가 발생한 학생은 거기서 쉴 수 있었다. 내가 아는 한 후배 여학생은 한 학기 내내 그곳에서 살다시피 했다.

"가면 그냥 쉬게 해줄까?" 내가 확인이 필요한 듯 이브에게 물었다.

"거긴 안전할 거야. 푹 쉬면 공부도 더 잘될지도 몰라. 다른 사람을 만날 필요가 없으니까."

우리는 짐을 싸서 함께 의무실로 갔다. 의무실 간호사는 기숙사를 떠나 있고 싶다는 내 말뜻을 이해하고 나를 받아주었다. 그곳에 있다고 해서 아무도 만날 필요가 없는 건 아니었다. 첫 주에 정신과 의사가 약을 주었다. 그 약을 먹었더니 며칠 동안 잠도 안 오고 글도 쓸 수 없었다. 피로가 모든 감각을 마비시켰고, 하루하루 어두운 바다를 헤엄치는 것 같았다. 다음에 의사를 만났을 때 나는 더는 약을 먹을 수 없다고 말했다.

그 후 몇 번 침대에서 일어나 수업에 다녀왔는데 그때마다 기진맥진한 상태가 되었다. 간호사들이 스티로폼 쟁반에 식사를 가져왔고 나는 19세기 결핵 환자처럼 베개에 기대앉아 글을 썼다. 학기 말과 논문 마감과 졸업이 다가올수록 나를 더 쥐어짰다. 나는 말라비틀어진 잔가지처럼 가벼운 바람에도 땅으로 떨어져 바스라질 것 같았다. 내 존재 자체도 잔가지처럼 시시하게 느껴졌지만, 이것이 내 소박한 인생이니 무너지지 않고 살아야 한다고 생각했다.

이런 마지막 분투 시기에 한 달 동안 고민한 문제가 있었다. 가장 가기 원했던 비영리 단체(뉴욕 시내 역사적 커뮤니티하우스들의 협력 단체)의 공공정책관 인턴으로 합격한 것이다. 나는 뉴욕 미드타운 본부를 방문했고 그곳 사람들이 마음에 들었다. 그리고 그곳에 합격한 뒤에야 엄마에게 로스쿨에 합격한 사실을 알렸다. 합격한 학교 중에는 엄마가 가장 좋아하는 하버드대도 있었다.

합격 통지서와 학자금 지원 증서는 왼쪽 구석에 '베리타스'*라고 적힌 유명한 진홍색 학교 마크가 찍힌 두꺼운 봉투

---

* 베리타스veritas는 '진리'를 뜻하는 라틴어로, 하버드대 로고에 새겨져 있다.

에 담겨서 왔다. 나는 내용을 살펴보며 안도하면서도 이 문을 여는 게 좋은 일이 아닐 수 있다는 불안도 느꼈다. 합격은 그간의 노력을 인정받았다는 증거였지만 제대로 인정받으려면 앞으로도 많은 수고를 기울여야 한다는 뜻이기도 했다. 이 문을 열고 들어가면 힘든 공부를 더 많이 해야 하고, 기쁨이나 자아 성찰과 무관한, 성공 아니면 실패로 귀결되는 시험을 더 많이 봐야 했다. 나에게 세상은 지도 없는 황야와 같았다. 나는 뿌연 시계 속을 걸어가며 언젠가 이런 문이 마법처럼 열리기를 소망했다. 하지만 그 안에 들어가고 등 뒤로 문이 닫히면 새로운 황야, 지도 없는 새로운 영토가 나타날 뿐이었다. 그 시절 나는 내 자신이 곧 지도라는 사실을 몰랐다. 이 끝없는 황야를 관통하는 선은 일정하면서도 유동적인 나의 정체성이라는 것도, 또 등 뒤로 닫힌 문 가운데 다시 열 수 있는 문이 많다는 것도 몰랐다.

"너는 원래 하버드대에 갈 운명이었어." 엄마가 전화로 말했다.

"그런데 엄마." 내가 머뭇거리며 말했다. "저는 논문 쓰는 게 너무 재미있어요."

"당연하지. 변호사는 글을 잘 써야 해."

"아뇨, 이 일이 너무 좋아서 마음이 바뀐 것 같아요."

"그게 무슨 소리니, 혜승아?" 엄마의 목소리에 바로 날이 섰다.

"저는 글 쓰는 게 좋아요. 스트레스도 있지만요. 제가 변호사가 되고 싶은지 어쩐지 모르겠어요."

"변호사가 되어도 글은 얼마든지 쓸 수 있어." 엄마가 협상을 시도했다.

"그거와는 달라요." 엄마는 정말 아무것도 모르나? 미국에서 학교를 다니지 않았고 전문 대학원을 선망할 뿐 거기서 무엇을 가르치는지 막연하게 이해하고 있는 엄마하고 대화하기에는 한계가 있었다.

"하버드대 로스쿨에 합격하고 안 가겠다는 거야?"

"변호사가 되기 싫은데 왜 가야 하죠?"

"로스쿨에 다녀보지도 않고 변호사가 되기 싫은지 어쩐지 어떻게 알아? 좋아하게 될 수도 있어!"

"시도를 위한 시도를 할 필요는 없어요."

"그러면 합격 소식은 왜 전했니?"

"몰라요." 내 대답에 힘이 없었다. '엄마가 늘 하버드대를 선망했으니까요.'

"말도 안 돼. 미친 짓이야." 엄마는 매번 써먹던 수법으로 돌아가서 나더러 제정신이 아니라고 했다. 뱃속에서 익숙한 복통이 느껴지며 오래된 역동이 되살아났다. 불티 하나로도 그 해묵은 불길은 다시 타올랐다.

"제가 볼 때는 시간을 낭비하는 게 미친 짓이에요!"

"미국 최고의 로스쿨을 다니는 게 왜 시간 낭비야?"

"변호사가 되고 싶지 않은 사람한테는 낭비죠!"

"그러면 대안이 뭐야? 뭐가 되고 싶은데?"

나에게 늘 답이 있어야 하나? "몰라요"는 용납되지 않았다. 잘못된 방향이라도 확신이 있어야 했다.

엄마가 침착해졌다. "그냥 한번 해봐. 너는 똑똑해, 혜승아. 타고난 변호사야." 엄마는 작전을 바꾸어 나를 달랬다. 학창 시절의 모의재판, 선행 역사 수업의 헌법재판 연구, 법리를 분석한 철학 리포트…. 그런데 '타고난 변호사'라고? 우리 엄마가 어느새 희화화된 한국 엄마 자체가 된 것 같았다.

"거기 가면 너도 많이 자극받을 거야. 다 똑똑하고 같은 생각을 하는 사람들이니까. 일생일대의 기회를 잡은 걸 기뻐하게 될 거야!"

"지금은 아닌 것 같아요. 마음이 바뀌면 그때 갈게요."

"다음에도 기회가 있을지 어떻게 알아? 꿈과 기회는 안 잡으면 그냥 지나가." 엄마는 비밀 지식이라도 털어놓듯 속삭였다. "한번 다녀보면서 너한테 맞는지 아닌지 알아보면 되잖아." 이브를 꾀는 뱀처럼.

한숨이 나왔다. 비영리 단체 이야기가 먹힐 상황이 아니었다.

"너는 우등생이야. 4년 동안 열심히 공부했고 학자금 융자도 받았는데 월급도 없는 곳에서 첫 직장 생활을 하겠다고? 여보, 나는 이 정신 나간 애와는 얘기 못하겠어. 부자 될 기회를 차버리고 가난하게 살겠대!"

미국 2대 대통령인 존 애덤스는 썼다. "내 아들들은 수학과 철학, 지리, 자연사, 조선 공학, 항해술, 상업, 농업을 공부해야 한다. 그렇게 해서 그 자녀들이 회화, 시, 음악, 건축, 조각, 태피스트리, 도자기를 공부할 권리를 주어야 한다."* 나는 이 진보 개념, 뒤 세대가 앞 세대의 토대 위에 건설되는 개념을 생각해보았다. 첫 세대가 들일을 해서 다음 세대가 공부하게 해주고, 그 덕분에 그다음 세대가 금빛 테이블에서 악기를 연주하며 여유로운 인생을 즐기는 것. 엄마는 자신이 들일을 하니 내 역할은 공부하는 거라고 생각했다. 내면의 풍요로움, 여유나 철학은 부차적인 것들이고 공부와 성공의 틀에 맞추어야 한다고.

나는 친구들과 비교할 수밖에 없었다. 이브는 온 가족의 도움 속에 과학 공부를 계속했다. 애비는 작년에 부모의 보증하에 맨해튼 아파트를 얻었다. 하고 싶은 게 뭔지 모르는 다른 친구들도 (때로는 몇 년씩) 비슷한 지원을 받으며 탐색을 이어갔다. 나는 휴스턴에 돌아갈 수 없었다. 그곳은 영원히 내 부모의 집이고 거기 돌아가는 것은 죽음의 길에 들어서는 일이다. 나는 격려나 돈을 원한 게 아니라 그냥 부모님이 비켜나 주

---

* John Adams, *Adams Family Correspondence*, Vol. 3, L. H. Butterfield, Marc Friedlaender, eds.(Cambridge, Mass.: Belknap Press of Harvard University Press, 1973), pp. 341~343.

었으면 했다. 나는 내 성적이나 합격이 가능성의 문을 열어준다고 느낀 적이 없었다. 오히려 문을 닫아버리는 것 같았다.

나는 엄마에게 두 분의 결정으로 미국에 와서 나를 두 문화 사이에서 갈팡질팡 키워놓고 나에게 불가능한 것(내가 자란 나라가 내게 끼치는 영향과 행복의 개념을 거부할 것)을 요구하는 건 부당하다고 말했다. 성인이 된 내 삶까지 두 분의 타임캡슐(이민자들의 마음속에만 존재하는 1970년대의 한국)에 맞춰야 하느냐고. 내 인생은 대체 가능한 것이 아니라고 말했다. 내 인생에는 나만의 가치가 있고 그게 진품이건 장물이건 내가 직접 그 무게를 달아보아야 한다고. 하지만 '대체 가능한fungible'이라는 단어가 대화를 가로막았다. 엄마의 영어와 내 한국어로는 형이상학적 토론을 이어갈 수 없었고 우리는 합의에 이르지 못했다.

결국 견디지 못한 나는 엄마와 계약을 했다. 일단 500달러를 내서 하버드대 로스쿨 자리를 지킨 뒤 입학을 미루고 비영리 단체에서 일한다는 조건이었다. 그러면 당분간 자유를 얻을 수 있을 것 같았다.

엄마는 마지막에 말했다. "어쩌면 네 말이 맞을지도 몰라. 1년 정도 쉬는 게 도움이 될 수도 있어. 그런 다음 로스쿨에 가서 더 열심히 공부하면 돼."

나는 의무실을 나갔다. 철학과 논문 제출 마감 시간인 4시에 맞추기 위해서였다. 그리고 여전히 잠을 잘 못 잤지만 그해 들어 처음으로 약간 불안이 잦아들어 졸업 파티들에 갔다. 논문 심사 발표 이틀 후 나는 졸업했다. 2001년이었다. 플라톤 초기와 중기 《대화편》의 지식론에 대해 다룬 내 논문은 상을 받았고, 상금이 있다는 건 더 기쁜 소식이었다. 그 돈으로 부동산 중개료 및 브루클린에 구한 아파트의 첫 달과 마지막 달 월세를 냈다. 친구들 대부분은 여름 동안 여행한 뒤 가을에 뉴욕에 자리 잡을 생각이었다. 이브도 뉴욕의 웨스트사이드로 이사하기로 했다. 나는 쉬는 날 없이 바로 비영리 재단 일을 시작해야 했지만 상관없었다. 내 앞에 뉴욕이 있었다. 졸업 주간이 끝나자 나는 부모님과 함께 기숙사 짐을 정리해서 브루클린으로 갔다.

한 도시가 연기로 뒤덮인 날

평화롭고 아름다운 어느 화요일 오후, 일찍 귀가한 룸메이트 루신다는 퀸스버러다리에서 어느 착한 사마리아인에게 운동화를 얻어 신었다고 했다. 하이힐을 신고 출근했기 때문이다. 루신다는 직장이 있는 미드타운에서 퀸스까지 걸어갔다가 남쪽으로 내려와서 브루클린으로 왔다. 우리는 공원 근처의 아주 오래된 아파트에 살았다. 뉴요커들은 로어맨해튼을 탈출하려는 사람들에게 물과 간식을 나누어주고 낯선 이들과 택시도 합승했다. 9월이었고 내가 뉴욕에 온 지 석 달째였다.

나는 그날 아침 늦었고, 기차는 내가 출근하기 전에 운행을 중단했다. 나는 거실에 서서 텔레비전 안테나를 조정해 방송 화면을 잘 잡아보려고 했다. 네모반듯한 고층 빌딩에 구멍이 나서 검은 연기가 쏟아지고 있었다. 그런 놀라운 화면 위로 앵커의 목소리가 흔들렸다.

사우스타워가 무너졌을 때 휴대전화가 울렸다. 엄마가 어디냐고 물었다. 엄마는 걱정에 사로잡혀서 밖에 나가지 말라고 당부하고 전화를 끊었다.

잠시 후 휴대전화가 다시 울렸다. 내가 모르는 뉴저지 번호였다.

"혜승?" 전화 속 목소리가 말했다. "나 네이트야." 네이트는 대학 시절 친구로 지금은 프린스턴대에 돌아와 물리학 박사 과정을 밟고 있었다.

"네이트, 넌 괜찮아?" 그의 전화가 고마웠다. 뉴욕 바깥의 사람들이 나보다 상황을 더 잘 아는 것 같았다.

"괜찮아. 하지만 네가 걱정되어 전화했어."

"고마워. 나도 괜찮아. 지금 브루클린 집에 있어."

"조심해. 밖에 나가지 않는 게 좋을 것 같아." 그가 엄마하고 똑같이 말했다. 그 후에도 많은 사람에게서 전화가 오는데, 그사이에 텔레비전 채널이 먹통이 되어 나는 라디오를 찾았다. 추측과 혼돈이 난무했다. 그날 밤 상사가 전화해서 내일 출근해달라고 요청했다. 다른 사람들은 모두 외근을 나갔고, 상사는 아이들 휴교로 인해 가족과 집에 있어야 한다고 했다. 미드타운에 가고 싶지 않았지만 말단으로서 선택의 여지가 없었다. 그날 밤 나는 평소보다 늦게까지 잠을 못 이룬 채 루신다와 와인을 마시며 이야기를 나누었고 침대에 든 뒤에는 꿈도 꾸지 않고 잤다.

다음 날 아침 기차는 다시 운행했지만 승강장에는 나뿐이었다. 지하철이 덜컹덜컹 들어올 때 나는 차장에게 가볍게 목례를 했다. 아마 그도 일하기 싫었을 것이다. 올라탄 열차에는 아무도 없었고 나는 빈 기차로 꿈결처럼 고요한 헤럴드스퀘어에 갔다. 메이시백화점도 피자집도 샌드위치 가게도 문을 닫았다. 커피 노점 하나만 영업했고 자동차도 행인도 없어서 기나긴 6번대로가 끝없이 내다보였다.

금요일에는 대부분 사무실에 복귀했고 나는 기차로 로어이스트사이드로 내려가서 커뮤니티하우스들을 방문했다. 오후 1시에는 단체 대표를 만났다. 이 단체에서 수십 년 일한 그는 노숙 가족 보호 활동으로 뉴욕시뿐 아니라 뉴욕주의 주도 올버니에서도 유명했다. 그 커뮤니티하우스는 세계무역센터에서 불과 3킬로미터 떨어져 있었다.

"우리 회원 상당수가 차이나타운 북쪽 지역 이민자들이에요. 미등록자들이고요. 이번 사태로 정부가 피해 사업체와 가정에 재정을 지원해도 우리 회원들은 받을 수 없어요." 그는 화요일 아침 사건에 대해 설명한 뒤에 말했다.

우리가 도울 만한 일이 있으면 알려달라는 내 말에 그는 고개를 끄덕여 감사를 표시했다. 그리고 내가 자리에서 일어섰을 때 다시 말했다.

"평생 이 도시에서 살았는데 이런 모습은 처음 봐요. 어떻게…."

그는 말을 잇지 못했다.

그 주 주말에 나는 프린스턴대에 가서 9.11 테러로 사망한 졸업생들을 기리는 추모식에 참석했다. 그리고 네이트와도 만나기로 했다.

대학 시절 네이트에 대한 기억은 희미했다. 뚜렷이 기억나는 대목은 그가 부활절과 크리스마스 미사 때 교목을 도와 일한 것이다. 네이트는 성당 밖에서도 수도자 같았다. 깨어 있는 시간 대부분을 실험실에 앉아 연구에 바쳤다. 나는 복잡한 생각에 빠지지 않고 조용히 자기 길을 가는 사람 같던 그를 높이 샀기에 그와 조금 친해졌다. 그는 졸업 후 유학을 갔다가 최근에 자신이 가장 사랑하는 프린스턴대로 돌아와 있었다. 네이트도 신과 마찬가지로 일요일은 쉬었고, 우리는 오후 두어 시간 동안 거위가 돌아다니는 캠퍼스 근처 숲을 산책하며 몬태나주에 있는 그의 가족 이야기를 했다.

"식구들하고 사이 좋아?" 내가 물었다.

"응. 하지만 여동생 메러디스만 조금 자주 보고 다른 식구들은 1~2년에 한 번씩 만나."

"왜 그렇게 드물게 만나?" 내가 약간은 공격적으로 물었다. 나는 휴스턴에 갈 때마다 다시는 안 온다고 맹세하면서도 서너 달에 한 번은 집에 갔다.

"지금은 내가 공부할 때라는 걸 이해하시니까. 식구들은 나를 믿거든."

나는 그의 겸손함에 충격받았고, 제이미가 네이트에 대해서 한 극찬("온 우주에서 가장 친절한 남자야")이 떠올랐다. 네이트는 그런 칭찬을 못 들은 척했다. 그의 삶에는 남의 인정이 필요 없는 것 같았다. 가족의 인정조차.

그날 오후도 화요일처럼 아름다웠다. 오전의 추모 행사들은 이렇게 화창한 날씨와 어울리지 않았다. 네이트와 나는 남서쪽으로 흘러 델라웨어강에 합류하는 운하 옆길에 들어섰다. 길가에 높이 자란 풀밭이 나타나자 어린 시절 슈거랜드의 사탕수수 밭이 떠올랐다. 얼마 후에 그리스식 기둥 네 개가 솟은 넓고 푸른 독립전쟁 격전지가 나타났다. 한때 피에 물든 전쟁터였지만 이제 자연과 세월에 뒤덮인 현장을 산책하는 일은 이상하게 아름다웠다.

흙길에서 나는 걸음을 늦추었다. 네이트도 나도 말없이 아름다운 고요의 시간을 음미했다. 그가 나를 앞질러 갔다. 해가 하늘 중간에 걸려 낮은 가지들 사이로 햇살을 뿌렸다. 예이츠 시에 나오는 홍방울새는 없었지만 마치 그것을 마주한 느낌이었다. 네이트가 돌아섰다. 내가 그에게 다가갔다. 햇빛이 그의 머리에 광채를 둘러주었다.

뉴욕이 평소 같은 자신감과 개방성을 되찾는 데는 시간이 걸렸다. 어떤 이들은 그 사건을 핑계로 뉴욕을 떠났고 자동반사처럼 일어난 반무슬림 정서로 무슬림뿐 아니라 다른 집단들도 상처를 받았다.

로어이스트사이드의 커뮤니티하우스를 다녀온 얼마 후 나는 중국 광둥과 푸젠 출신 이민자가 많은 커낼가에 가서 그들의 떠들썩한 생업 현장을 살펴보았다. 내 친구들보다 나와 훨씬 더 많이 닮은 그들의 삶에 대해 내가 얼마나 알고 있나. 나는 백인에게 동화된 눈으로 우리가 다른 사람들에게 얼마나 낯설게 보일까 관찰해보았다. 작은 노점에서 휴대전화, 리치 과일, 짝퉁 구찌 핸드백을 파는 상인들에게서 오래전 우리 아빠가 보였다. 그 신규 이민자들의 쉬지 않는 모습을 보면서 만약 어떤 재난이 닥쳐서 아시아인이 집단적으로 비난 여론에 휩싸이는 경우를 상상해보았다.

뉴요커들에게는 편견이 없을 줄 알았다. 유치한 생각이지만 그들이 모두 문명인이기를 바랐다. 이런 장밋빛 희망(사람들은 결국 인종 혐오가 자의적인 것, 일종의 범주 오류임을 깨달을 거라는)은 9.11 여파 속에 잠시 흔들렸다. 하지만 나는 뉴욕이 수백만 명이 생존을 위해 분투하는 작은 공간이라는 것, 그리고 인간의 공동체적 삶은 더 강한 자기 불신이 아니라 신뢰(밖에 나가도 살해당하지 않는다는 신뢰)로 이루어진다는 것도 알았다. 높은 창밖에 아슬아슬하게 매달린 무거운 흰색 에어컨

실외기 그늘 아래로 들어갈 때마다 나는 댈러웨이 부인처럼 "세상을 단 하루라도 사는 것은 몹시 위험한 일이라는 끈질긴 느낌"을 받았다.*

- Virginia Woolf, *Mrs. Dalloway* (New York: Harcourt Brace & Company, 1925), p. 8. (버지니아 울프, 《댈러웨이 부인》, 열린책들, 2009.)

예술의 소명

대학 친구 아미나가 자신의 대모에게 연극표가 있는데 함께 가자고 전화했다. 연극이 끝나고 아미나와 나는 아미나의 우아한 대모, 그리고 한 출연 배우와 식사를 했다.

식당 내 조용한 자리에서 식사하던 중 대화는 결국 9.11로 흘러갔다. 두 중년 여성은 자연스럽게 젊은 세대인 아미나와 내 의견을 물었다.

아미나는 자신이 일하는 지방검찰청에도 9.11의 여파가 이어지고 있다고 했고, 나는 이것이 우리 세대를 규정하는 경험으로 남을 것 같다고 말했다. 하지만 실제로 나는 와인을 세 잔이나 마시고 약간 취해 있었다.

그 시점에 아미나의 대모가 그 배우에게 연극이 정말 좋았다고 말한 뒤 "예술이 모두를 구원할 거예요"라고 하며 잔을 들었다.

　나는 인상을 쓰고 잔을 들지 않았다. 9월 11일 이후 내 머릿속에 계속 맴도는 이미지가 하나 있었다. 내가 삽을 들고 흙과 잔해 속에 서서 죽은 자들의 유해를 발굴하는 모습이었다. 내 무의식이 로스쿨에 가라고 닦달하는 것인가? 변호사가 되어 부당하게 당한 사람들을 도와주라고? 하지만 그때 그 이미지가 녹아서 박물관의 그림들, 야외의 대형 조각들, 그리고 티켓 가격이 200달러가 넘는 연극으로 바뀌었다. 예술이 어떻게 누구를 구원한다는 말인가?

　아마 술이 과했거나 미숙하고 무지했기 때문이었겠지만 내가 불쑥 말했다. "예술은 훌륭하지만 그게 사회 개혁을 위한 노력처럼 생명을 구할 수는 없다고 생각해요." 그리고 잠깐 멈추었다. "예술은 9.11로 죽은 사람들의 생명을 구할 수 없어요."

　두 중년 여자는 나를 보았고 들어 올린 잔을 건배하지 않았다.

　"만약 예술이 없다면 우리 사회의 현주소를 반영하는 것일 테고, 그건 문제가 될 수도 있을 것 같아요." 아미나의 대모가 부드럽게 말했다. 나를 면박주지 않았다. 그분은 내가 모르는 것을 알고 있었다. 예술은 여가만을 위한 게 아니라 세상을 바꾸기 위한 것이기도 하다는 사실을.

　밖으로 나와 아미나의 대모가 택시를 부를 때 나는 전철을 타고 브루클린으로 가겠다고 했다. 평생 맨해튼에서 산 사람들이 흔히 그러듯 그분도 브루클린을 불신했다.

"나는 유대인 엄마이고 이 늦은 시간에 혜승 씨를 전철 태워 보낼 수 없어요." 그러면서 내 손에 20달러 지폐를 쥐어주었다. 우리는 포옹했고 그분은 요정 대모처럼 내게 입을 맞추었다. 나는 브루클린 다리에 닿기도 전에 택시 안에서 잠이 들었다.

마침내 학교에서 해방된 나는 저녁과 주말 시간을 영화와 음식, 예술로 채웠고, 자유를 누리는 방법의 하나로 직장 인근 커뮤니티 센터의 조소 과정에 등록했다.

강사인 조 러소는 30대 중반으로 추정되었지만 그보다 열 살은 어려 보였다. 예술가는 대개 나이보다 어려 보이는 것 같았다. 뉴욕에서 많은 예술가를 만나다 보니 그들의 활기차고 관습에 얽매이지 않는 자유로운 생활이 나이를 잊게 해준다는 느낌을 받았다. 조는 검은 곱슬머리를 정수리에 동그랗게 말아 묶었고 자주 웃었는데, 웃을 때마다 눈가에 주름이 부채 모양으로 퍼졌다.

내 옆자리 수강생은 몇 년 전부터 조의 제자로 지낸 은퇴자였는데, 그의 말에 따르면 조의 아버지가 유명 조각가인데 두 사람 사이가 안 좋다고 한다. 조는 편안하고 친절한 성격이었기에, 두 사람의 사이가 별로라면 조의 아버지에게 문제가 있었을 거라는 생각이 들었다. 대담하게 예술가의 길에 들어서서 예술을 추구하는 아름다운 인생을 산다 해도 그 사람이 항상 아름답다는 뜻은 아니었다.

수업 장소는 이스트브로드웨이의 높은 스튜디오 건물이었다. 그 수업에는 항상 모델이 있었다. 내가 가장 좋아한 모델은 현대 무용가처럼 엉덩이가 두껍고 힘 있는 한 여자였다. 첫 번째 포즈 때 모델은 단 위에 앉아 몸을 비틀었다. 나중에는 한 다리를 살짝 앞에 놓고 기우뚱하게 서서 두 팔을 머리 위로 잡았다.

조는 수업 때 클래식 음악을 틀었는데 리스트에 진력이 나면 삼바나 아르헨티나탱고도 틀었다. 나는 음악의 물결 속에서 점토를 쌓아 뼈대를 세우고, 길쭉하게 굴려서 허벅지나 팔을 만들고, 귀 붙일 자리를 쐐기 모양으로 표시했다. 나는 조물주가 되어서 실물 크기의 10분의 1 정도 되는 진흙 인형을 빚었다. 아무것도 없던 곳에 얼굴이 만들어지고, 굽은 다리가 생기고, 손톱과 잔주름이 새겨진 비현실적인 손가락이 생겨났다. 조에게서 재능 있다는 칭찬을 받은 건 아니지만 나는 어린 시절 그림을 그릴 때처럼 하나가 된 기분을 강렬하게 느꼈다. 인종 문제나 가족 문제에 신경 쓸 때처럼 겉도는 느낌이 없었다. 예술을 할 때 나는 완전하고 강력한 인간이 된 것 같았다.

조는 학생들 사이를 돌아다니며 작업을 도와주었지만 나

는 내 작품에 남의 지문이 찍히는 것을 원하지 않았다. 미니삽 또는 모종삽을 닮은 도구들은 신비로웠다. 눈꺼풀을 만들려면 그 자리에 금을 내고 점토를 위로 살짝 밀어 넣으면 된다는 걸 아는가? 교통 카드 모서리로 점토를 긁으면 표면이 매끈해진다는 걸 아는가? 몸통 부분을 왼쪽으로, 엉덩이를 오른쪽으로 비틀면 더 역동적인 자세로 보인다는 건?

그러던 어느 날, 화실에서 어사 키트가 고양이 같은 목소리로 부르는 노래를 들으며 모델을 바라보다가 내 작업대 위 진흙 인간에게 눈길을 돌렸는데 갑자기 이 세계와 평행한 다른 세계의 굉장히 오래된 숲에서 아주 오래된 나무가 두 쪽으로 갈라져 쓰러지는 모습이 보였다. 그 소리가 큰 숲을 울렸고, 산소 가득한 깨끗한 공기 중에 먼지 구름이 피어올랐다. 깨진 나무줄기의 물기 머금은 붉은 속살이 세상에 드러나서 숨을 쉬었다. 이런 파괴 속에서 자연이 생명을 호흡했다. 먼지가 가라앉자 숲의 광경이 드러났다. 내가 흙과 잔해 속에 삽을 들고 서서 죽은 자들의 유해를 찾고, 그걸 이어 붙여 되살리려 하고 있었다.

'하지만 여기는 숲이 아니라 화실이야.' 나는 생각했다. '조가 우리 잘못을 조용히 고쳐주고, 내 옆자리 수강생은 나직이 노래를 흥얼거리고(이브 몽탕의 〈세시봉〉이었다), 나는 콧대를 만들고 있어.' 내가 진흙 몸체에 진흙 다리를 붙이자 갑자기 그 완전성이 내 작품을 살아 있게 했다. 9.11에서 태어난 이미지가 펼쳐지는 숲 세계가 있고, 이스트브로드웨이 화실의 세계가 있었다. 어느 쪽도 나더러 죽어가는 사람들을 구하라고 하지 않았다. 오히려 평생 해온 일 (활동 공간을 얻기 위해 배경에 숨어서 열심히 관찰한 일) 덕분에 나는 눈이 발달했다. 이제 이 강력한 눈은 숨고 도망가는 대신 무언가를 만드는 것으로 진정한 효용을 발휘할 수 있었다. 그 순간(세시봉[*]) 나는 죽은 것을 찾지 말고 살아 있는 것을 표현해야 한다는 걸 알았다.

---

[*] 세시봉 C'est si bon은 프랑스어로 "정말 좋다" "이렇게 좋을 수가!"라는 뜻이다.

산행

어느새 여름이 다가왔고 뉴욕 생활도 열 달이 지났다. 유예 기간이 끝나갔다.

상사는 1년 재계약을 제안했고 나는 뉴욕에서 예술을 하고 싶었다. 하지만 솔직히 말하면 내가 로스쿨에 가기 싫은 큰 이유는 네이트 때문이었다.

네이트와 나는 9.11이 일어난 지 몇 달 후에 데이트를 시작했는데 그는 처음부터 난처해했다. 프린스턴과 뉴욕은 거리가 제법 되었기 때문이다. 그는 계속 똑같은 말을 했다. "내 자리는 여기야. 내가 가장 잘하는 건 지금 내 앞에 있는 일이야." 나는 뉴욕과 프린스턴의 거리는 그렇게 멀지 않다고, 나는 아직 그의 앞에 있다고 말했다. 하지만 하버드대가 있는 케임브리지시라면 사정이 달랐다.

다가오는 부활절에 네이트의 집안에 일이 생겼다. 어머니가 말기 암 진단을 받은 것이다. 전화로 소식을 전하는 그에게 나도 모르게 처음으로 사랑한다고 말했다. "고마워." 그가 대답했다. 사랑한다는 대답이 돌아오지 않았지만 신경 쓰지 않았다. 사랑이란 연민을 전하는 방식 아닌가? 상대가 겪는 일에 대한 연민, 고통에 대한 연민, 그러니까 연민하고 사랑한다고.

일주일 후 그가 몬태나에서 전화했다. 아버지께서 우중 캠핑을 갔다가 걸린 목감기가 낫지 않아 검사해보니 암이라는 진단을 받았다고 했다.

"다음 주에 짐을 챙기러 학교에 갈 거야. 그런 뒤에 한동안 여기서 지내야 할 것 같아." 그가 말했다.

나는 그의 공부는 어떻게 되는 건지 먼저 생각하고 그다음으로 우리 일에 대해 생각했다. 내가 사랑한다고 말했고 그는 고맙다고 대답했다.

나는 통근 기차로 허드슨밸리에 있는 콜드스프링으로 갔다. 중심가에 위치한 가게에서 등산 지도를 샀다. 흐린 하늘에 구름이 말총처럼 가늘게 걸려 있었다. 등산길에는 커플과 가족과 개들이 가득했는데, 정상에 가까워지니 한산했다. 내 눈은 등산길 표시(하얀 사시나무에 그린 파란 네모)를 바쁘게 찾았다. 발로는 바위를 성큼성큼 디뎠다. 머릿속에는 전날 엄마와 나눈 대화가 맴돌았다. 그날 거기 간 게 그 때문이었다.

엄마는 숨을 헐떡이며 전화를 받았다. "세라가 생일 파티를 했는데 친구 몇몇이 집까지 왔어." 아이들이 뒤에서 비명을 질렀다. "그런데 네 목소리가 안 좋네. 무슨 일이니?"

"하버드대에 편지를 보냈어요."

"뭐라고?"

"1년 더 휴학하겠다고요. 그러래요."

"'1년 더'라니?" 엄마의 목소리가 날카로워졌다.

"비영리 재단에서 1년 더 일하면서 상황을 보려고요."

"대학원에 안 가면 제대로 성공할 수 없어!"

"대학원에 안 간다고 말하지 않았어요. 그냥 로스쿨은 아니라는 거예요."

"너는 너한테 뭐가 필요한지 몰라." 아이들 비명이 잦아든 자리를 엄마의 높은 목소리가 메웠다.

"엄마 인생이 아니에요. 나는 언제 내 인생을 살아요?"

"맞아, 내 인생이 아니라 네 인생이야. 네가 인생을 망치면 내가 뭐라고 하건 아무 의미 없으니까 알아서 해."

오래전에 동물원에서 몇 미터 길이 줄에 묶여 산 새끼 코끼리 이야기를 들었다. 그 코끼리는 성장한 후에 줄을 풀어주었는데도 익숙한 그 작은 공간을 벗어나지 않았다. 자신이 다 컸다는 것, 자신에게 그곳을 박살낼 만한 힘이 있다는 걸 몰랐다. 나는 이 이야기에 등장하는 코끼리가 나일까 엄마일까 생각해보았다.

"그 일을 하면 행복할 것 같지?" 엄마가 말했다. "넌 행복이 뭔지 몰라. 나는 널 위해 많은 희생을 했어. 나에겐 내 인생이 없었어. 너는 행복이란 자유, 발견, 아무거나 생각나는 대로 행동하는 거라고 생각하지? 혜승아, 내가 하나 말해줄게. 행복이란 진짜 성공을 추구할 능력과 의지가 없는 별 볼일 없는 사람들이나 추구하는 거야. 판잣집에서 가난뱅이로 살면서 행복할 거 같니?"

"성공하는 방식은 여러 가지가 있어요, 엄마."

"확실한 성공의 길이 있는데 왜 그걸 마다해? 왜 그렇게 불행의 길을 가려고 해?" '왜'라는 말이 철썩철썩 귀를 때렸다. "이런 기회를 못 잡아서 안달인 사람이 얼마나 많은데 그걸 왜 몰라? 그 사람들은 행복 어쩌고 떠들지 않아! 행복은 신기루야!"

전화를 끊고 잠시 후에 울음이 터졌다. 가슴이 미어졌다. 엄마는 내게 생명을 줬지만 그걸 도로 가져다가 자신이 쓰려고 했다. 내가 처음으로 단순한 인생에 만족하며 살고 있는데 엄마는 두려워했다. 미국에 대한 두려움인가? 아니면 나에 대한? 아파트 문이 열리고 루신다가 돌아왔다. 멈추려 해도 울음이 그치지 않았다. 편두통이 와서 눈을 감았다. 그러다 잠에서 깬 뒤 콜드스프링으로 가는 기차를 알아보았다.

정상까지는 두 시간이 걸렸다. 산 정상에 오르자 풀숲에 앉았다.

    푸른 숲과 계곡을 내다보면서 내가 걸어온 길과 추구하지 않을 무수한 꿈을 생각해보았다. 어떤 길은 내 앞에 열려 있고, 어떤 길은 중간에 닫힐 것이고, 또 줄에 묶인 코끼리처럼 내가 지레 포기할 길도 많을 것이다. 나는 내 상상력의 한계가 성장 과정의 한계라고 느끼며 다시 한번 재능이 많은 엄마를 생각했다. 내게 재능이 있다면 엄마에게서 왔을 것이다. 재능talent이라는 말은 《성경》 속 달란트라는 동전에서 유래되었다.* 정말로 재능이 동전이라면 엄마는 자기 것을 평생 쓰지 않고 있다가 그 일부를 내게 주면서 "꼭 간직하렴. 아주 귀중한 거란다" 하고 말했다. 하지만 재능은 동전처럼 써야 가치 있는 것 아닌가? 그것은 우리 손을 떠나 세상에서 쓰일 때만 결실을 맺는다. 나는 처음으로 내 예술에 대해 생각해보았다. 나는 부모님에게 그 이야기를 하지 않았다. 그분들이 이걸 무시하면 참을 수 없을 것 같았기 때문이다. 그리고 철학과 시절의 친구들도 떠올렸다. 그들은 실패해도 자신의 아이디어를 밀고 나가고 다른 것들에 도전할 공간을 허락받았다. 하지만 내게 부모를 거역하는 것은 그들에게 칼을 꽂는 것 같은 배신으로 느껴졌고 나는 살인자가 되고 싶지 않았다.

    '이 색채를 평생 기억할 거야.' 나는 생각했다. 나무들 위

---

* 《성경》〈마태오 복음서〉 25장 14~30절.

로 서늘한 청색 하늘이 펼쳐지고, 그 중앙부에 저무는 해가 주황색 선을 그렸다. 그 선이 가늘어지자 하늘 양쪽이 다시 봉합되었고, 이제 하산할 시간이 되었다. 나는 올라갈 때처럼 등산길 표시를 보며 바위에서 바위로 뛰었다. 하산하는 시간이 약간 더 오래 걸렸다. 때로는 떠나는 것보다 돌아오는 게 더 어렵기 때문이다.

산 아래 내려왔을 때 나는 내가 엄마의 소원에 따를 것을 알았다.

7부

베리타스

지나친 의무, 조밀한 규칙

하버드대 로스쿨 1학년생은 모두 500명이었다. 학생들 간 우애를 다지고 교수와 학생 관계를 증진하기 위해 이 많은 인원을 80여 명씩 나누어 반을 구성했다. 로스쿨 안의 작은 로스쿨인 셈이다. 각 반 학생들은 전 과목 수업을 함께 들었다. 계약법, 형사법, 민사소송법, 불법행위법, 재산법, 법률 문서 작성 실습.

오리엔테이션이 열린 주말, 나는 네이트와 함께 로스쿨 북쪽에 위치한 소머빌시의 아파트로 이사했다. 소머빌이 케임브리지보다 집세가 쌌고, 대학원생, 비영리 단체 직원뿐 아니라 파티를 좋아하는 터프츠대 학생도 많았다. 월세 600달러에 네 명의 룸메이트와 함께 거주했다. 내 책, 가구, 옷에 비하면 네이트의 짐은 소략했다. 그가 대학원 연구실에서 짐을 싸서 나오는 데는 한 시간밖에 걸리지 않았다.

그가 몬태나로 돌아가기 전날 밤 우리는 이제 가까운 보스턴에 사는 친구 제이미를 만났다. 제이미는 프린스턴대 시절처럼 언제나 있는 그대로를 말했다. 그는 네이트가 부모 때문에 학업을 유예하는 일을 이해하지 못했다. "우리 부모님이라면 당신들 병환 때문에 내게 피해를 주고 싶지 않으실 거야."

"그러면 너는 부모님을 안 돌본다는 거야?" 내가 의아해서 물었다.

"응, 안 해. 부모님이 사람을 구하시겠지. 나는 그냥 생각날 때 찾아뵐 테고."

나는 뭐라고 대답해야 할지 몰랐다. 남을 위해 희생하는 게 인생 아닌가.

이후 네이트를 공항에 내려주고 캠퍼스로 돌아와 책을 샀다. 전부 하버드대 교수들이 쓴 책으로 《성경》처럼 가죽 장정에 금장을 했다. 로스쿨 1학년생들이 서점과 학생회관을 배회했다. 공기 중에 여러 해 전 대학 오리엔테이션 때 같은, 불안하고 성적性的이라 할 만한 에너지가 떠돌았다. 다른 점은 이제 우리가 성인이라는 것이었다.

그날 저녁 우리 반은 대형 강의실에서 〈앵무새 죽이기〉를 감상했다. 로스쿨 행정실에서 마련한 오리엔테이션 행사였다. 진지한 로스쿨에 약간의 재미를 보태려는 시도였다. 그때가 1년을 통틀어 우리가 긴장을 풀 수 있던 마지막 시간이었다. 한편 네이트는 멀리 몬태나에서 부모의 식사와 약을 챙기고 항암 치료실로 모셔다드리는 생활을 시작했다. 나는 그가 그리웠고, 그의 인생이 사랑의 양면인 자유와 의무 사이에 멈추었다는 생각에 걱정스러웠다. 같은 동전에서 제이미는 앞면을, 네이트는 뒷면을 선택했다. 나는 사람들이 어떻게 그 진실을 받아들이고도 죽고 싶지 않다고 생각하는지 알 수가 없었다.

보스턴은 뉴욕과 네 시간 거리로, 휴스턴-댈러스 거리쯤 되어서 나는 자연스럽게 보스턴은 뉴욕의 좀 더 여유로운 버전일 거라고 생각했다. 그 예상은 틀렸다. 우선 겨울이 달랐다. 한밤중에 도서관에서 자전거를 타고 집에 갈 때면 펑펑 내리는 눈이 뒷바퀴에 달린 짐 가방에 쌓였고, 나는 눈에 덮여 고요해진 세상을 바라보면서 대학 마지막 해에 엄마와 나눈 대화를 되새겨보았다.

"로스쿨에 가면 다른 사람들한테 많은 자극을 받을 거야. 아마 꿈결 같을 거야. 한번 해봐." 엄마의 목소리가 울렸다.

'한번 해봐.' 나는 반짝이는 빨간 사과를 받아들었고 이를 깨무는 비용을 헤아리지 못했다.

비용은 사실 쉽게 계산되었다. 연 5만 달러의 학비, 책값, 컴퓨터, 월세, 자전거. 프린스턴대에 가느라 부모님이 대학에서 저리 대출을 받았고 내게는 3만 달러의 학자금 융자 빚이 남았다. 하지만 로스쿨에 대한 금전 지원은 부모님 계획에 없었다. 두 동생을 키우고 있는데다가 멀리 살았기 때문에 다른 지원도 없었다. '내가 아프면 엄마가 나를 돌봐줄까?' 코감기에 걸렸을 때 자기 연민에 잠겨서 생각했다. "한번 해봐"라는 말은 노력을 쉽고 가벼워 보이게 했지만 하버드대 로스쿨은 힘들고 돈도 많이 들었다.

공부 자체는 재미있었다. 하지만 그 재미도 노력에 비하면 미미했다. 이번에도 나는 대충 넘어갈 생각이 없었다. 로스쿨 1년생 표준에 따라 색색 형광펜을 들고 판례법을 읽고(사실에는 노란색, 선례에는 녹색, 법률문제에는 분홍색, 결정에는 주황색, 이의에는 파란색), 강의 개요를 정리하고 또 정리했다. 법학 자체에는 매료되지 않았지만(친구들이 틈틈이 형사법 판례의 정책적 함의를 토론하거나 어느 대법관이 재판 연구원들을 가장 힘들게 하는지 이야기하는 것을 인류학자의 시선으로 관찰했다), 1년생에게 주어진 학업의 양 덕분에 법학 자체를 인정하고 그것이 인간적인 학문이라는 걸 이해할 수 있었다. 그것은 끊임없이 경계를 허물고, 규칙을 분명히 적용해 정의란 무엇인가 또는 필요한 일이 무엇인가에 대한 2차적 질문으로 이어졌다.

"돈이 엄청 많아서 뭐든지 가능하다면 뭐부터 할 거야?" 언젠가 내가 잠들기 전에 네이트에게 물어보았다. 그의 머리 냄새도 맡을 수 있을 만큼 가까웠는데, 그의 머리에서는 냄새가 아니라 샴푸 향이 났다. 그가 사람이 아니라 하나의 이론인 것처럼.

"지금 하는 일을 그대로 할 거야." 그가 의아한 듯 말했다.

로스쿨 입학 후 처음 몇 주 동안 나는 이 짧은 대화를 자주 떠올리며 내 인생은 꿈이 아니라 의무와 규칙으로 채웠다는 걸 다시금 절감했다. 그러는 사이 동료 학생들은 교수의 돌발 질문들을 받아냈다. 야심과 의욕이 넘치는 그들은 관심 있는 자기 분야에서 큰일을 할 것 같았다. 나는 그들의 동료로서 내게도 재능이 있다고 생각하려고 했다. 내게도 꿈을 추구할 자격이 있지 않나?

그 꿈은 주변 형체들에 따라 규정되는 윤곽선일 뿐이었다. 내가 가졌다가 놓아버린 그 형체들 중에는 로스쿨도 있고, 조 러소의 조소 수업도 있었다. 조소 수업은 기억 속에 멀어지면서 오히려 신성해졌다. '살아 있는 것을 표현'하는 것이 현실에서 무얼 의미하는지는 알 수 없었다. 나는 학교를 그만두고 싶고, 취업해서 현실에 진실을 불어넣고 싶었다. 하지만 마음의 준비가 되어 있지 않았다. 나는 아직도 부모님에게 떳떳해야 한다고, 그들이 시키는 걸 해야 한다고 느꼈다. 그리고 내 강박의 이유를 이해하기 위해 종교를 찾듯 다시 철학에 기댔다.

그렇게 나는 로스쿨 1학년 1학기, 동기들이 《블루북》*을 들이파고 있을 때 레드라인 지하철을 타고 종점에서 내린 뒤

---

* 법률 관련 인용 지침서.

초겨울 안개를 뚫고 어느 건물에 갔고, 그곳에 놓인 칸막이 안에서 GRE 시험을 보았다. 그리고 몇 주 동안 자기소개서를 쓰고 추천서를 받아 철학 박사 과정에 지원했다.[*]

로스쿨은 의무에 대한 답이었다. 그 반대편인 뉴욕이 예술 활동, 자유, 그리고 꿈이 자리 잡기 전까지 수많은 경험을 해볼 공간이라면, 철학은 제3의 길, 타협점이 될 것 같았다.

---

[*] 미국의 많은 로스쿨이 법무 박사JD와 일반 박사 학위PhD를 함께 취득할 수 있는 JD/PhD 과정을 운영한다. 이 과정에 입학하려면 법무 박사와 일반 박사 학위 과정을 각각 별도로 합격해야 한다. GRE는 미국 대학원 입학을 위한 시험이다.

결단

봄 방학이 왔고 하늘 틈새로 비가 쏟아졌다. 세상은 며칠 동안 편안히 울었지만 내 눈에서는 눈물 몇 방울만 간신히 나왔다.

일기에는 지난가을의 활기가 사라져 있었다. 9월에, 그러니까 하버드대에 남아 대학원에 진학하기로 결정한 뒤 ("드디어 우리 집안에 **양반**이 나왔네!" 하고 부모님은 기뻐하셨다) 나는 찰스강변의 깨끗한 학생 아파트인 '피바디 테라스'에 입주했다. 나는 즐겁고 의욕이 넘쳤다. 무엇이든 달려들어 성취하고자 했다. 그러다 10월부터 글이 짧아졌다. 피곤하다는, 잠이 안 온다는 문장 몇 줄로 끝났다. 그러던 중에 전염 단핵구증(단핵구증)이라는 진단을 받았다. 생명에 지장은 없지만 끈질긴 이 병은 별명이 '키스병'이고 보통 중학생 나이에 걸리는데,

그때 내 나이는 스물다섯이었다.

그렇게 다음 해 3월이 되었다. 나는 몇 달 동안 하루 세 시간 이상 잠들지 못해 환각을 느끼기 직전이었고, 단핵구증(실제로는 우울증)에 붙들려 있었다.

나는 지도교수 헨리크(독일 출신의 아리스토텔레스 전문가다)의 조언에 따라 수업 부담을 줄였다. 헨리크는 단핵구증에 대해 "어디서 걸렸어요?" 하고만 물었고, 나는 "미사 때 마신 포도주잔에서 옮은 것 같아요" 하고 대답했다. 미성년자가 주로 걸리는 병을 앓는다는 게 민망했다. 그는 일단 회복이 중요하고 수업은 나중에 따라잡으라고 했다. 현실적이고 독일인다운 조언이었지만 그것도 통하지 않았다.

나는 '일'에서 나의 가치를 찾았다. '일'과 '가치'가 한데 묶여 있기에 한쪽이 망가지면 다른 쪽도 망가졌다. 내게 필요한 것은 학부 4학년 때 이브의 도움으로 의무실로 갔던 것 같은 과감한 조치였다. 하지만 이브는 캘리포니아에서 박사 과정 중이라 곁에 없었다. 아무도 없었다. 그래서 나는 혼자 의무실에 갔다.

"여기서 자도 되나요?" 의사에게 물었다.

"왜 여기서 주무시려고 하나요? 입원이 필요하다면 제대로 된 병원에 가셔야 할 것 같은데요."

"큰 문제는 없거든요." 내가 중얼거렸다. 큰 문제는 없지만 만성 불면증 때문에 일과 가치에서 분리되어 있었다. "그냥 며칠 동안 조용히 잠잘 곳이 필요해요." 이 의사는 왜 프린스턴대 의무실의 간호사와 달리 행간을 읽지 못할까?

"차트를 보니 10월에 단핵구증 진단을 받으셨군요. 그건 나았나요?"

"안 나은 것 같아요. 늘 피곤한데 단핵구증 때문인지 불면증 때문인지 모르겠어요."

의사는 주거 환경에 대해 물었다. 피바디 테라스의 내 아파트는 원룸형이었다. 나는 풍수지리 원리에 따라 침대와 거실 사이에 책장을 놓았지만 집의 모든 것이 기에 좋지는 않았다. 아빠는 내 집이 4층이라며 말했다. "4층은 13층보다 나빠." 한국에서 숫자 4는 죽음을 뜻하는 사死 자와 글자와 발음이 같기에 불길한 숫자로 여겼다.

의사가 물었다. "수면 위생 규칙을 지키시나요?" 하지만 그는 별문제 없다는 듯 아무것도 적지 않았다. "30분 이상 잠이 안 오면 침대에서 일어나 책을 읽으세요."

"책을 읽어요?" 손도 안 댄 칸트와 플라톤, 저명한 번역의 에픽테토스 책을? 의사 말을 들으면 잠을 자는 건 아주 간단한 일 같았다.

의사가 결국 수면제 졸피뎀(앰비엔)을 거론하자 나는 답답해졌다. 그는 입원은 꺼리면서도 약 처방은 주저하지 않았다! 나는 피곤해서 항의도 할 수 없었고 의사가 처방전을 쓰는 짧은 시간 동안 눈을 감았다.

"다음에 오시면 항우울제를 처방해드릴게요." 어둠 속에 의사의 목소리가 들렸다. 나는 한쪽 눈을 떴다. "하지만 지금은 일단 잠을 자도록 노력해보세요." 의사가 말을 마쳤다.

약국에서 나와 주황색 알약이 든 약통을 흔들어보았다. 알약들이 살아 있는 듯 달가닥거리는 것이 방울뱀 꼬리 소리처럼 위험하게 들렸다. '이건 아무 도움 안 돼.' 나는 우울해하다가 마음을 고쳐먹었다. 어쩌면 이게 만병통치약이라고, 잘 들을 거라 믿으면 효과가 있을지도 모른다고. 하지만 의무실 진료 후에 나는 더 우울해졌다. 의사는 이렇게 슬픈 게 내 잘못인 걸 모르나? 그게 나라는 사람의 고유한 약점 때문이라는 걸?

나는 가랑비를 맞으며 하버드스퀘어를 떠나 집으로 갔다. 내가 열일곱 살이었다면 이 길을 걷는 게 얼마나 큰 의미였을까? 이제는 하버드대가 선망의 대상이 아니라 현실이었지만 여기 와서도 행복은 잡히지 않았다. 집에 도착하니 비가 폭우로 변했다. 나는 약병을 책장의 성모상 옆에 놓았다. 성모상은 첫 영성체 때 엄마가 준 선물이었다. 그날 저녁 나는 약을 먹고 열너댓 시간 동안 자다 깨다 하면서 다섯 시간을 잤고 그 어느 때보다 더 진이 빠졌다.

나흘 후에도 비는 계속 내렸다. 의무실에 다녀온 뒤 나는 밖에 나가지 않았다. 끝없는 시간을 보내려고 좁은 아파트를 서성거리고, 슈퍼에서 산 잡지를 뒤적이고, 캐모마일 차를 마시고, 마음 챙김 명상을 하는 등 온갖 시도를 했다. 그러다 창밖으로 비에 젖은 주차장을 보고 문득 휴스턴에 전화를 걸었다. 전화가 연결되는 동안 가습기의 빈 물통을 들고 욕실로 갔다.

"별로 잘 못 지내요"라는 내 말을 들은 엄마는 한숨을 쉬었다.

"좀 쉬어봐." 엄마가 말했다.

"쉬고 있어요." 차, 목욕 소금, 온수 샤워, 냉수 샤워, 미온수 샤워, 아로마테라피, 다량의 라벤더. 나는 휴식에 관한 한 최선을 다한 것 같았다.

"오늘 수업에 갔니?"

"봄 방학이에요."

"그래, 좋아. 공부는 천천히 해. 걱정하지 말고."

나는 "엄마는 내 공부에 대해 말할 권리가 없어요!"라고 하고 싶었지만 그냥 "공부에 처지고 있어요" 하고만 말했다.

"그래서 그렇게 목소리에 힘이 없는 거니?"

나는 엄마가 나를 달래주기를 바랐다! 하지만 그건 순진한 생각이었다. 엄마는 오래전부터 나를 달래주지 않았다. "여러 가지로 힘든 거 같아요."

"'힘들다'는 게 뭐니?" 엄마가 불쾌한 듯 물었다.

"공부를 할 수 없어서 힘들어요."

"그냥 받아들여. 아프니까 공부에 처지지. 단핵구증은 암

이 아니야. 왜 그런 일로 낙심해? 너는 하버드대에서 학위 두 개를 공부하고 있어! 몸도 건강하고 많은 기회를 받았어."

나는 입을 다물고 내가 엄마 말대로 부끄러워해야 하는지 생각해보았다.

엄마가 말했다. "길거리 노숙자한테 하버드대에서 박사 딸 기회를 주겠다고 하면 그 사람이 거절할 거 같니? 너는 사지 멀쩡하고 배곯을 일 없고 강이 내다보이는 좋은 아파트에 살아. 노숙자가 널 보면 뭐라고 하겠니?" 엄마의 목소리에는 다정함이나 위로는 없고 공격성만 있었다.

"노숙자를 예로 드는 건 기준이 너무 낮은 것 같아요."

"그게 왜 기준이 낮아?"

내 속에 분노가 화르르 일었다. 나는 항상 엄마와 중간에서 만나는 게 아니라 엄마의 위치로 가서 엄마의 언어로 이야기해야 했다. 내가 소리쳤다. "노숙자가 원하는 건 먹을 것과 집이잖아요! 길바닥에 앉아서 신문 읽는 거밖에 할 일이 없다면 당연히 그러지 않나요?"

엄마도 소리쳤다. "너는 옛날부터 태도가 나쁘고 하느님이 주신 기회에 감사할 줄 몰랐어! 다른 감정이 들어도 무시하고 정신 차려. 네가 힘들다고? 너보다 힘들게 사는 사람이 얼마나 많은데!!"

나는 손을 덜덜 떨며 전화기를 내려놓았다. 갑작스러운 고요 속에 엄마의 목소리가 윙윙 울렸다. 엄마는 자신의 경험

(가난했던 경험, 꿈을 이루지 못한 경험)을 바탕으로 말했다. 엄마 자신이 나보다 힘들게 사는 사람들 중 한 명이었다. 엄마가 그 노숙자였다.

나는 욕실 거울을 보았다. 몇 달 동안 수도 없이 들여다본 거울이고, 거기 비친 내 모습은 똑같았다. 남동생이 입던 잠옷 바지. 자주색 스웨터와 목이 쪼그라든 셔츠. 나는 컨디션이 좋을 때도 화장을 잘 안 했지만, 오늘 욕실의 흐린 조명 속에서 바라보는 내 얼굴은 평소보다 더 무방비 상태 같았다. 그리고 분노로 벌겋기보다 피로로 창백했다. 내 영혼도 무방비 상태 같았다. 눈을 깜박이자 거울 속 내 얼굴도 눈을 깜박였다. 그 순간 내게는 변화가 필요했다. 불면증에 시달리던 몇 달 동안 내가 나의 훌륭한 동반자가 아니라는 것, 내가 하는 모든 생각이 스스로에게 무수한 상처를 입힌다는 것을 깨달았다. 분출하지 못하고 반추만 거듭하는 것이.

세면대를 내려다보았다. 가습기 물탱크에 물이 흘러넘쳤다. 바닥에 던지자 물탱크는 산산조각 났다.

물이 사방에 흘렀다.

끝났어. 나는 결심했다. 다시는 엄마하고 대화하지 않을 거야.

처음으로 한 맹세는 아니었다. 엄마는 내가 어렸을 때와 똑같았다. 매일 새벽 5시에 일어나 식구들이 토스트로 끼니를 때우지 않도록 한식을 차려놓고 병원에 출근하는 사람. 핼러윈 의상도 가게에서 파는 건 불에 잘 탄다고 직접 손바느질해 만들어준 사람, 우리가 아플 때 옆에 누워서 노래를 불러주고 재미난 이야기를 해준 사람. 하지만 나는 열여덟 살 이후로 그 엄마와 함께 살지 않았다. 이제는 전화기 너머의 목소리, 먼 곳의 폭풍일 뿐이고, 멀리 있는 엄마는 그때 같은 도움을 줄 수 없었다. 그 사랑은 실용성이 줄고 엄격함은 커졌고, 지난 몇 년 동안 우리 관계는 이런 통화를 한 뒤 내가 엄마에게 외면받은 대가로 엄마를 외면하는 패턴이었다. 하지만 그러고 나면 며칠 후에 다시 전화해서 죄송하지 않은데도 죄송하다고 했다. 마음속으로는 다짐했다. '이제는 정말 엄마한테 전화하지 않을 거야. 난 여기 없을 거니까.' 엄마가 원하는 걸 다해도 충분하지 않았다. 외면의 악순환은 끝났다.

 욕실 바닥을 치울 때 울고 싶었지만 눈물이 나오지 않았다. 물은 다른 곳에, 그러니까 욕실 바닥에 흘렸고, 창밖에도 비가 되어 내렸다. 네이트한테 전화할까? 내 안에 고통이 있었다. 그가 이 고통을 덜어줄 수 있을까?

 네이트는 프린스턴대에 돌아왔다. 작년 여름 아버지가 회복세에 들어섰고 어머니는 돌아가셨다. 10월 이후 그는 주말마다 우리 집에 와서 장보기와 빨래를 도왔다. 그는 언제나 과학 연구 생각뿐이었지만 인간적인 의무감으로 와주었다. 로스쿨 친구도 대학원 친구들도 나를 돕지 않았다. 내가 힘들게 부탁해도 그들은 물러서면서 "미안, 바빠서 아플 틈이 없어" 하고 말했다. 네이트가 내게 베푼 것(그리고 지난해에 자기 가족에게 베푼 것)은 계산이 가능했다. 그는 금요일마다 은행 잔고를 200달러씩 축내며 기차를 타고 왔다.

엄마와 멀어진 뒤 나는 네이트가 엄마의 대체제인 것마냥 그에게 매달렸다. 우리 관계는 지성적 탐구를 중심으로 한 것 아니었나? 그는 초기 우주를 탐구하고 나는 인간 사상을 탐구하는. 하지만 우리의 현실은 아름답고 순수한 탐구 대신 네이트가 자기 부모를 돌본 것처럼 나를 돌보는 관계였다. 나는 생각했다. '네이트한테 전화할 거야. 마지막이 아닌 것처럼 최후통첩을 할 거야.' '오늘 네이트가 안 오면 남은 수면제를 다 먹을 거야.' '오늘 네이트가 없다면 세상 무엇도 내 고통을 덜어줄 수 없어.' p가 참이면 q도 참이라는 극히 단순한 명제였다.

그가 연구실 전화를 받았고 우리는 대본을 따르는 것처럼 대화했다. 그래, 바빠, 연구실이야, 금요일에 갈 건데 뭘. 이틀 남았잖아! 하지만 그는 결국 타협책으로 내일 오도록 해보겠다고 했다. 그의 동료들이 내 징징대는 소리를 들었을까 걱정되었고 이렇게 약한 내가 싫었다. "지금은 밤이야." 네이트가 조심스레 달래면서 내일 오도록 노력하겠다고 했다. "그래, 내일." 내가 말했다. 우리는 "사랑해" 하는 말도 없이 전화를 끊었다.

나는 욕실 문에 기대서서 눈을 감고 네이트의 움푹한 눈, 몬태나의 여름 하늘처럼 푸르고 넓고 평온한 눈을 떠올려보았다. 나는 그의 내면을 알지 못했다. 내 내면은 처참했다. 적군 한 명 한 명이 다 내 얼굴을 하고 있는 전쟁터 같았다. 네이트의 아름답고 매끈한 얼굴 안쪽에는 무엇이 있을까? "나는 단순한 사람이고 아는 게 별로 없어. 겨우 몇 가지만 아는 정도야." 그가 세상 모든 지식을 품고 그루터기에 앉아 나무를 깎는 현자처럼 말했다. 하지만 네이트는 복잡했다. 내가 그 방식을 모를 뿐이었다. 나는 '내일'이라는 그의 말을 어떻게 생각했나? 그가 내 마음을 읽어주기를 바랐다. 내가 만난 인생 최초의 진짜 사랑에서 그가 사랑으로 모든 걸 다 알아주기를 바랐다. 필요한 것을 부탁하고 싶지는 않았다. 내게 필요한 것은 그가 와서 내 죽음을 막아주는 것이었다.

그러다 나는 갈팡질팡하는 내 마음에 진력이 나서 대걸레 자루를 던졌다. 며칠 동안 내가 한 일은 나에 대해, 내 인생에 대해 곱씹는 것뿐이었다. 이렇게 자기중심적이고 한심하다니! "성찰하지 않는 삶은 살 가치가 없다"던 소크라테스의 말에 동의할 수 없었다. 지나친 성찰은 무용함에 이를 수도 있었다. 나는 꼬리에 꼬리를 무는 생각과 고통을 끝내고 싶었고, 모두가 알 듯이 고통은 존재와 동의어였다. 자리에서 일어나 수면제 통을 들고 부엌으로 갔다.

식탁에 약을 쏟아보니 양이 상당했다. 그 모습에 목이 메었다. 나와 가장 가까운 사람들을 다시 떠올려보았다. 나는 언제나 엄마에게 외적인 것만 보지 말고 내 본성을 봐달라고 했지만 엄마는 내게 눈길을 주지 않았고, 결정적인 고통은 엄마가 나를 만들었다는 사실에서 비롯되었다. 나는 엄마의 진흙 인형에 불과했다. 수도사 같은 네이트의 인생에 박힌 몇 개의 혼돈 덩어리는 내가 만들어 넣은 것이었다. 그의 어머니는 너무도 살고 싶어 하셨지만 돌아가셨다. 생명 있는 존재들이 그토록 살기 위해 분투한다는 게 나로서는 놀라웠다. 나는 오래전에 인생이 객관적으로 좋은 것이라는 생각을 버렸다. 더는 분투하고 싶지 않았다.

나는 알약 더미 옆에 머리를 내려놓고 흐느껴보려고 했다. 고갈된 몸에서 얼마간이라도 진정한 감정을 꺼내보려고. 하지만 내 안에는 어떤 울림도 남아 있지 않았다. 주먹으로 테이블을 가볍게 치니 알약 한 알이 바닥으로 굴러떨어졌다. 나는 침대로 기어들었다.

창밖의 빗소리를 들으면서 나 자신과 싸운 많은 날들을 생각했다. 어째서인지 이 피로는 내 인생의 첫 장, 대부분 부모님이 썼다고 해도 과언이 아닌 그 시절부터 시작되었다. 그들을 비난하고 화낼 수도 있지만 나 역시 공범 아니었나? 이 모든 걸 어떻게 한마디로 요약할 수 있을까? 회복력? 비겁함? 눈가에 성모상이 보였다. 성모는 두 팔로 허공을 안은 채 한 발로 뱀의 머리를 밟아 세상의 악을 짓누르고 있었다. 나는 가족이나 사회의 사랑을 받지 않고도 무너지지 않고 버틸 수 있기를 바랐지만 그럴 가능성을 찾지 못했다. 대학원에서도 원생들이 논쟁하는 한 마디 한 마디가 벽돌이 되어 그들의 연구와 내 연구 사이에 담장을 올렸다. 그들의 연구는 온전하게 시작해서 풍성하게 끝나는 지적 여정이었지만 내 연구는 허약하게 시작해서 과정도 어째서인지 원시적이었다. 극도로 실존적이고 거의 종교적인 탐색(내가 인생에서 그런 일을 왜 했는가)이었기 때문이다. 내가 찾는 것은 무엇인가? 모든 것에 의미를 부여해줄 어떤 것, 하지만 그런 게 존재하는지 나는 몰랐다. 나는 나 자신의 주인이 되기 위해 수없이 시도했다. 프린스턴대에서 안식처를 찾다가 떠났고, 한국에서 단순한 삶을 살아보려 했고, 로스쿨에 이어 (타협책인!) 대학원에도 입학해서 부모님의 희생에 보답하고자 했다. 진정한 자아를 찾으려는 이런 끊임없는 시도와 실패가 나를 고갈시켰다.

두려웠나? 그랬다. 두려웠다. 내가 떠나면 내 몫이 사라진 만큼 세상의 고통은 줄어들 것이다. 네이트도 더 잘 살고 나보다 어울리는 상대를 만날 것이다. 죽고 싶었던 수백 번의 상황이 밀려들었다. 나를 진력나게 할 만큼 똑같았던 상황들(고등학교 4학년 때도 있었고, 대학 시절에는 셀 수도 없을 만큼 많았다), 그때마다 스스로 발견하지 못하던 내 인생의 가치를 다른 사람이 찾아준 덕분에 살아났다. 이제 나는 혼자였고 그 계산도 혼자 해야 했다. 나는 지난날 내가 꿈꾸던 곳에 왔지만 근본적으로는 아무것도 바뀌지 않았다.

    내일까지 기다릴 수가 없었다. 휴대전화를 내려놓고 성모상을 머리 옆, 베개 위에 놓았다. 혼자 살아 값나가는 게 없어서 많은 준비가 필요 없었다. 나는 수면제 전부를 물과 함께, 그리고 바깥세상과 함께 집어삼키고 눈을 감았다.

내가 고칠 수 없는 나

까마득한 시간이 지난 뒤, 낯선 방에서 혼자 눈을 떴다.

분위기가 기숙사처럼 썰렁했다. 침대 하나와 나무 서랍장이 보였다. 나는 환자복 차림으로 이불도 없이 자고 있었다. 추운 게 당연했다. 어젯밤에 응급실에 간 일이 서서히 떠올랐다. 그러니까 여기는 꿈이 아니라 내가 실제로 온 곳이었다.

바깥에서 기척이 들려 내가 문 밖으로 고개를 내밀었다.

"여기가 어딘가요?" 물컵 쟁반을 들고 가는 간호사에게 물었다. 환자복 입은 사람들이 좀비처럼 비척비척 지나갔다.

"단기병동STU이에요." 간호사가 걸음을 멈추지 않고 대답했다. 나는 얼른 알아듣지 못했다. 발음이 '스튜'처럼 들렸기 때문이다. 묵은 스튜 비슷한 냄새가 나는 복도에 안내판이 걸려 있었다. "매클린병원, 매사추세츠 벨몬트."

벨몬트는 케임브리지 서부의 부자 동네로 하버드대 교수들이 많이 살았다. 링거도, 심박 모니터 같은 기계도 없었다. 유리벽 너머에 간호사 스테이션이 있고, 그 앞에 내가 지난밤 몸을 떨며 누웠던 가죽 소파가 있었다. 간호사 한 명이 약을 종이컵에 담아 나눠 주었다. 좀비들이 약을 입안에 털어넣고 입을 벌린 뒤 간호사에게 혀를 내밀었다.

그동안 영화와 책에서 많이 봤기 때문에 겁먹을 상황이 아니라는 걸 알았다.

식당에 우울하게 앉아 내 몫의 시리얼을 들여다보고 있을 때 의사에게서 호출이 왔다.

"언제 퇴원하나요?" 내가 물었다.

"여기는 감옥이 아니라 정신 병원이에요." 의사가 말했다. "좋아지면 언제든 나가실 수 있지만 지금은 아닌 것 같아요." 의사는 잠시 말을 멈추었다. "어젯밤에 자살 시도한 것 알고 계시죠?" 나는 몸을 움찔했다.

의사는 웰부트린엑스엘(웰부트린)이라는 항우울제를 처방하겠다고 했다. "드셔보시고 몸에 이상이 없으면 용량을 두 배로 올릴 거예요. 쎄로켈도 드릴게요. 진정제라서 수면에 도움이 될 거예요."

다시 약물들. 내가 나를 고칠 수 없었기 때문이다.

그날 단기병동에서 네이트를 만났을 때 생각했다. '내가 결국 저질러버렸어. 네이트는 다크서클을 떨칠 수 없을 거야.'

나는 병실 근처 소파에서 그에게 오랫동안 매달려 울었지만 그것은 영혼이 아니라 목구멍에서만 나오는 마른 흐느낌이었다. 내면의 나는 죽음의 영토에 있었다. 죽었는데 몸이 내가 아직 살아 있다고 우기고 있었다. 피바디 테라스에는 층수가 높은 동들도 있었다. 그런 데 올라가서 몸을 던지면 어땠을까? 총을 쏘거나 손목을 그었다가 실패했다면? 그러면 사람들은 내 가슴에 난 구멍이나 팔을 감싼 붕대를 보고 사태를 짐작할 것이다. 하지만 수면제로 자살을 시도하다가 실패하면 그 상처는 모두 내면에 남는다.

손바닥 아래로 네이트의 어깨, 내가 사랑하는 이의 어깨가 느껴졌다. 그리고 어깨 아래로 삼두근과 견갑골(천사의 날개 같았다)이 오르내렸다. 나는 이 바위가 흔들리기를 바랐지만 그는 흔들리지 않았다.

"제이미네 말고 우리 집에 있지 그래?" 내가 몸을 떼며 물었다.

"제이미는 문제없어. 이따 네 집에 가서 정리를 좀 해줄게."

"힘들게 해서 미안해." 모든 사람이 너를 힘들게 하는구나.

"내 걱정은 하지 말고 네 걱정만 해."

"학교 사람들에게 뭐라고 하지? 봄 방학이 거의 끝났는데. 차라리 다리가 부러졌다고 말할 수 있었으면."

네이트는 자기 손을 내려다보았다. 강하고 남자다운 손, 회로를 납땜하고, 소프트웨어를 코딩하고, 산을 오르는 손이었다. 그는 글씨체가 작고 정교했고, 실수하지 않으니 지우개도 필요 없다는 듯 펜으로 작업했다. 나는 과학자나 수학자도 예술가처럼 연필을 선호할 줄 알았지만 아마 예술가는 실수를 개의치 않을지도 몰랐다. "어젯밤 사고는 다리 부러진 것보다 심각한 일이야." 그가 조용히 말했다. "밤새 널 찾았어. 네가 응급실에서 나온 다음에 어디로 갔는지 몰랐거든."

나는 이 일을 어떻게 알았는지 물었다.

"전화를 걸었더니 응급구조사가 받았어." 그가 말했다.

네이트는 코트 주머니에서 내 휴대전화를 꺼내서 돌려주었다. 통화 목록을 보았다. 대학 의무실 오전 2시 1분. 내가 혼미한 정신으로 전화를 건 것이다. "약을 먹었는데 잠이 안 와요. 의사가 이거 먹으면 잠이 잘 수 있다고, 일단 자라고 했어요." 내가 교환원에게 말했다.

문병 시간이 끝났고 네이트가 금방 다시 오겠다고 했다. "뭐 사다 줄까?"

"먹을 만한 거 좀. 여기 스크램블드에그가 너무 묽어."

네이트가 매끼 먹을 것을 사와서 나는 병원 음식에 손을 댈 필요가 없었다. 그런데 사워크림과 치즈가 범벅된 멕시칸 음식을 계속 먹어도 살이 빠졌다. 웰부트린이 각성제라 몸도 떨렸다. 때로 집단 상담을 하거나 휴게실에서 텔레비전을 볼 때 몇 초 동안 정신이 멍해졌다가 깨어났다. 컴퓨터가 멈추었다가 재가동되는 것 같았다. 혹시 발작일까 두려워서 병원에도 상담사에게도 말하지 않았고, 그들도 알아차리지 못하는 것 같았다. 하지만 몇 달 만에 처음으로 정신이 명료해서 (발작은 에너지의 대가였다) 거의 나은 느낌이 들었다.

일주일가량 지나 날씨가 누그러들자 병원 마당을 산책할 수 있었다. 나는 네이트의 손을 잡고 이것이 병원 산책이 아니라 낭만적인 데이트라고 상상하려고 했다. 공기는 쌀쌀하고 발밑의 풀은 여러 날 동안 내린 눈에 얼어 있었다.

"좀 어때?" 그가 물었다.

"많이 좋아졌어." 내가 말했다. 두뇌가 다시 작동했다. 학교에 돌아간 다음이 진짜 시험일 것이다.

"하지만 아직도 잠을 못 자잖아."

"잠은 에너지를 위해 필요한 건데 지금은 에너지가 많아."

"서두르지 마. 이런 문제가 일주일 만에 해결되지는 않아."

"의사한테 말할 거야. 하지만 약 덕분에 단핵구증 피로는 싹 사라졌어. 그리고 공부를 할 수 없어서 우울해진 거야." 나는 떨리는 손을 그의 손에서 빼내서 내 코트 주머니에 넣었다.

의사와 만났을 때 나는 내가 다 나은 걸 보여주려고 했다. 그때도 시간과 공감 감각이 사라지는 전기 폭풍에 대해서는 말하지 않았다.

"학교에 돌아가야 해요." 내가 말했다.

"이제 쎄로켈은 안 먹어요?"

"그걸 먹으면 처져요. 어쨌건 이제 불안하진 않아요. 제게는 에너지가 필요해요."

"잠은 잘 자나요?"

"많이는 못 자요." 나는 거짓말했다.

나는 병원이 명문대 학생은 최대한 빨리 대학으로 돌려보내고 싶어 할 거라고 생각했다. 정신 병원 입원은 《US 뉴스 앤드 월드 리포트》에 기재되는 대학 랭킹에 해가 될 거라고. 하지만 의사는 "며칠 더 두고 봅시다" 하고 말했다.

내가 손을 덜덜 떨었기 때문이다.

성모상을 닮은 여자

슬픈 사람이 한 명 왔다. 슬프고 아름다운 사람이었다. 여자는 내 맞은편 병실에 누워 있었다. 병실 문이 살짝 열려 있고 깊은 밤에도 불이 환하게 켜져 있었다. 얼마간 관찰해보니 여자는 내 방의 성모상, 아니 내 베개에 누운 성모상과 비슷해 보였다. 그는 팔을 옆구리에 딱 붙이고 몸통도 곧게 편 자세로 천장을 응시했다.

그러다 나는 그가 성모상을 연상시키는 이유를 알았다.

여자는 움직이지 않았다.

성모상 여자는 집단 상담에 오지 않았다. 우리 집단 상담을 인도하는 사람은 케이틀린이라는 알파 여성이었다. 그는 쉬는 시간에 몇몇 참석자와 함께 나가서 담배를 피웠다.

보스턴 억양인 케이틀린은 아주 매력적인 직설 화법을 써서 그 옆에 있으면 나는 부끄러워졌다. 그런데 그토록 강한 사람도 단기병동 같은 곳에서 실비아 플라스*가 된 듯이 행동하고 있었다.

"우리 집안에는 정신 질환이 없어요. 알코올 중독은 있지만 정신 질환은 없어요." 케이틀린이 말했다. 그런데 한 달 전에 부엌에서 설거지하다가 손에 거품을 묻힌 채 쓰러졌다고 했다. "응급실에 갔을 때 심장 발작일 거라고 장담했어요." 분명 신체 질환일 거라고, 아니면 자신의 정체성이 흔들린다고. 하지만 의사의 진단은 공황 발작이었다. 케이틀린의 가족이 그 일에 어떻게 반응했는지 말할 때 나는 울었다. 마침내 내 안에서 정서적 억압이 허물어지고 있었다. 밖에는 비가 내렸고 방 안에는 눈물이 흘렀다.

나는 곧 두 가지를 알게 되었다. 하나는 나한테 일어난 일은 내가 책임져야 할 실존적 문제가 아니라 정신 질환의 발현이었다는 것이다. 두 번째는 간호사인 우리 엄마가 고등학교 때 나를 상담에 데려간 건 무언가를 눈치챘기 때문일 거라는 것이었다. 이에 대해 물어보면 엄마는 피할 수 있을까? 하지만 그때로부터 수년이 흐른 지금 엄마는 멀리 떨어져 있고, 내 가

---

* 20세기 중반에 활동한 미국의 여성 작가. 평생 우울증에 시달리다가 서른한 살의 나이로 자살한다.

족이라고 할 만한 사람은 내가 파괴하고 있는 네이트뿐이었다.

    나는 나를 달래려고 두 다리를 부여안고 아기를 어르듯 몸을 흔들었다.

    며칠 후 병동에 새 환자가 왔다. 화이트보드에 적힌 진준Jean June이라는 이름을 보자 나는 그게 실제로는 한국 이름 진준Jin Joon이라는 걸 알았다. 그래서 만나기도 전에 그도 나와 같을 것 같아 걱정스러웠다.

    진 준 파크, 아니 박진준은 작고 동글동글한데다 나와 닮은 점이 별로 없었지만 나는 그 여성이 싫으면서도 동시에 그에게 다가가고 싶었다. 한 공간에 아시아 여자가 두 명 있는 경우는 드물었다. 자동적으로 평균화되기 때문이다. 대부분의 환자가 그렇듯이 그도 한밤중에 짐도 못 챙기고 입원했다. 아침 모임 때는 헐렁한 청바지에 병원 가운을 두르고 반항적 느낌의 닥터마틴 신발을 신고 있었다.

    오전 모임이 시작되었다. 사회자가 그날 각자의 목표를 물었다. 진준이 손을 들자 '아시아인 평균의 법칙'에 따라 나도 손을 들었다. 나를 이렇게 만든 그를 죽이고 싶었다.

    "어떤 목표를 세워야 하나요?" 진준이 물었다.

    하지만 실제로는 그렇게 되지 않았다. 진준은 소심하고 내성적이었다. 나는 반년 이래 가장 정신이 명료하고 에너지가 넘쳤기에 그날 밤 그의 방을 찾아다녔다. 여기저기 고개를 들이밀면서 콧노래도 불렀다.

"저는 MIT 2학년이고 텍사스 엘패소 출신이에요." 진준이 말했다.

단기병동에 둘뿐인 비백인 여자가 모두 텍사스 출신 한국계라고?

MIT가 진준을 곧장 여기에 데려온 것은 놀랍지 않았다. MIT에 한국계 학생과 관련한 소송이 있었기 때문이다. 엘리자베스 신이라는 학생이 기숙사에서 분신을 했다. 엘리자베스의 출신지는 뉴저지 웨스트오렌지, 내 친구 프랜시스 박의 고향과 가까운 곳이었다. 엘리자베스는 시를 사랑하는 학생이었지만 공대에 다니며 감정 대신 숫자를 탐구해야 했다. 그러던 중 그의 부모가 다녀간 다음 날 랜덤홀기숙사에 화재 경보가 울렸다. 엘리자베스가 자기 몸에 불을 지른 것이다. 아시아인으로 살아온 분노가 자신을 미워하는 세상 대신 자신에게 향했다. 그가 죽은 뒤 부모는 학교가 학생 보호책임을 다하지 못했다고 MIT를 고소했다.*

그래서 진준은 기숙사로 돌아가지 못하고 매일 청바지와 닥터마틴 차림으로 단기병동에 거주했다. 그는 내게 자기 사

• Deborah Sontag, "Who Was Responsible for Elizabeth Shin?", *New York Times*, April 28, 2002.

연을 말해주었다. 부모는 세탁소를 운영하는 고졸. 사회 계층은 중산층. 종교는 기독교. 문제는 자신이 MIT와 맞지 않는 것 같음. 이 길은 자신의 길이 아닌 것 같음. 그가 MIT에 입학했을 때 엘패소에서는 잔치가 열렸다. 온 한인 사회가 축복과 덕담을 보냈다. 진준은 카메라 앞에서 웃었지만 눈은 웃지 못했다. 그는 두 문화에 다리를 걸친 채 온 세상 무게를 짊어지고 있었다.

닥터마틴을 신고 세상을 짊어진 거인은 무엇을 해야 했을까?

내 안에 부서진 나의 조각

저녁 식사 후 두 팔로 뒤통수를 받치고 침대에 누워 맞은편 병실을 바라보았다. 성모상 여자가 침대에서 내려와 아이처럼 무릎을 꿇고 있었다. 진준이 그 방에 들어가서 여자를 일으키려 했다. 간호사가 와서 진준을 내보냈다. "다른 병실에 출입하면 안 돼요." 도와주려던 것뿐이라고 해명하는 진준에게 간호사는 얼굴을 찌푸렸다. 성모상 여자는 꼼짝하지 않았다. "이러시면 무릎 망가져요." 간호사가 말했다.

하지만 성모상 여자는 신경 쓰지 않는 것 같았다.

작은 방에서 의사가 실시하는 검사를 받았다. 나는 여전히 테스트에서 고득점을 받으려 했고 의사가 불러주는 숫자들을 재빨리 거꾸로 말하는 내 능력에 스스로도 놀랐다. 영화

〈뷰티풀 마인드〉 주인공처럼 내가 광기에 빠진 천재인 건가? 하며 은근히 기뻐하는데 의사가 문득 생각난 듯 우울증과 자살 사고에 대해 물었다. 나는 정신이 번쩍 들었다. 의사가 젊은 백인 여자인 게 신경 쓰였는지 대답이 망설여졌다. 그래서 단핵구증이 있었고 우울해지면 공부를 할 수 없다고 말했다.

의사는 배에 걸쳐놓은 클립보드를 들여다보았다.

"왜 그러시죠?" 내가 물었다.

"진단명을 알려드릴게요." 의사가 말했다.

"무언가요?"

"기분부전증이에요."

"그게 뭔가요?"

"경도 우울증이에요."

그러니까 그것은 아이큐 테스트가 아니었다.

"아무 말 없으시네요. 왜 여기 오셨나요?"

나는 무릎에 내려놓은 떨리는 손가락의 개수를 세다가 고개를 들었다. 케이틀린이 나를 보고 있었다.

집단 상담이 소강상태에 빠지자 케이틀린이 흐름을 이어나가려고 건넨 말이었다. 장소는 광장이었고 그는 내 맞은편에 앉아 있었다. 우리 간격은 3미터 정도였다. 나는 말 많은 알파 여성인 케이틀린을 별로 신뢰하지 않았는데, 그가 나에게 직접 질문을 건넸다.

"말하기 싫으면 안 해도 돼요."

나는 어깨를 으쓱해 보였다. 두 주 가까이 진행된 집단 상담에서 나는 내내 함구하고 있었다. 그건 잘못인 것 같았다.

나는 케이틀린에게 시선을 집중한 채 이야기를 시작했다. 이야기는 처음에는 허공의 연기처럼 희미했다. 그게 새였다면 작고 못생겼겠지만 그래도 날개가 돋아나서 약간 날아갔다.

내가 텍사스에서 아웃사이더로 자랐다고 말했다. 밖에서는 인종차별의 대상이었고, 집에서는 목소리 없는 진흙 인형으로 살면서 생존하고 성공하려고(하지만 필요한 만큼만 성공하려고) 애를 썼다고. "성취를 이룰 때마다 보이지 않는 반대급부가 있었어요. 프린스턴대에 가면서 한 번, 하버드대에 오면서 또 한 번 나 자신의 조각을 내주어야 했어요. 엄마는 제가 이런 병도, 인생에 대한 불안도 극복해야 한다고 말해요. 엄마는 저를 사랑하지만 제가 원하는 것에는 관심이 없어요. 엄마는 저를 당신처럼 만들고 싶어 하고, 특정 조건에서만 사랑하거든요. 이런 여러 가지 일들로 제 가치를 느끼지 못하게 돼서 궁극적 자기 삭제 행위인 자살을 시도하게 되었어요."

말을 마쳤을 때 웃는 사람도, "그래서 뭐?" 하는 사람도 없었다. 케이틀린은? 그가 의자에 기대앉자 풍만한 가슴이 흔들렸다. 우리 사이의 바닷물이 빠지자 지저분한 바닥이 다시 드러났다. "젠장." 그가 한숨 쉬듯 짧게 말했다. 하지만 그 말을 듣자 나는 그림자 밖으로 나온 느낌이었다.

그날 밤 공중전화로 휴스턴에 전화했다. 병동에 휴대전화 반입이 금지라서 원격으로 메시지를 확인했다. 그전까지 이틀에 한 번꼴로 전화하던 나였기에 음성 사서함에 부모님이 무슨 일이냐고 묻는 메시지가 여러 통 와 있었다. "혜승아, 당장 전화 안 하면 네이트한테 연락할 거야." 마지막 메시지에서 아빠가 엄하게 말했다.

하지만 집에 전화해서 부모님 목소리를 듣자 솔직히 말하고 싶은 마음이 싹 사라졌다. 아빠는 "똑똑한 여자는 스스로 문제를 해결해야 한다"고 열을 낼 것이고 엄마는 자기가 죽어야 한다고 그동안 천 번쯤 했던 말을 다시 할 것이다. 딸이 하버드대생이 된 것은 한국인으로도 미국인으로도 자랑스러운 꿈의 실현이지만 딸의 자살 사고는 양쪽 모두에서 수치스러운 일일 것이다. 나는 할 일이 많다고 하고 전화를 끊었다.

통화 후 나는 침대에 이르지 못했다. 병실에 들어서자마자 무너졌기 때문이다. 더러운 바닥에 앉아 흐느꼈다. 울면서 무슨 생각을 했나? '나는 회복하지 못할 거야. 이게 나야. 나는 자살로 생을 마감할 거야.' 어둠 속에서 나는 하느님을 불렀다. 내가 그를 잃었거나 그가 나를 잃은 것처럼.

스물다섯 살이었다. 이것이 내 세계관이었고, 내가 아는 모든 것이 거기에 토대해 있었다. 사람은 신념과 행동으로 이루어지고 그것은 약물로도 상담으로도 바꾸지 못한다는 것. 의사는 우울증이 내 잘못이 아니라고 위로해주었다. 우울증은 유전적 기질과 환경적 요인으로 생긴다고. 하지만 그런 말은 안도감보다 공포감을 안겨주었다. 내 성격은 우울증과 너무도 깊이 얽혀 있어서 내 토대를 흔들지 않고 거기서 빠져나와 믿음 체계를 바꿀 방법은 없을 것 같았다.

간호조무사가 병실 문 앞으로 왔다. 그리고 복도의 형광등 불빛 아래 먼저 왼쪽의 성모상 여성을, 이어 오른쪽의 나를 보았다. 그런 뒤 나에게 왔다.

그가 내 침대에 앉자 나는 두 손으로 그의 손을 잡고 울고 기침하며 말했다. "소용없어요. 그런 건 아무 도움 안 돼요."

"좋아질 거예요. 도움될 거예요." 그가 말했다. 간호조무사는 이민자였다. 엄마처럼 외국 억양이 있는 말투였다. 그 말투에 나는 울음이 더 격해졌다. '당신은 왜 간호조무사가 되었나요? 이 일이 당신이 꿈꾸던 일인가요?'

"좋아질 거예요. 의사 선생님들이 도와줄 거예요." 조무사가 다시 말했다.

'당신은 왜 여기 와서 환자들을 돌보나요? 당신의 눈은 아름답지만 거기 고인 눈물은 흐르지 않네요.'

퇴원하는 날

단기병동의 마지막 날 아침, 다른 건물에서 집단 상담이 있었다. 케이틀린은 거기 가고 싶어 하지 않아서 나하고 다른 환자 두 명만 얼음 녹은 물을 밟으며 잔디밭을 건너갔다. 들어간 교실에는 칠판 가장자리에 장식 테두리가 둘려 있고 벽에 서툰 그림들이 걸려 있었다. 테이블에는 종이, 수채 물감, 마커가 있었다. 나는 눈이 휘둥그레졌다.

이건 내가 자신 있는 것이었다.

나는 내가 그린 목탄화를 들고 본관으로 돌아왔다. 네이트가 곧 와서 퇴원 수속을 밟을 것이다. 부활절 주말이고 우리는 좋은 일을 할지도 모른다. 내가 내 그림을 보여줄 수도 있다. 상담사는 미래를 그려보라고 했다. 내 그림은 내가 검은색

다리의 한쪽 끝에 서 있는 모습이었다. 다리 건너편에는 네이트와 가족, 학교가 있고, 나는 다리를 건너서 이곳의 어려움을 벗어나고자 했다.

성모상 여자의 남편이 왔다. 그가 의사와 함께 앉아 이야기하는 모습을 여자가 눈을 깜박이며 바라보았다. 처음으로 무언가에 반응하는 모습이었다. '이제 나았나 봐. 부활절 기적이야!' 하지만 그때 "전기 충격"이니 "마지막 수단"이니 하는 말들이 들렸다. 성모상 여자는 꽃처럼 예쁜 머리를 끄덕였다.

그날 오후 나는 케이틀린을 비롯한 병원 사람들에게 작별 인사를 건네었다. 진준은 이미 퇴원했다. 네이트가 렌트카에 나를 태웠다.

비는 그쳐 있었다.

바깥은 아름다웠다.

어쩌면 죽을 필요는 없을지 몰라

네이트가 현관문을 열었을 때 끔찍한 난장판이 펼쳐져 있지는 않았다. 창문으로 햇빛이 들어오고 냄새도 평소와 똑같았다. 사람이 죽을 뻔했던 냄새가 아니라 세제 냄새, 옆집의 음식 냄새였다.

그는 일주일 동안 나와 함께 지내면서 장을 보고 요리를 해주었다. 네이트가 살림하는 동안 나는 밤이고 낮이고 접이식 소파에서 지냈다. 침대는 태워버리고 싶었다. 그곳은 너무도 심한 고통의 현장이었다.

해가 내려오면 내 기분도 내려왔다. 네이트는 쉽게 잠이 들었지만 나는 오돌토돌한 천장에 어둠이 일으키는 소용돌이를 몇 시간씩 들여다보았다. 그렇게 시간이 한참 지나면 해가 떠올라 일할 시간을 알렸다. 매일 밤 찾아오는 불면은 내 신체 기능이 망가졌다는 걸 새삼 일깨워주었다. 웰부트린이 주는 에너지가 있어도 갈라진 유리를 통해 들여다보는 내 상태는 전처럼 뒤틀리고 혼란스러웠다. 내 두뇌는 성글고 들떠서 어떤 일도 오래 할 수가 없었다. 회백질이 뜨거운 팬에 들어가 가장자리부터 까맣게 타는 것 같았다.

얼마 후 네이트는 프린스턴대로 돌아갔고 나도 수업에 복귀했다. 하지만 철학 세미나에서 필기하려고 해도 펜이 종이 위를 미끄러졌다. 눈을 한 번 깜박하면 손이 다른 데 가 있었다. 거기에 집중하다가 다시 눈을 깜박하면 펜은 번개무늬를 그리고 다른 지점에 가 있었다. 그것은 내 발작의 시각적 표현 같았다. 지도 교수 헨리크가 조교수에게 내 입원 사실을 알린 듯 키케로 강독 모임에서 나를 바라보는 사람들의 얼굴에 연민이 가득했다.

학기가 끝나자 나는 여름 계절학기 라틴어 수업에 등록했다. 수업 후 하버드대 야드를 걷는데, 캠퍼스에 사람이 별로 없는 것 같았다. 나는 우리 아파트를 지나 찰스강까지 갔고 내 방 창문 아래를 지나 여러 다리 밑을 흐르는 그 강이 얼마나 아름다운지 처음으로 깨달았다. 그중 한 다리에 올라 눈을 감았다. 다시 눈을 떠보니 진홍색 피바디 테라스와 솜뭉치 같은 흰 구름을 빼면 모든 게 눈부시게 푸르렀다. 대학 브로슈어 속 그림 같았고 나는 다양성의 상징으로 실린 명랑하고 성실한 아시아계 학생 같았다. 보트 한 대가 강물을 가르며 지나갔고, 나는 키잡이의 기운찬 정수리와 노잡이 여덟 명의 멋진 몸을 보았다. 그러자 매클린병원 단기병동에 입원하기 전에 읽던 《오디세이아》의 한 장면이 떠올랐다. 오디세우스의 부하들이 동료를 잃고 연꽃 먹는 이들의 섬을 떠나려고 배에 오른 뒤 "노를 잡고 잿빛 바다를 때렸다"는 대목이었다.*

퇴원한 뒤에도 근본적인 문제들은 사라지지 않았다. 나는 마취제를 맞은 동물처럼 잠잠해졌지만 내 경우에는 이것이 스스로 원한 결과였다는 차이가 있었다. 하루에 두 번씩 먹는 약이 나를 진정시켰다. 그래서 네이트를 만날 때도 전보다 짜증과 이기적인 자기중심성이 덜해졌다. 그것은 대가를 치를 만한 가치가 있었다. 상담사는 약이 출발점이라고 말했다. 이제는 내가 생사를 오가는 고통에 시달리지 않고 내 문제를 탐색할 수 있을 거라고.

외래 진료를 다니면서 변증법적 인지 행동치료에 대해 알게 되었다. 그리고 뛰어난 치료사를 만나서 내 감정을 관찰하고 생각과 느낌, 행동의 관계를 파악해나갔다. 언제나 최선을 다하는 데 익숙해서 불면을 해결하기 위해 프로그램 지침서를 두 번 완독했다. 그렇게 라틴어보다 이 프로그램에 힘을 쏟았는데도 나의 중요한 일부가 아직 단기병동에 남아 있다는

---

* Homeros, *The Odyssey with an English Translation*, A. T. Murray, ed. (Cambridge, Mass: Harvard University Press, 1919), 9:82~9:104. (호메로스, 《오뒷세이아》, 이준석 옮김, 아카넷, 2023.)

느낌을 떨칠 수 없었다.

그래서 기분을 전환하려고 자전거를 타고 다리 건너 보스턴의 미술관들로 가서 예술 작품과 에어컨 바람을 즐겼다. 나는 처음으로 뉴잉글랜드의 여름 날씨가 어떤지 알게 되었다. 여러 달 동안 기쁨을 모르고 살았지만 존 사전트 작가의 그림을 보거나 마운트오번 묘지를 서성일 때면 이따금 마음이 크게 움직여서 '어쩌면 죽을 필요는 없을지 몰라' 하는 생각도 들었다.

네이트는 주말마다 왔다. 나는 그가 없는 시간을 견디지 못하는 내가 부끄러웠다. 저녁이면 긴장을 풀기 위해 책을 읽으려고 했지만 우울증 약 때문인지 단핵구증 때문인지 나의 뛰어나던 기억력이 하루면 사라졌다. 나는 쇼펜하우어의 《의지와 표상으로서의 세계》를 내려놓으면서 어쨌건 철학이 내 곁을 떠나지는 않는다는 말로 나를 위로했다. '이건 과정의 일부야.' 그렇게 생각해보았지만 내가 어떤 과정을 거치고 있는지 알 수 없었다. 이게 가벼운 우울증이라니 심각한 우울증은 어떨 것인가! 2학년이 된 로스쿨 친구들은 여름 인턴십으로 바빴고, 박사 과정 학생들은 친절하지만 사교적이지 않아서 나는 수업을 같이 듣는 사람들과 네이트를 빼면 사람을 거의 만나지 않았다. 나는 주로 낙서하고, 잡지를 읽고, 아파트를 사람 사는 집이 아닌 것처럼 깨끗하게 쓸고 닦았다. 잠은 자지 않았다.

라틴어는 나의 여섯 번째 언어였다. 하지만 손이 떨려서 동사 변화도 쓸 수 없고 한 줄만 번역해도 휴식이 필요했다. 정신을 집중하려고 온갖 시도를 했지만 뇌가 말을 듣지 않았다. 더 나쁜 신호는 호기심이 사라진 것이었다. 유난히 힘들던 어느 날 라틴어 쪽지 시험을 놓치자 더는제 할 수 없다는 걸 알았다. 6주짜리 언어 과정도 못 끝내는데 가을 학기에 어떻게 공부를 계속한다는 말인가?

단기병동에 입원했을 당시 내 나이는 20대 중반이었다. 학교에 보호책임이 있는 나이가 아니었다. 나는 아직 그 일을 부모님께 알리지 않았고, 하버드대에 책임이 있다면 내가 나 자신이나 남을 해치지 않게 하는 것뿐이었다. 결국 나는 래드클리프스퀘어의 행정관에 가서 무심한 얼굴의 직원에게 휴학계를 제출했다. 직원이 나를 만류하려 할까? 아니면 잘 생각했다고 할까? 하지만 직원은 아무 말 없었다. 나는 그가 컴퓨터에 내용을 입력하는 모습을 가만 바라보았다. 프린스턴대의 케이 학장과는 전혀 다른 모습이었다. 이곳에는 케이 학장도 없고, 내게 용기를 주는 사람도 나를 거부하는 사람도 없었다. 내가 이 일을 의논한 사람은 네이트뿐이었다. 그는 나와 부부도 혈연도 아니었지만 이제 분투와 공통의 목적으로 엮인 내 가족이었다.

여름답지 않게 서늘한 날씨에 비가 살짝 뿌리던 7월의 어느 날, 나는 불과 열 달 전에 낙관주의를 품고 들어온 피바디 테라스를 떠났다. 그리고 트럭을 몰고 네이트의 차를 따라 뉴저지로 갔다. 그는 내가 편안히 지낼 수 있게 프린스턴 시내에 가구 딸린 아파트를 빌렸다. 어른스러운 느낌의 아파트였다. 욕실에는 지하철 같은 흑백 타일이 깔리고, 부엌도 크고, 거실은 헤링본 무늬 바닥에 벽난로가 있었다. 내 스물여섯 살 생일날 그가 작은 파티를 열어주었고 대학 때 룸메이트였던 이브가 뉴욕에서 기차를 타고 왔다. 우리는 커피 테이블에 둘러앉아 네이트가 피자스톤에 구워낸 수제 피자를 먹었다. 나는 체중이 7킬로그램 가까이 빠졌고, 이브는 내 여윈 모습을 안타까워했다. 나는 인생이라는 영화가 잠깐씩 툭 끊겼다가 미래로 날아가는 발작을 겪었고, 이브의 질문에 최선을 다해 대답하는 것 이상은 아무것도 할 수 없었다. 평생 처음으로 잘하고 싶은 마음이 없었는데 나쁜 일은 일어나지 않았다.

    그해 여름밤은 산만하면서도 달콤했다. 산들바람은 봄날을 꿈꾸는 것 같았다. 나는 뒤뜰에 스케치북을 들고 나가 뻣뻣한 붓으로 고사리를 그렸다. 아파트 불빛이 뒤뜰의 돌들 위로 보라색 그림자를 길게 드리우고 물웅덩이들에 반짝였다. 나는 짙어가는 땅거미 속에서 화분에 심긴 자주색 식물 콜레우스를 그렸다. 집에 가면 네이트가 있었고, 그가 주는 안정감이 있었다. 이 시절 그는 나를 사랑하는 연습을 시작했다. "좋고 가치 있는 일을 하는 데는 여러 해가 걸리기 때문"이라고 했다.

마침내 부모님에게 전화를 걸어 단기병동 일을 이야기한 것도 이 뜰에서였다.

"그때 네 목소리가 이상하긴 했어." 엄마가 말했다. 나는 휴학계를 낸 일에 대해 변명하지도 않고 "1년만"이라고 거짓말하지도 않았다. 이제 부모님에게도 나에게도 거짓말하지 않을 생각이었다. "그럼 이제 어디 살 거니?" 아빠가 물었다.

나는 대답했다. 아파트 불빛들이 깜박였고 나는 목소리를 높이지 않으려고 애썼다.

그런 뒤 통화를 마치고 집에 돌아가 침대에 휴대전화를 던졌다. "부모님은 이해를 못해서. 우리가 동거하는 게 죄악이래." 내가 네이트에게 말했다.

그날 밤 그는 나에게 그의 계좌와 연결된 체크카드를 주었다. 이사 비용을 치르니 내 계좌에는 돈이 40달러도 없었다. 네이트가 없었다면 나는 휴스턴으로 돌아가야 했을 것이다. 취직할 상태가 아니었기 때문이다. 나는 두 손으로 머리를 감쌌다.

"네가 정신 병원에 입원했다는데 그렇게 반응하셨다고? 당장 날아오셔야 되는 거 아냐?" 그가 행주로 손을 닦으며 말했다. 네이트는 이제 저녁 식사 후에 연구실에 가지 않았다. 나를 만나기 전까지 그의 인생은 8시 전에 일어나서 간단히 아침 식사를 한 뒤 자전거로 물리학과에 가는 것, 그리고 가벼운 저녁 식사 후에 잠시 쉬었다가 연구실에 돌아가 새벽

1~2시까지 연구하는 것이었다. 하지만 지금은 나 때문에 집에 오래 있었다.

    그답지 않게 날카로운 말에 나는 놀랐고, 이제 내가 부모님을 떠나야 한다는 확신이 들었다. 단기병동에서 이미 시작된 일이긴 했다. 그 일을 해낼 수 있을까? 이미 수도 없이 시도했고 언제나 고통스러웠다. 그들은 가시 돋친 꽃처럼 아파도 끌어안는 편이 더 쉬웠다. 나는 나약함에 싸여, 내가 전폭적인 사랑과 충족감을 누리는 어떤 (아마도 상상 속에 있을) 시간을 그리며 그들에게 손을 뻗었다. 하지만 그 기억은 멀리서 아물거리는 신기루일 뿐이었다.

다시 만난 세계

임차 기간이 끝나자 우리는 제과점 위층에 위치한 더 허름한 아파트로 이사했다. 네이트가 그동안 모은 돈은 대부분 전해에 부모 간병과 지금 나를 보살피는 일에 들어갔기에 우리는 아끼며 살았다. 우리는 푸치니 오페라 〈라보엠〉 같은 보헤미안 스타일의 다락 아파트에는 치와와만한 쥐가 산다는 걸 몰랐다. 쥐들이 어찌나 겁이 없는지 침대 위를 달려 잠자는 나를 깨우기도 했다. 천장 가장자리가 낮아서 우리는 무릎 의자에 앉아 설거지를 했다. 따뜻했던 어느 날 역한 냄새가 나서 보니 하수관과 오물관이 연결되어서 샤워기로 악취가 쏟아지고 있었다.

하지만 희망을 잃지 않았다. 단기병동의 의미가 또렷해지면서 내가 죽었다 살아났다는 걸 실감했다. 환경의 극적인 변화가 내가 삶으로 재진입하는 데 힘을 주었고, 나는 매클린병원 같은 곳에는 다시 가지 않기로 결심했다. 나는 내 생존이 (그리고 어쩌면 성장까지) 가능한 일을 해야 했다. 예정에 없던 길을 가게 된다 해도.

나는 명함과 요가 학원 전단이 가득한 인근 커피숍 메모판에 전화번호를 떼어 갈 수 있는 광고지를 붙였다. "아이비리그 출신 과외교사 두 명. 프린스턴대, 하버드대 출신." 그날 오후 첫 전화가 왔다. 인근 지역에 거주하는 갑부였다. 자수성가한 부자치고는 다정하고 여유로운 그 남자는 자신이 보스턴 출신이라고, 보스턴을 어떻게 생각하느냐고 물었다. "좋았어요. 여름이 최고였어요." 내가 기운 없이 말했다. 그리고 주말에 그의 집으로 가서 아이들을 가르치기 시작했다.

네이트는 시급 17달러를 받고 매일 학과에서 교수나 대학원생들을 위해 차와 쿠키를 준비하는 등 잡일을 했다. 물리학과 스타였던 그가 커피 통을 씻고 다른 학생이 마신 찻잔을 씻는 일은 부당해 보였지만 그는 불평하지 않았다. 그러는 사이 나는 SAT와 GRE를 공부했던 경험을 다시 살려서 프린스턴 리뷰*에 강사 자리를 구했다. 동시에 시급 7달러짜리 케이터링 회사에도 인턴으로 들어갔다. 액수는 상관없었다. 거기

---

*   미국의 대학 입시 및 시험 준비 전문 교육 기관. SAT, ACT, GRE, GMAT 등 표준화 시험을 대비한 강의와 교재를 제공하며, 입시 컨설팅 및 학습 전략 서비스도 운영한다.

서 버는 돈은 횡재 같았다. 나는 일하고 싶고, 배우고 싶고, 창의성을 발휘하고 싶었다. 케이터링 회사에서 배운 레시피는 집에서 네이트에게 활용했다. 나는 가나슈를 만드는 법, 필레미뇽 스테이크를 묶는 법, 구운 배 디저트를 만드는 법, 아몬드 타르트 굽는 법을 배우고, 모든 요리에 당시 열풍이던 블루 치즈를 넣었다.

그렇게 번 돈은 식비만 빼고 모두 미술 수업과 미술 용품에 썼다. 나는 집 한구석을 작업실로 꾸미고 하루에 여덟 시간씩 그림을 그렸다. 대학교 2학년 때 휴학할 당시 찾던 하얀 방을 현실로 재현했다. 늦은 오후에는 아이들을 가르쳤다. 저녁에는 요리와 제빵을 했다. 하지만 케이터링 회사는 곧 그만두었다. 요리보다 그림이 더 좋았고, 돈은 과외 일로 벌 수 있었기 때문이다. 그림 수업은 일주일에 세 번, 시내 예술 센터에서 받았다. 추상적 자화상을 그리라는 숙제를 받자 나는 도서관에 가서 추상적 표현주의와 입체주의에 대해 조사하고 그림을 그렸다. 숙제를 받을 때마다 같은 주제의 그림을 네다섯 점 더 그리며 실험했다. 전문대 수업도 들었다. 나는 전문학사를 따라 온 열여덟 살짜리들 틈에서는 최고령이었고, 은퇴자가 가득한 예술 센터에서는 최연소였다. 어디에서도 그림 그리는 것은 일처럼 느껴지지 않았다. 어렵지만 해방감을 주는 놀이 같았다.

라틴어와 고대 그리스어도 잊지 않고 싶었지만 몇 달이

지나도록 책을 들추지 못했다. 어느 날 대학원에서 쓰던 노트를 옮기는데 책장에서 단기병동에 있을 때 그린 그림이 떨어졌다.

"그림을 그려봐요." 그때 상담사가 내게 말했다. "당신이 인생에서 처한 자리가 어디인지, 그리고 앞으로 원하는 게 무엇인지 보여줘요." '당신이 원하는 게 무엇인지 보여줘요.'

"이게 지금 어둠 속에 있는 저예요." 내가 집단 상담 때 말했다. "다리를 건너가려 하고 있어요." 그리고 네이트와 우리 가족이 기다리는 다리 건너편을 가리켰다. 그들 뒤쪽에 별이 하나 떠 있었다. 그 그림은 쥐가 들끓는 집 책장 속 《도덕의 형이상학》과 《이기적 인류의 공존 플랜》 사이에 끼어 있었다.

'너는 예술가가 아니야.' 나는 단기병동에서 생각했다. '너는 철학도고 철학은 어려워.' 로스쿨도 어려웠지만 그 방식은 달랐다. 그곳은 우리 엄마의 규칙 같은 규칙을 배우는 곳이었다. 철학도 규칙을 이야기하지만 그것은 삶과 생각에 대한 규칙이었다. 하지만 예술은 규칙이 없고, 거기 필요한 건 스스로에게 귀 기울이고 내 안에서 나오는 바를 표현하는 것뿐이었다. 거기에 내 이상주의와 내가 늘 열망하던 존재감을 발현하기 위한 신성한 공간이 있었다.

예술가의 삶에 들어서면서 나는 이따금 그 검은 다리 그림으로 돌아갔다. 지금 보면 아주 조악한 그림이다. 단기병동에서는 그 그림의 다리 한쪽이 우울증이고 반대편이 건강이라고 생각했는데 그게 아닐지도 몰랐다. 어쩌면 한쪽은 내가 회피하고 있는 의무들이고, 다른 한쪽은 다가가려는 다른 무언가였을지도 모른다. 그러면 별은 무엇이었나? 나 자신의 가치, 하지만 예전처럼 성공과 외적 존재감에 연연하지 않는 것. 별은 노란색으로 밝게 빛났지만 현실에서는 수수께끼였다. 네이트는 내가 나중에 단기병동이 끝이 아니라 시작인 걸 깨달을 거라고 말했다. 어쩌면 그것도 별의 일부였는지 모른다.

존 피터는 눈썹털 하나가 길게 자란 멋진 인상의 남자였다. 비슷한 특징이 살바로드 달리에게는 긴장되고 집중된 느낌을 더해주었지만 피터에게는 그 반대로 다가가기 편한 분위기를 주었다.

그는 다른 미술 교사들보다 나와 공통점이 많았다. 다른 교사들은 나보다 나이가 몇십 살 많았지만 피터는 내 또래였다. 그는 예술이 학문보다 우월하다고 주장하는 히피도 아니고, 내 인물화 강사 같은 프로이트주의자도 아니었다(인물화 강사는 괴팍한 성격의 러시아인이었는데 '회화는 섹스'라는 말로 학생들의 보수적인 감수성을 희롱했다). 나와 친해진 사람 중에, 우리 부모님의 신앙이었던 정규 대학을 다니지 않은 사람도 피터가 처음이었다. 그는 고등학교 졸업 후 미네소타의 작은 미술 학교에서 오직 네 가지 색깔로 현실주의적 인물화 그리는 법을 배웠다. 그리고 '옛 거장들의 기법'이라는 수업에서 우리에게 그 비법을 전해주려고 했다.

나는 물감 앞에 앉으면 자신감이 부풀었다. 스물여섯이라는 나이는 아직 맹목적인 자신감을 가질 만큼 젊은 나이지만 동시에 직접 만든 기회를 당연하게 여기지 않을 만큼 성숙한 나이기도 했다. 그림을 그릴 때 나는 다른 누구도 아닌 나 자신의 목소리만 들었다. 어린 시절 그림을 그리며 느끼던 성취감과 편안함이 빛살처럼 찌르고 들어왔다. 나는 팔레트에 물감을 듬뿍 짜놓고 피터가 테이블에 가져다놓은 정물화 소재들 중 꽃병, 접시, 포도 두 송이를 골랐다. 그의 지시에 따라 만든 검은 상자 안에 최대한 예술적으로 배열하고, 조명을 고정해서 뒤에 그림자가 초승달 모양으로 드리워지게 했다. 그리고 큼직한 캔버스에 돼지털 붓을 사용해서 빛의 세계로 어둠의 세계를 새겼다.

세 시간짜리 수업 중간에 휴식 시간이 있었다. 다른 학생들은 커피를 마시러 나갔지만 나는 피곤하지 않았다. 그림을 그릴 때는 늘 그랬다.

"좀 쉬어요. 팔도 하나뿐인데." 피터가 뒤에서 다가오며 말했다. 내가 두어 달 전에 스테인드글라스 작업을 하다 오른팔을 다쳤기 때문이다.

"이 팔로 그림도 그리고 밥도 먹고 씻기도 해야 돼요." 내가 말했다.

"하지만 멋있어요." 그가 붉은색과 꽃분홍색이 가득한 내 그림을 가리켰다. 왼손으로는 정교한 작업이 힘들어서 나는 붓질을 최대한 강하게 했고, 그 결과 도드라진 붓자국이 캔버스에 오돌토돌한 양감을 안겨주었다.

"포도 그림이 좋네요." 그가 말을 이었다. "두 송이 다 음영 표현이 잘됐어요. 하이라이트를 조금 줄여야 돼요. 인조 과일이라 수분감이 없으니까요."

"집에 가서 그림과 진짜 포도를 비교해볼 생각이에요." 그런데 언뜻 보니 피터가 붕대를 감은 내 팔을 유심히 보고 있었다.

"오른손잡이세요, 왼손잡이세요?" 그가 장난스레 물었다. "팔걸이 붕대만 없으면 왼손잡이인 줄 알겠어요."

"오른손잡이인데 왼손 실력이 좋아지고 있어요. 오른팔이 나으면 더 정교하게 그릴 수 있어요."

그가 눈썹을 찌푸리자 흰 눈썹털이 아래로 처졌다. "혜승 씨는 대담해 보여요. 제 가르침도 필요 없고 그냥 비켜줘야 할 것 같아요. 필요한 게 있으면 말씀하세요. 어떻게든 구해드릴게요."

흰 눈썹털이 다시 일어섰다.

치유

단기병동 퇴원 후 1년이 지난 어느 날, 눈을 떠보니 협탁 시계가 7시 30분을 가리켰다. 밤새 깨지 않고 잤다.

나는 치유되고 있었다.

내가 선택한 가족

대학 졸업 4년 후인 다음 해 여름에 나는 네이트와 결혼했다.

부모님은 엄마가 도와줄 수 있도록 휴스턴에서 결혼하기를 바랐다. 하지만 네이트에게는 휴스턴도 또 대부분 한국인인 200명의 하객도 아무 의미 없었다. "어빙하고 로레인은 오전에 시청에서 결혼한 다음 점심을 먹고 영화를 보러 갔어. 어빙은 저녁 때 다시 연구실로 돌아갔고." 내가 메뉴를 고르고 식음료 계약에 서명할 때 네이트가 자기 지도교수 부부 이야기를 했다. '이게 네이트가 생각하는 성공일 거야. 쓸데없이 법석 떨지 않고 사람보다 일에 시간을 쏟는 것.' 하지만 곧 그렇게 생각한 나를 나무랐다. 네이트는 사람에게도 시간을 쏟았기 때문이다.

나는 그가 결혼식 준비에 동참하지 않고 당일에 참석만 하겠다고 선을 그은 태도를 납득하려고 했지만, 그가 친구들에게 자기는 자기 결혼식의 하객이라고 농담하는 걸 들으면 화가 났다. 결혼식 날이 다가오자 나는 그림 그리기는 뒷전이 되고 리본을 묶고 청첩장 세느라 바빠졌다.

엄마 외에 내 결혼식에 관심을 가진 사람은 사촌 오빠 태현이었다. 그는 이혼했지만 결혼의 신성함을 믿었으며 우리에게 한복을 맞춰주겠다고 했다.

"태현이 맞춰주는 한복을 네이트가 마음에 들어 했으면 좋겠대! 요즘은 파스텔 색상이 인기래!" 엄마가 다른 방에서 서울의 태현과 통화하다가 내게 소리쳤다. 엄마는 들뜬 목소리로 태현에게 너무 큰돈 쓰지 말라고 했다. 롯데월드에 나들이 간 날이 떠올랐다.

뜨겁고 밝고 구름 없는 어느 여름날, 네이트와 나는 옷을 갈아입었다. 나는 실크 드레스를 벗고 그는 깃에 치자꽃을 단 턱시도를 벗었다. 그리고 한국식으로 절하기 위해 나는 꽃분홍색 **치마**를, 네이트는 복숭아색 바지와 파란색 **저고리**를 입었다. 우리는 두 남녀에서 부부가 되고 서양 부부에서 동양 부부로 변신했다. 한 시간 전에는 어린 시절에 뵀었던 고 신부님이 영어, 한국어, 라틴어로 혼인 미사를 집전했다.

미사가 이어지는 한 시간 동안 나는 불안했다. 성당에 늦게 도착하는 바람에 스트레스를 받았고, 스프레이를 듬뿍 뿌린 앞머리가 사진에 뻣뻣하게 보일까 걱정되었다. 고 신부님이 기도할 때 두 손을 모았지만 마음속으로는 기도에 집중할 수 없었다.

하지만 그 순간을 다시 살 수 있다면 나는 기도할 것이다. 나를 단기병동에 보내서 맹목적으로 달려가던 길을 멈추게 해준 신에게 감사할 것이다. 하버드대의 2년은 잘못된 길이었지만 2년일 뿐이고, 내 인생은 흔들리지 않을 것이다. 고통스럽던 시절 네이트는 내가 이해하는 방식의 사랑을 가지고 그 진공 속에 들어왔다. 따뜻한 마음과 충실한 실천. 그것이 내가 부모님에게 배운 사랑이었다.

내가 아는 건 그것뿐이었다.

처음 맞이한 화가의 삶

피터는 내게 미술 책을 빌려주고 생존한 미술가들의 작품도 소개해주었다. 나는 피터에 대해서도 연구했다. 그는 스스로의 인생을 작업하는 예술가였다. 그는 내게 학비가 저렴한 맨해튼의 작은 미술 학교도 소개해주었다. 그래서 나는 결혼식을 마치고 돌아온 후 첫 월요일에 맨해튼 어퍼이스트사이드를 찾아갔고 그곳의 문을 열면서 새 인생의 문도 열었다. 그것은 화가의 인생을 시작하는 문이었다.

프린스턴에서 미술학원까지 통학하며 작업하던 첫 해에 미술은 내게 온 세상이 되었다. 결혼 덕분에 가능해진 세상이었다. 그림 그릴 때면 나는 많은 걸 물리칠 수 있었다. 무기력함도 엄마의 할큄도.

다음 해 여름 네이트는 박사 학위를 받았다. 부모님 일로 1년을 휴학했는데도 제때 졸업했다. 논문 심사 때 지도교수 어빙 등 여러 교수가 그를 매섭게 몰아붙였다. 그의 길고 호리호리한 몸이 교실 앞으로 걸어갔다. 그런 뒤 얼굴에 희미한 미소를 띠고 질의에 답했다. 숫자와 기호가 칠판을 가득 채웠다. 답변이 끝나자 모두 박수 쳤다.

우리는 물리학과 사람들과 축하하는 의미에서 피자를 먹고 샴페인을 마셨다. 축하객 중에는 네이트의 친구 제럴드도 있었다. 제럴드는 10대 시절 MIT를 졸업한 신동 출신으로 이미 박사 학위를 받았고 또 MIT 교수로 채용된 상태였다. 그를 보니 네이트가 사랑하는 사람들을 돌보는 데 시간을 쏟지 않았다면 그 역시 이미 비슷한 위치에 올랐을 것 같았다. 네이트는 프린스턴대에 남아 박사후 연구원으로 일할 예정이었고, 그는 그것도 남들이 선망하는 자리라며 기뻐했지만 나로서는 우리의 만남이 그의 꿈을 방해했다는 느낌을 떨칠 수 없었다.

8월 초에 미술 학교가 방학을 했다. 뉴욕은 8월에 아주 우울해져서 모두 도시를 떠나고 싶어 했다. 하지만 나는 8월 첫날 뉴욕 펜실베이니아역 근처를 돌아다녔다.

중개인은 나를 데리고 맨해튼 미드타운의 서쪽 끝인 헬스 키친 지역으로 갔다. 엘리베이터 없는 낡은 건물이었고, 수도관을 같이 사용하려다 보니 샤워 부스와 주방이 붙어 있었다.

변기는 문도 없이 거실 구석의 높은 단 위에 올라앉아 있었다.

"설거지를 샤워 부스에서 해야 하나요?" 내가 물었다. 나는 가방에서 말스틱(그림의 세밀한 부분을 그릴 때 손의 흔들림을 막아주는 길쭉한 막대)에 꽂아 쓰는 테니스공을 꺼냈다. 중개인과 내 앞에서 공은 방 이쪽 끝에서 저쪽 끝으로 데구루루 속도를 높여가며 굴러갔다.

그런 집을 몇 채 본 뒤에 나는 낙심한 상태로 땀에 젖은 중개인과 헤어졌다. 그는 넥타이를 풀 수 있어 기뻐했다. 보도의 열기는 지독했고 하수구 덮개에서 올라오는 뜨거운 바람에 내 헐렁한 반바지가 휘날렸다. 그러다 9번대로 인근에서 차양에 '휘트비'라고 적힌 오래된 건물을 보았다. 줄리아니 시장이 타임스스퀘어 미화 작업을 벌인 결과 타임스스퀘어 근방의 불미스러운 요소들이 이리로 밀려나 주변에 남성 클럽과 성인용품점이 넘쳐났다. 알라딘호텔 앞에는 노브라 차림인 여자들이 어슬렁거렸다. 길 건너 '은밀한 눈길'이라는 이름의 시설 앞에는 붉은 카펫이 깔려 있었다. '그래, 질러보자.' 나는 한숨을 쉬고 휘트비의 널따란 녹색 차양 안으로 들어갔다.

로비는 서늘하고 어두웠다. 나는 매물이 있는지 묻고 관리자와 함께 엘리베이터를 타고 고층으로 올라가서 놀라울 만큼 조용한 원룸 아파트에 들어갔다. 집 뒤쪽 창가로 가보니 센트럴파크 쪽이 내다보였다. 사방이 밝았다.

돌아서서 관리인에게 말했다. "좋아 보이네요."

네이트와 나의 벌이가 아직 넉넉하지 않은 관계로 우리에게는 보증인이 필요했다. 주택 조합은 인근 세 개 주의 주민만 보증인으로 인정했기 때문에 우리 부모님은 보증을 서줄 수 없었다. 당시 우리 부모님이 억만장자는 아니었지만 기적적으로 안락한 삶을 살고 있었다. 아빠는 석유와 가스 회사를 떠나 엔지니어링 컨설팅 회사를 창업했다. 맨해튼에 월세를 구하려면 세입자의 연 수입이 월세의 40배, 보증인은 80배여야 한다. 우리가 어빙과 로레인에게 보증을 부탁하자 그들은 2년치 소득신고서를 주었다. 며칠 후 주택 조합의 승인을 받았고, 우리는 내 미술 학교 2학기 개강에 맞추어 8월 말에 그 집으로 이사하기로 했다.

우리는 집을 구한 기념으로 프린스턴 중심가가 내려다보이는 어빙과 로레인의 집 현관 데크에서 와인을 마셨다. "너무 늦어서 집에 가기 힘들면 우리 집에서 자도 돼." 로레인이 네이트에게 말했다.

맨해튼에 거주하는 건 미래 도시 테마파크에 사는 것과 비슷했다. 우리는 프린스턴대 친구들과 달리 대기업에 다니지도 않고 부모의 경제적 지원도 받지 않았지만 원하는 일을 했다. 때로는 돈이 더 많다고 해도 무슨 일을 할지 상상이 되지 않았다. 나는 뉴욕으로 이사하면서 꿈꿨던 대로 더 열심히 그림을 그리고, 전시회에 출품하고, 컬렉터를 만나고, 작품을 팔기 시작했다. 친구들은 여행하고 휴가를 떠났지만 네이트와 나는 일할 때 가장 행복했다.

얼마 후 친구들이 자녀들의 과외를 부탁한 덕에 나는 수입이 더 늘었고, 곧 어퍼이스트사이드 곳곳을 다니며 수업을 했다. 금전적 여유가 생기자 우리는 학자금 융자의 최소 상환액을 크게 상회해서 매달 1000달러씩 갚아나갔다. 과외 수업은 미술 수업 끝나고 30분 후에 시작했고, 늦은 시간에는 고등학교 3~4학년을 가르쳤다. 그래서 나는 10시 이후에 집에 돌아왔고 아침 7시면 다시 똑같은 일과를 시작했다. 일요일이면 네이트의 통근 패스로 프린스턴에 갔다. 내 작품 고객 전부가 거기 있었다.

내 인생은 바쁘고 충만했다.

과외 수업이 취소된 어느 일요일 오후 나는 미술 학교 동료 브래드와 함께 모델을 불렀다. 모델 매그너스는 젊었을 때 상당히 매력적이었을 듯한 일흔의 남자로, 항상 창이나 금속 허리띠 같은 검투사 소품을 가지고 왔다. 그날은 왕관을 썼다.

한 시간 후 분위기가 조용해지자 매그너스는 조명 아래에서 잠이 들었다.

"오전 수업 때 당신이 그린 그림이 좋아요." 내가 작업을 계속하며 브래드에게 말했다. 잘생기고 그림도 잘 그리는 브래드는 일하면서 미술 학교를 다니는 소수의 학생 중 한 명이었다. 우리는 때로 그가 일하는 웨스트빌리지의 바를 찾아가

기도 했다. 그는 그림을 그릴 때도 칵테일을 만들 때도 모두 세심했다.

"포즈가 좋아요." 그가 붓을 미네랄스피릿*에 담갔다. "네이트는 어때요?"

"잘 지내요. 바빠요."

"네, 바쁘시죠." 그가 웃었다. "우리는 그분이 이 세상에 정말 존재하는 분인지 어쩐지 모르겠어요. 뵌 적이 없어서요."

나는 웃었다. "언젠가 알게 되실 거예요." 브래드가 이렇게 말하는 이유가 있었다. 네이트는 주중에는 대부분 프린스턴대에 지내면서 어빙과 로레인의 집에서 잤기 때문이다. 집에 와도 8시가 넘기 때문에 주로 목요일에 열리는 전시회 오프닝에 참석하지 못했다.

"혜승 씨도 바쁘고요." 그 말에 나는 우리가 대화를 많이 하는 사이가 아닌데도 서로 통한다고 느꼈다.

휴식을 알리는 알람에도 매그너스가 움직이지 않자 우리는 계속 그림을 그렸다.

"한 가지 물어도 돼요, 브래드?" 내가 말을 걸었다. 그는 지난겨울에 텔레비전을 샀는데 기존 것을 버리지 않고 동생과 함께 렌트카에 싣고 아이오아주까지 가서 부모에게 드렸다. "부모님이 돈을 보태주지 않아서 바에서 일해야 하는 거에

---

* 유화 물감을 희석하거나 붓을 세척할 때 사용하는 휘발성 오일.

화 안 나요?"

그가 손에 든, 손잡이가 길쭉한 2번 붓은 흔들리지 않았다.

"아뇨, 나는 스스로가 자랑스러워요." 그가 말했다.

모르는 척 살기

미술 학교 마지막 날인 2008년 가을, 학교 맞은편 타임스스퀘어 주식 시세 전광판이 나쁜 소식으로 춤을 추었지만 ("아시아 주식시장 폭락, 다우지수 1800포인트 폭락, 사상 최대 주간 낙폭, IMF 총재 미국 금융 위기가 세계 경제 불황으로 이어진다 말해") 내 가방 속에는 1만 3000달러짜리 수표가 있었다. 이틀 전에 환전했다면 2만 달러가 되었을 것이다.

얼마 전에 우편으로 받은 그 수표는 어느 국제 재단이 신진 예술가에게 주는 지원금이었고, 나는 거기에 담긴 격려에 일정 부분 힘입어 학교를 떠났다. 이미 몇 달 전부터 학교를 떠날 때를 대비해서 돈을 모으긴 했다. 이제 학교가 바깥세상에 대해 내게 더 가르쳐줄 것이 없어 보였다. 드디어 학교를 벗어나 홀로 서야 했다. 나는 이것도 대물림일까, 우리 아빠도 세상이 너무 흥미롭고 무한해서 교칙, 상식, 남의 의견에 구애받지 않고 사는 걸까 궁금했다.

케이크도 송별식도 없이 학교를 떠났다. 그걸 내가 준비해왔기 때문이다. 서로 포옹하고 하이파이브한 뒤에 한 남학생이 말했다. "앞으로 모르는 척하기 없기." 하지만 나는 이미 모르는 사람이 되어 3년 동안 주당 50시간을 함께한 그들의 곁을 조용히 떠났다.

현관문을 열고 들어와 조용한 아파트에 미술 도구 가방을 내려놓았다. 지난 2년 동안 작업량이 계속 늘어서 집도 달라졌다. 좁은 거실은 살림으로 가득 찼다. 퀸사이즈 침대, 접이식 소파와 식탁이 들어차 남은 공간이 거의 없었고, 모퉁이에는 책이 가득했다. 지난봄 어느 날 네이트와 나는 눈보라를 뚫고 웨스트사이드 하이웨이에 있는 제재소에서 합판을 사왔다. 네이트가 합판을 톱으로 잘라 모형 스탠드를 만들었다. 그런 뒤 주말 동안 침대와 서랍장을 거실로 옮기고, 빛 반사를 줄이기 위해 뒷방의 밝은색 벽을 진회색으로 칠해서 작업실을 만들었다.

회색 방의 어둠 속에서 내 눈동자는 커졌다. 내가 일주일 동안 인물화를 한 점도 그리지 않았다는 게 떠올랐다. 학생 신분에서 벗어나 전업 화가로서 첫발을 내딛는 날 그에 딱 맞는 소재를 그리는 일은 중요하고 상징적인 의미까지 있는 것 같았다.

나는 벽거울을 내려서 이젤에 올려놓고 조명을 조절했다. 그리고 팔레트에 티타늄 백색, 오커 황색, 베니션 적색, 알리자린 진홍색, 트랜스페런스 브라운 옥사이드 갈색, 로엄버 진갈색, 아이보리 흑색 등 일곱 가지 물감을 준비했다. 얼마 전부터 색채를 한정해 쓰기로 결심했다. 소수의 한정된 재료로 인간의 경험이 다양할 수 있다는 형이상학적 의미를 담기 위해서였다. 백색 소음이 회색 벽 속으로 사라졌고, 타임스스퀘어 스크린의 인물들도, "앞으로 모르는 척하기 없기"라고 말한 남학생에 대한 기억도 사라졌다. 나는 텅 빈 캔버스를 응시하다가 거울을 보았다. 그런 뒤 어깨를 당기고 나와 어울릴 포즈(젊은 예술가의 초상)를 상상하며 그림을 그리기 시작했다.

갤러리 첫 그림은 내 그림이었다.

에드워드 호퍼의 걸작 〈자동판매기〉 그림 속 카페에 혼자 앉은 여자를 좀 더 당겨서 본다고 상상하며 그린 그림이었다. 따뜻한 금색 액자와 부드러운 조명 속 내 그림은 화려했다. 그림 옆에는 빨간 점이 붙어 있었다. '판매 완료'라는 뜻이었다. 나는 웨이터들이 은색 쟁반에 샴페인을 들고 다니는 밝고 활기찬 갤러리에 들어가서 관장의 양쪽 뺨에 입을 맞추었다. 어느 문화부 기자가 나를 그림 앞에 세워놓고 사진을 찍었다. 손님들은 갤러리 브로슈어를 들고 있었다. 브로슈어에는 내가 그린 호퍼 그림 아래 "혜승 송을 소개합니다"라고 적혀 있었다.

전시회 개막에 맞추어 머리를 했는데, 내 데뷔 소식을 들은 미용사들이 모여들어서 머리를 높이높이 세웠다. 거기에 진한 화장과 검은 정장이 더해져서 내 모습은 영화 〈엘비라〉의 주인공 같았다. "걱정하지 말아요." 미용사들이 동유럽 억양으로 말했다. "거대해 보이지만 사진에는 멋있게 나와요!" 하지만 그 머리는 사진으로 봐도 거대하고 어이없어 보였다. 애비가 소리를 지르고 내 거대한 머리를 토닥였다. 네이트는 지각했다.

개막 행사가 끝난 뒤 우리 일행은 휴스턴로의 조명이 침침한 클럽 바인 페구클럽에 들어갔다. 그리고 벨벳 장식 부스를 대여섯 개 차지하고 몇 시간 동안 술을 마시며 이야기를 나누었다. 그런 뒤 네이트와 나는 사람들에게 작별 인사를 하고 서쪽으로 가는 택시를 잡았다. 택시에서 나는 고개를 뒤로 기대고 한숨을 쉬며 네이트의 손을 잡았다.

네이트와 나는 이렇게 각자의 일에 집중하고 서로 간섭하지 않는 충만한 삶을 살며 뉴욕 생활을 버텼다. 〈라보엠〉의 1막처럼 아직 비극이 닥치지 않아서 아등바등하는 것조차 사랑스러운 시기였다. 이 시절 우리는 많은 일을 하고 많은 사람을 돌보았다. 이런 이야기가 고통스럽지 않은 것은 오직 두 사람이 젊고 건강했기 때문이다. 하지만 그 후 거의 15년이 지난 지금 와서 보면 그것은 실제로 결핍과 부족, 희생의 이야기였다.

화가로서 나는 순항했다. 갤러리에 작품을 보내고, 의뢰받은 작품을 완성하고, 학생을 가르치며 주당 80시간씩 일했다. 첫 개인전 이후 네이트는 개막 때 오지 않았다. 그에게 일찍 퇴근하라고 재촉하고 싶지 않았다. 네이트는 늦게까지 일했고 먼 길을 통근했다. 그가 노력을 바치는 대상은 과학과 우주의 진실이었다. 나도 그 우주의 일부라고는 생각하지 않았다.

네이트는 생각을 다 표현하지 않는 성격이었다. 나는 늘 그의 생각을 추측해야 했다. 특히 그의 행동이 말과 어긋날 때는 더 그랬다. 그는 힘들어 보였지만 누구 때문에 힘든 건지 알 수 없었다. 하지만 나는 네이트 역시 우리 가족처럼 일을 가장 우선시하고 결혼 생활은 차순위라는 걸 알았기에 그런 일을 문제 삼지 않았다. 네이트는 젊은 시절 의무를 다하느라 일보다 가족을 우선시했고, 나는 시간이 걸려도 그가 후유증을 지우고 회복하게 돕고 싶었다.

새벽이면 이브와 센트럴파크를 산책했다. 그리고 작업실에서 그림을 그리다가 4시가 되면 서튼플레이스 또는 어퍼이스트사이드에서 수업을 했다. 일이 일찍 끝나고 날씨가 좋으면 9번대로의 아이스크림 가게에서 이브를 만나 벤치에 앉아 함께 아이스크림을 먹었다. 행인들을 보면 어린 시절 영화로 뉴욕을 배우던 때가 생각났다. 여기서 나는 존재감이 있기도 하고 없기도 했다. 이곳을 떠나고 싶지 않았다.

네이트는 직장을 구하기 시작했다. 그리고 짧은 탐색 끝에 세 대학에서 초빙을 받았다. 첫 번째는 하버드대, 두 번째는 컬럼비아대, 세 번째는 볼티모어의 존스홉킨스대였다.

컬럼비아대 초빙 소식에 나는 리버사이드 드라이브에 위치한 교수 사택에 살며 워싱턴하이츠의 작업실로 출근하는 상상을 했다. 그래서 컬럼비아대가 있는 뉴욕 어퍼이스트사이드의 생활을 계획하면서 거기서 가르치는 워킹맘들에게 연락해 육아 환경에 대해 묻기도 했다. 하버드대가 있는 케임브리지는 개인적인 경험 때문에 별로 내키지 않았다. 셋 중 가장 새로운 출발이라 할 만하다고 느껴지는 곳은 볼티모어였다. 하지만 내 인생은 뉴욕에 있었다! 그런데 네이트 말에 따르면, 어빙을 비롯한 여러 멘토들은 볼티모어로 가라고 조언했다고 한다.

"게다가 컬럼비아대 내 실험실은 연구실이 있는 본 캠퍼스하고 많이 떨어져 있어서 기차를 타고 다녀야 해."

나는 그에게 그동안 네 시간 거리를 통근했는데 지하철 15분 떨어진 거리는 아무것도 아니라고 말했다. 하지만 그는 자신이 프린스턴대에서 12년을 보낼 때 어빙은 집과 연구실이 도보 5분 거리였다고 했다. 자신도 5분 거리 통근을 원한다고 했다.

그래서 우리는 어느 비 내리는 우중충한 날 볼티모어에 가보았다. 공중에 무기력함이 빨랫줄에 널린 젖은 빨래처럼 걸려 있었다. 네이트가 오전에 교직원 회의에 가자, 그의 마음을 사고 싶어 하는 학과 관계자들은 내 마음에도 들기 위해 교내 박물관의 미술 담당자들을 소개해주었다. 우리는 오후에 비공식 학과 부동산 중개인과 함께 인근 동네를 살펴보았다. 그는 마시아라는 이름으로, 캐주얼을 깔끔하게 입은 백발의 50대였고, 대부분의 부동산 중개인처럼 큼직한 금 장신구와 절제된 고급 차량을 좋아했다. 우리는 에어컨이 나오는 마시아의 볼보 차를 타고 볼티모어와 교외를 탐방했다.

시내에 가끔 불탄 건물들이 있었다. 그날 오전 기차역에 들어설 때도 그와 같은 풍경을 보았다. 재개발 사업의 일환인가 싶었지만, 마시아 말에 따르면 그곳에 개발 사업은 드물었다.

교외는 아름다웠지만 교외들이 대체로 그렇듯 백인 중심적이고 안락한 정체와 낭비의 기운을 풍겼다. 사실 그곳은 메모리얼과 비슷한 느낌이었다. 흰색 나무 울타리, 깔끔한 벽돌 벽과 잘 관리된 잔디밭, 주차장 진입로에 세워진 수많은 볼보 차…. 성공의 표시 같았지만 그걸 보는 나는 숨 막힐 것 같았다. 내가 뒷좌석에서 네이트에게 시내가 더 낫겠다고 말하자 마시아가 끼어들었다. "뉴욕 출신이시니까 그쪽이 마음에 들

수 있어요. 하지만 여기 오시면 알게 될 거예요. 존스홉킨스대 교수들은 대부분 교외에 거주하시거든요."

뉴욕 펜실베이니아역에 돌아와 맨해튼의 소음 속에 들어서자 겨우 두 시간 떨어진 거리인데도 다른 세계에 온 것 같았다. 나는 마음을 열어두려고, 그러니까 기꺼이 설득되려고 했다. 네이트가 4년 전에 나를 위해 뉴욕으로 이사한 것처럼 나도 그의 커리어에 도움이 되고 싶었다.

화가이다 보니 시각화하는 편이 문제 해결에 도움이 되었다. 매력적인 이미지를 떠올리고 정신적 에너지로 그걸 발전시키고 내 것으로 만든다. 하지만 볼티모어의 이미지는 무엇인가? 네이트는 나에게 이제 과외를 그만두고 그림만 그릴 수 있다고, 원한다면 직접 미술 학교를 열 수도 있다고 했다. 과외를 그만둔다고? 물론 최상층 자녀들을 가르치는 서비스를 그만두는 건 좋은 일이었다. 그 아이들은 내 도움 없이도 인생에 성공할 확률이 높았다. 하지만 나는 어쨌건 아이들을 아꼈다.

네이트는 볼티모어에 가면 내가 마침내 나 자신과 일, 그리고 가족에 집중할 수 있을 거라고 말했다. 내가 화가이니 어디로든 옮겨갈 수 있다는 뜻이었다. 다른 데 옮겨 심어도 잘 자라는 식물처럼 화가도 어디서든 지장 없이 그림을 그릴 수 있다는 것이다.

하지만 생각이 다른 사람들도 있었다. 내가 과외하는 한 학생의 어머니(집 곳곳에 유명 캐리커처 작가인 앨 허치펠드의 그림이 널려 있는 뮤지컬 배우)는 놀라서 얼굴을 찡그리고 소리쳤다. "세상에…. 볼티모어로 가고 싶어 하는 사람이 어디 있어요?" 뉴욕을 선호하는 사람들은 직업 미술가에게 뉴욕만한 곳은 없다고 했다. 가장 중립적인 반응은 〈더 와이어〉*를 보았냐는 한 친구의 질문이었다. 그는 그 콘텐츠가 "최고의 텔레비전 드라마"였다며 〈전쟁과 평화〉에까지 비교했지만, 그 드라마를 보는 게 볼티모어의 삶을 시각화하는 데 도움이 될 것 같지는 않았다.

그러던 중 이브와 함께 센트럴파크를 산책하다가 나는 비로소 미래를 떠올릴 수 있었다. 왜 그런지 이브와 대화하면 네이트와 있을 때는 자각하지 못했던 것들이 잘 보였는데, 나는 네이트와 함께한 8년, 결혼한 5년 동안 우리가 각자의 바람을 별로 이야기하지 않았다는 걸 깨달았다. 그때까지 우리 인생은 의무의 수행을 토대로 하고 있었고, 선택해야 할 상황이 닥칠 때마다 최선이자 가장 명예로운 길을 택했다. 그런데 이번에 나타난 새 갈림길에서는 무엇이 '최선'인지 분명하지 않았다.

결국 나는 엑셀 차트를 만들어 세 학교를 비교했다. 평가 항목은 '네이트의 커리어' '혜승의 커리어' '위치' '아이 키우기'

---

* 미국 HBO에서 방영된 범죄 드라마 시리즈로, 볼티모어의 마약 수사를 중심으로 도시 시스템 전반을 깊이 있게 다룬다.

'종합'으로 나누었다. 우리는 각 항목에 점수를 매겨서 셀들을 채웠다. 우리는 각자의 커리어를 똑같이 평가한다고 했지만 실제로는 나보다 네이트의 커리어에 높은 점수가 매겨졌다.

결정하기 일주일 전에 네이트가 남아프리카로 가는 바람에 우리는 스카이프 영상 통화로 논의를 계속했다. 한 번은 호텔 방 열린 문으로 들어온 도마뱀이 그의 머리 뒤쪽 벽을 기어 올라가기도 했다. 도마뱀이 구석에 있을 때 네이트는 볼티모어에 대해 이야기하고, 전등 뒤로 숨었을 때는 뉴욕의 장점을 이야기했다. 화면 속에서 내 남편의 이차원 아바타는 그가 신뢰하는 어빙의 견해를 쏟아내고 있었다.

내게는 다행히 약이 있었다. 약 덕분에 나는 네이트의 불안과 우유부단에 맞설 수 있었다. 이 일로 처음으로 내 남편이 낯설어졌다. 언제나 어둠을 피해 빛을 지향하고 회색 지대를 거부하는 성향을 처음에는 존경했고 그 존경이 사랑으로 이어졌다. 하지만 이제 우리는 30대였고 이 결정은 복잡한 중간지대에 있었다. 인간적 복잡성에 파묻힌 그는 더는 내가 알던 그의 모습이 아니었고, 내가 아는 가장 강한 사람이라는 생각도 무너졌다. 나는 어느 때보다 더 충실하게 그의 진정한 파트너이자 사랑이 되어야 했지만 그럴 수 없었다. 아바타는 말하고 도마뱀은 벽을 기어다녔다. 하지만 내게는 그의 말이 더는 들리지 않았다. 그래서 나는 내 삼차원 살과 피로 이루어진 내 몸 안에서, 나 자신에게 혼잣말했다.

"네이트가 더 강해진다면 나도 그렇게 될 수 있어. 그리고 내 손을 강하게 잡아준다면 나도 어디든 망설임 없이 그와 함께 갈 거야."

어느 날 주중 수업을 마치고 8번대로로 접어들어 인파로 가득한 헬스키친에 들어섰다. 건너편 브로드웨이 극장의 금빛 문이 봄날의 밤거리를 향해 활짝 열리자 손에 연극 티켓을 든 관객들이 웃으며 나왔다. 뒷문 앞에 쳐놓은 벨벳 밧줄 뒤로 스타의 사인과 사진을 구하는 사람들이 몰려들었다.

나는 걸음을 멈추고 이런 평범한 뉴욕의 풍경을 향수에 잠겨 바라보았다. 네이트는 부탁도 회유도 하지 않겠지만 그의 마음은 뉴욕을 떠나고 싶은 게 분명했다. 뉴욕은 그에게 진정한 집이 아니었다.

그가 나 때문에 잃어버린 것들은 어떻게 할 것인가? 엑셀 파일에 담지 못한 것들은? 단기병동의 일을 생각해보라. 렌트카 비용과 그가 제이미의 집에서 잔 많은 날들, 그가 사오고 만들어준 음식들, 그가 해준 빨래들, 부모 때문에 많은 시간을 희생한 직후에 나로 인해 발생한 수백, 어쩌면 수천 시간의 낭비. 그리고 내가 원하는 곳에 살기 위해 통근에 바친 막대한 시간.

뉴욕.

이곳은 변하지 않을 것이다. 나는 언제나 돌아올 수 있고 뉴욕은 언제나 여기에 있을 것이다.

이렇게 생각해도 이미 무언가 잃은 것 같아서 걸어가는 동안 눈물이 흘렀다.

아파트에 들어서자 내가 좋아하는 중년의 이탈리아 출신 도어맨이 내 이름을 (대부분의 사람처럼 틀린 발음으로) 불렀다. 나는 손을 흔든 뒤 얼른 엘리베이터를 탔는데 우리 층에 내리니 집에서 무슨 소리가 들렸다. 시누이 메러디스가 우리 집에 와 있었다. 이브도 함께였다. 나는 목요일마다 친구들을 불러 요리를 해 먹고 놀았다. 역시 아주 뉴욕다운 작은 사교 행사였다.

"괜찮아요?" 메러디스가 물었고 이브가 웃음을 멈추었다.

나는 고개를 끄덕인 뒤 말없이 욕실에 들어가 문을 닫고 차가운 타일 바닥에 주저앉았다. 웨스트 45번가, 극장에서 우리 집으로 가는 길 사이 어딘가에서 나는 오래된 습관으로 빠져들고 말았다. 내일 네이트가 남아프리카에서 돌아오면 그에게 말할 것이다. "당신을 따라갈게."

9부

행복과 꿈

마음 붙이는 연습

웨스턴애브뉴 1299번지 앞 한 평 남짓한 정원에 개똥이 있었다.

오래된 개똥이었다.

내 눈길은 말라붙어 광택을 잃은 똥에 닿았다가 테라스하우스의 벽돌 벽을 훑었다. 파란 덧창들은 대부분 아슬아슬하게 매달려 있었지만, 하나(가로 간살이 달린 연방 건축 스타일)는 보도에 천연덕스럽게 떨어져 있었다.

네이트와 나는 그것을 조심스레 넘어서 현관문 앞으로 갔고 마시아가 문을 세게 밀었다. 문 밑에 전단지 무더기가 걸려 진입을 방해했지만 마시아가 한 번 더 힘을 주자 안에 들어갈 수 있었다.

집은 5층 구조에 서향(일이 시작하는 게 아니라 끝나는 방향)이었다. 거실 유리창으로 오후 햇살이 쏟아져 들어왔고, 뜨거운 공기에 벽지의 넓은 노란 줄무늬가 아물거렸다. 보이는 모습도 지옥 같고 공기도 지옥처럼 뜨거웠다.

누군가 여기서 정신이 망가진 것 같았다. 히스 벌판의 히스클리프처럼.*

모든 게 고급스럽고 비싸 보였으며 다양한 방식으로 낡아 있었다. 방 중앙에는 연두색 소파가 토네이도에 실려 온 듯 기이한 각도로 놓여 있었다. 창가에 바짝 붙어 자란 벚나무가 햇빛을 반사했다. 파이돈출판사의 비싼 책들, 색 바랜 《볼티모어 선즈》 더미, 뜯지 않은 가스 및 전기요금 청구서가 바닥을 어지럽혔다. 천장의 큰 구멍에 나무판자가 늘어졌고 석회가 떨어져 나간 자리에 썩은 대들보가 보였다. 불 꺼진 벽난로 위 토스터기 안에 화석이 된 베이글이 보였다. 벽난로 위에 걸린 아름답고 손상 없는 금박 거울이 충격에 빠진 내 얼굴을 비추었다.

마시아가 침묵을 깨고 말했다. "흥미로운 집이네요."

네이트는 목이 떨어져 나갔고 지금 막 폭발하고 있는 듯한 도자기 인형을 넘어갔다.

《위대한 유산》 속 미스 해버샴의 집 같았다. 미친 사람들

---

* 히스 벌판은 영국 작가 에밀리 브론테의 《폭풍의 언덕》 배경이다. 이 배경은 주인공 히스클리프의 고독하고 격정적인 성격을 상징적으로 드러낸다.

이 살았던.

　나는 마음에 들었다.

　네이트는 그 어지러운 집에 대해 관심이 없는 것 같았다. 아마 그의 바람은 내가 볼티모어에서 잘 지내는 것뿐이었던 것 같다. 이 정신없는 집은 한때는 관리를 잘했던 게 분명했고, 어쨌건 새 인생에 대해 구체적으로 시각화할 무언가가 생기자 나는 고삐가 풀린 듯 움직이기 시작했다.

　우리는 여러 달 동안 그 집을 직접 리모델링했다. 네이트를 위해 산 낡은 트럭에 쓰레기를 싣고 시 쓰레기장에 갖다 버리고, 집의 구조 배치를 뒤엎고, 수도관을 설치하고, 수백 년 된 토대를 뚫고 자란 나무뿌리를 쳐냈다. 그렇게 1년이 지나 네이트가 더는 감당할 수 없는 지점에 이르자 나는 업자를 불렀다.

　나는 리모델링 작업을 감독하지 않을 때는 차를 몰고 시내의 작업실로 갔다. 하지만 거기 가면 아무것도 하지 않고 의자에 앉아 창밖으로 펠스포인트 지역 건물들 지붕만 바라보았다. 그러던 어느 날 뉴욕의 갤러리에 가서 새 작품들을 건넸다. 관장은 그중 한 점만 채택하고 말했다. "좀 의아하네요. 작가님 작품 같지가 않아요."

　집에 돌아와서 짐을 풀고 그림들을 보았다. 하나는 볼티모어 테라스 하우스 창밖으로 작은 얼굴이 보이는 그림이었다. 화려하지도 않고 열망도 없었다. 사실 꽤 슬퍼 보여서 나는 그 창문 속 얼굴이 누구일까 의아했다.

집 위층은 서까래를 노출한 상태로 작업실로 개조했다. 욕실에는 세면대, 다리 달린 욕조를 설치하고, 나무 바닥을 깔았다. 오랫동안 불편하게 살아서 나무 바닥을 깔고 싶었다. 그런 뒤 네이트와 함께 이젤과 그림과 미술 도구를 시내 작업실에서 집으로 옮겼고, 나는 다시 제대로 그림을 그리기 시작했다.

볼티모어 시절, 내 기억에 가장 강하게 새겨진 이미지는 내가 일일이 손을 대고 결정해서 만든 아름다운 집이 아니고 내가 그린 그림들도 아니다(이때 자화상도 몇 점 그렸는데 그림 속 남자들이 나를 외면하거나 내 말을 자르는 모습이 함께 담겼다). 그보다는 네이트의 뒤통수, 밤에 침대에서 조용히 돌아누운 그의 몸이었다. 가로등 불빛에 그의 모습은 잘 보였다. 교감을 나누고 싶어서 네이트의 등에 손을 대도 내게 느껴지는 것은 그의 심적 동요, 정서적 폭발뿐이었다. 볼티모어로 옮긴 뒤 그의 등은 점점 강하게 굽었다. 남편은 바람 속 나뭇가지처럼 몸을 굽히고 "나 피곤해"라고 할 뿐 나를 향해 돌아눕지 않았다. 나는 손을 치웠다.

네이트가 집에서 힘들어한 이유는 직장에서 고전했기 때

문이었다. 교수 생활은 생각보다 어려웠다. 우리 두 사람은 그저 그가 똑똑하니 똑똑한 교수가 될 수 있으리라 생각했다. 하지만 교수는 연구만 하는 직업이 아니었다. 연구 지원금도 신청하고, 수업도 하고, 학생 지도도 하고, 협력 작업 관리도 하고, 학과와 대학 행정 업무도 하고, 연구실 예산도 짜야 했다. 네이트의 장점은 집중력이지 멀티태스킹이 아니었다. 내가 지원금 신청서 교정을 도와주면서 살펴보니 그는 자신의 공로와 책임을 의식적으로 줄이고 있었다. 지원금을 신청하려면 "내가 이걸 했습니다. 저걸 하고 있습니다. 다음에는 이걸 할 계획입니다" 하고 마케팅해야 한다.

"자기는 지도하는 역할이야. 심사자들도 자기 혼자 이 일을 하지 않는다는 걸 알잖아." 내가 말했다. 하지만 네이트는 공을 내세우는 게 거짓 같다고 느껴져 있어 보이는 신청서를 쓰지 못했고, 그 결과 다른 사람들이 지원금을 받아 연구를 하고 그걸로 펠로십과 과학상을 받고, 그 결과 더 많은 지원금을 받고 더 많은 연구를 하게 되었다. 과학도 다른 많은 분야들과 마찬가지로 세일즈가 중요했다.

인생의 가치

우리가 리모델링 때문에 집 3층에서만 살 때 갑자기 약이 듣지 않아서 나는 몇 주 동안 침대에 누워 지냈다. 네이트는 이번에도 학교에 휴가를 냈다. 그리고 나를 목욕시켜주고, 병원에 데려다주고, 상담 예약을 잡아주고, 상담에 동행했다. 아침이면 겨드랑이에 팔을 넣어 나를 일으켜 세웠다.

"좀 먹어야 돼. 먹고 다시 눕자." 그가 말했다.

나는 내 팔다리가 납처럼 무겁다는 걸 알면서도 그의 수고를 덜어주려 하지 않았다. 할 수가 없었다. "가치가 있었던 걸까? 여기 올 만한 가치가?" 내가 힘없이 물었다.

비난하는 게 아니었다. 내 우울증은 볼티모어로 이사 와서 생긴 게 아니었고 약도 마법이 아니었지만, 침대에 누워 지내던 그 시절 머릿속은 온통 내 인생과 그 가치에 대한 생각뿐이었고, 나는 모든 것이 그만한 가치가 있는지 질문했다.

네이트가 나를 일으켜 세웠다. 나는 병이 너무 깊어 그의 손길을 기뻐하지 못했다.

"좀 먹어야 돼." 그가 다시 말했다.

10년 만에 얻은 병명

 어느 봄, 네이트가 외국에 출장 간 날 이브가 찾아왔다. 이브는 우리 집 손님방에 지내면서 서재에서 책을 읽었다. 이브와 함께 있을 때 질풍 같은 것이 들이닥쳤다. 우울증이었다. 이브가 떠난 뒤 나는 침대에만 있었다. 한 시간이었을 수도 있고 며칠이었을지도 모른다. 침대에 누워 아름답게 꾸민 안방을 바라보았다. 린넨 커튼, 아크릴 램프, 퀼트, 1950년대식 호두나무 가구…. 모든 것에 내 지문이 찍혀 있었다. 인생에 의미를 부여하려는 시도였다. 물건이 많을수록 의미도 많지 않은가? 침대 옆에는 공간 분리를 위한 유리 스크린이 세워져 있었다. 스크린을 통해 바라보니 문득 깨달음이 왔고, 내 진지함이 가소로웠다. 현실은 아득히 먼 곳, 더러운 유리 스크린 너머에 있었다.

더는 아무것도 생각하고 싶지 않아서 우울이 곁에 앉아 불러주는 노래를 들으며 잠이 들었다.

네이트가 돌아왔을 때 나는 움직일 수도 반응을 보일 수도 없었고 결국 다음 날 저녁 응급실로 향했다.

코스쿤 박사는 안톤 체호프 같았다. 그러니까 19세기 말 사람 분위기였다. 가족 별장 앞 등받이 높은 라탄 의자에 모피로 다리를 덮고 앉아 있는 것 같았다. 눈 때문이었다. 두꺼운 눈꺼풀이 툭 불거진 안구 위로 오르내렸다. 그 눈은 깜박이는 두 개의 태양처럼 불길이 너울거렸지만 풍부한 감정을 전하기보다는 두려움을 일으켰다. 응급실을 나와 정신 병동으로 옮겨진 나는 주변을 둘러보면서 이런 일이 다시 일어났다는 데 낙심했다.

처음 만났을 때 코스쿤 박사는 수척해 보였다. 밖에는 우박이 거의 직각으로 쏟아졌다. 단검의 폭풍. 코스쿤 박사는 휠체어에 앉아 있었다. 깁스나 눈에 보이는 상처는 없었지만, 인생의 어느 지점에 영구적인 피해를 입었다는 것, 그래도 정신은 여전히 샴페인처럼 맑고 청량하다는 것을 알 수 있었다. 코스쿤은 섬세하고 엄밀했지만 직관도 뛰어났다.

"혜승 씨는 자신을 위해 살고 있지 않아요." 그가 말했다. 목에는 살이 늘어졌지만 깜박이는 두 눈은 위엄 있는 동물처럼 총명하고 예리했다. "다른 방식으로는 안 될 거예요. 우리는 좀 더 미국인과 비슷해져야 해요." '우리'라는 말은 거짓된 동료애의 제스처가 아니었다. 코스쿤 박사 자신도 이민자였기 때문이다. 억양은 아시아계인지 동유럽계인지 정확히 알 수 없었다. 나는 그 억양도 마음에 들었고 그가 '우리'라고 지칭한 것도 좋았다.

박사가 말을 이었다. "나는 혜승 씨가 속한 문화를 알아요. 'A를 받았구나. A+는 아니네? 스포츠나 악기를 잘하는구나. 얼마나 가는지 보자.' 그런 환자를 많이 봤어요."

침묵.

"혜승 씨는 해낼 거예요."

그는 그 말뜻을 전하듯 오른쪽 눈을 살짝 찡긋했다. 눈으로 악수하듯이.

코스쿤 박사는 웰부트린 대신 다른 약을 주었다. 그리고 몇 주 동안 약의 효과를 관찰하며 내 가족사를 탐구했다. 내가 어린 시절에 어머니 편에 섰고, 성격과 심리도 대체로 어머니에게서 비롯되었다고 말했다. 반대로 아버지는 집착이 심하고 괴팍했지만 에너지가 넘치고 잠도 안 잤다고 했다. 코스쿤이 내게 "정신 질환 가족력은 없나요?" 하고 물었을 때 나는 어리둥절해서 눈을 깜박이다가 그런 생각은 해본 적 없다고 대답했다. "우리 가족은 정신 질환이라는 개념을 몰라요. 이름이 없으면 세상에 없는 거죠." 네이트는 나에게 엄마의 자살 충동과 아빠의 무모한 행동이 비정상적이라는 걸 처음 알려준 사람이다.

"그동안 오래 생각했어요." 어느 날 코스쿤 박사가 두꺼운 책을 꺼내면서 말했다. 《정신 질환 진단 및 통계 편람》, 줄여서 DSM이라고 부르는 책이었다. "제 추측이 맞는 것 같은지 바로 말하실 필요 없어요. 천천히 생각해보세요."

그는 그날 피곤해 보였다. 나는 꿈에 당신이 나왔다고 말하고 싶었다. 꿈에서 우리는 해변에 있었는데 내가 그를 안고 걸었다. 마침내 너무 무거워져서 내려놓자 그는 일어나서 걸어가다가 곧 달렸다. 발자국이 저 멀리로 뻗어 사라졌다.

코스쿤은 중도 장애인이었고 미국인도 아니었다. 그는 인생이 멋지거나 공정해야 한다고 생각하지 않았다. 그저 현실을 냉소하며 운명을 받아들일 뿐이었다. 그래도 나는 그가 걷기를 바랐다. 달리기를 바랐다.

나는 고개를 숙여 책의 펼쳐진 부분을 읽었다.

> 양극성 장애 1형의 특징은 1회 이상의 조증 삽화 또는 혼재 삽화 후에 대체로 주요우울 삽화가 동반되는 것이다. 양극성 장애 2형의 특징은 1회 이상의 주요우울 삽화 후에 1회 이상의 경조증이 동반되는 것이다.*

혼재 삽화(조증과 우울 요소가 동시에 나타나는)에 대해 읽다 보니 내 과거가 떠올랐다. 고등학교 졸업 직전의 일들, 열의에 차서 폭주하거나 절망에 빠졌던 힘겨웠던 대학 시절, 미술학교에 다니며 잠을 거의 자지 않던 20대 후반.

나는 고개를 들었다. 해결책이 아니라 병명일 뿐이었지만 기적을 만난 것 같았다.

"양극성 장애 환자가 항우울제를 먹으면 조증이 추동되는 경우가 많아요." 코스쿤 박사가 설명했다. 나는 단기병동의 일을 떠올렸다. 과도한 에너지, 그리고 발작. "그래서 항우울제 처방을 중단한 거예요. 지금 드시는 건 항정신병 약과 기분안정제이고 항우울제는 없어요."

그는 타이핑을 멈추고 내 반응을 살폈다. 내가 입을 열었다. "처음 입원했을 때는 기분부전증이라는 진단을 받았어요. 경도 우울증이라고요."

코스쿤 박사가 미소 지었다. "혜승 씨는 자살 사고 전에 여섯 달 가까이 슬픔과 공허감 증상을 겪었어요. 자살 사고가 충동적이었다고 해도 경도 우울증은 아니에요. 더 중요한 건 그 후로 여러 차례 주요우울 삽화가 명확히 있었다는 점이에요."

나는 매클린병원 의사에게 편견이 있었던 건지 아니면 내

* *Bipolar I Disorder is characterized: Diagnostic and Statistical Manual of Mental Disorders: DSM-IV*, (Washington, D.C., American Psychiatric Association, 1994).

가 나를 제대로 설명하지 못한 건지 생각해보았다. 그동안 나는 쓸데없이 나의 '경도 우울증'을 자책하며 살았다. 손을 내려다보았다. 새로운 정보가 거대하게 밀려들었다.

"열일곱 살 때 처음 우울증을 겪었다고 했죠?"

나는 고개를 끄덕였다.

"매클린병원은 언제 방문했죠?"

"스물다섯 살 때요."

"양극성 장애는 진단이 어려워요. 조증 또는 경조증이 있으면 다음에 반드시 우울증이 와요. 순환적 질병이다 보니 진단에 보통 10년 정도 걸려요. 지금 몇 살이시죠?" 그는 차트를 보았다.

서른다섯 살이었다. 단기병동 이후 10년이 지났고 날짜까지 거의 비슷했다.

시작을 위한 끝

코스쿤 박사의 발견을 받아들이는 데는 시간이 걸렸다. 나는 곧 퇴원해서, 나를 보살펴준 다면적이고 예리한 여성과 헤어졌다.

심리치료는 계속했다. 기력이 있을 때는 집 근처 미술 학교에서 가르쳤다. 내 생활도 네이트와 마찬가지로 학생들 중심으로 돌아갔다. 주말이면 우리는 하버 지역에서 브런치를 먹고 일주일치 장을 보며 평행한 삶의 접점을 찾으려고 했다.

리모델링이 끝났을 때 건축업자가 신탁처럼 말했다. "이제 두 분이 이 집에서 사실 수 있게 되었네요." 우리가 원하던 게 바로 그것이었다. 나는 교직원들을 초대해서 집을 구경시키고 수플레를 만들어주었다. 절친한 친구도 생겼다. 존스홉킨스 대학원생 애나였다. 그도 나처럼 책을 좋아하는 인문학도였고, 그가 우리 집에 오면 우리는 함께 애나의 학위 논문에 대한 토론도 자주 했다. 나는 집을 말끔하게 관리했고, 정원에 핀 튤립과 수국을 따다가 거실에 꽂아두었다.

하지만 집이 완벽해질수록 우리의 결혼 생활은 불완전해졌다. 리모델링이 끝나 신경 쓸 거리가 없어지자 나는 부모님의 희생에 보답하려 그 주변을 맴돌던 때와 똑같은 방식으로 네이트 주변을 맴돌았다. 내가 아프면 나는 한없이 중요한 사람이 되었다. 하지만 몸이 회복하면 그가 사랑으로 바친 많은 시간에 대해 소명하고 그의 희생에 보상을 해주려고 노력했다.

"우리가 처음 데이트했을 때 생각나? 내가 전화했는데 네 기분이 안 좋더라고. 프로젝트로 바쁘다고 해서 무슨 프로젝트냐고 물었더니 '인생'이라는 프로젝트라고 대답했는데?" 어느 일요일 아침 둘이 함께 청구서들을 처리하던 중 네이트가 물었다.

나는 봉투에 스탬프를 찍으며 눈을 굴렸다. "나다운 말이네."

"나도 웃었어. 너무 멜로드라마에서 나옴 직한 말이라. 하지만 그 말이 맞았어. 이 세상에 진정한 프로젝트는 하나뿐이고 그건 인생이야."

우리는 그때 처음으로 평행선을 달리지 않는 삶에 도달했는데 둘이 함께할 때가 되자 내가 그럴 수 없었다. 나는 '네이트가 나를 돌볼 때도 부모를 돌볼 때처럼 순수한 마음이었을까?' 하는 의문이 들었다. 그가 나를 사랑하기 때문에 도와주고 싶어서 그런 희생을 감수한 걸까? 내 물음에 그는 욕망과 행복 대신 의무를 말했다. 나는 사랑이 무엇인지 수도 없이 되뇌는 바람에 이제 그게 무슨 뜻인지도 알 수 없었다. 사랑은 피라미처럼 미끈거려 잡히지 않으면서도 물처럼 근본적인 것이었다. 결국 나는 희생과 의무만으로는 우리가 함께하는 삶의 토대가 될 수 없다는 결론을 내렸다. 우리는 지금까지 머리로는 사랑했지만 가슴으로는 그러지 못했다.

이런 역학 관계를 바꿀 방법은 몰랐다. 그래서 마지막 보상 행동으로 내가 네이트의 빚을 갚는 최선의 방법은 떠나는 것이라는 결론을 내렸다. 하지만 정말로 원한 것은 남편과 헤어지는 게 아니라 내가 순종하는 마음과 공포에 싸여 잃어버린 인생을 찾는 것이었다. 좋은 의도로 가꾼 웨스턴애비뉴의 집(전 주인들이 남긴 우중충한 유산이 가득했던)이 우리 결혼의 상징이라면, 네이트 자신은 본의 아니게 의무감으로 가득한 내 인생의 상징이 되었다.

내가 흔들린다고 느낀 그는 뉴욕 여행을 제안했다. 하지만 나는 뉴욕 그래머 지역의 한 호텔 서재에서 그에게 별거를 제안했다. 그의 얼굴은 한동안 창백했다. 그는 마침내 정신을 차리고 별거하고 싶지 않다고, 이제는 결혼 생활을 우선시하고 일에서 한 발짝 물러서겠다고 했다.

나는 고개를 저었다. "자기처럼 재능이 뛰어난 사람이 하고 싶은 일을 해야지. 자기는 볼티모어에서 성공하고 싶어 했잖아." 내가 그의 인생(아니, 다른 누구의 인생이라도)의 중심에 서기 겁난다는 건 인정하지 않았다. 사실 이 선택은 나를 위해서였다.

볼티모어 이사 3년 만에 나는 가정을 이루어보려 노력했던 아름다운 집을 떠났다. 미술 도구와 약간의 옷가지를 챙겨서 뉴욕으로 돌아왔다. 이번에는 브루클린이었다. 네이트는 1년 동안 편지를 썼다. 그는 별거 기간에 서로 결혼의 상처를 들여다보고 복구할 방법을 모색해보자고 했지만, 나는 별거를 시험해본 적 없는 삶, 누군가의 사랑에 보답하지 않고 독자적으로 살아볼 기회로 여겼다. 결국 나를 이해하려는 그 노력은 모든 것을 뒤흔들어놓았다. 내가 원하는 것은 예술가의 삶 한 가지가 아니라 무조건적인 사랑, 소명할 필요 없고 조건도 없는 사랑과 그에 따르는 위험이었다. 이로써 내가 늘 소망하던 충만한 삶에 필요한 것은 외적 성취가 아니라 내 자존감과 모두 관련되어 있다는 걸 깨닫기 시작했다.

별거 2년째에 접어든 어느 날, 나는 집에 돌아가서 네이트에게 이혼하고 싶다고 말했다. 그 집에 간 것 자체가 오랜만이었다. 거실 테이블에 튤립은 없었지만 나머지는 똑같았다. 달라진 점이라고는 장신구를 챙기러 안방에 들어갔다가 본 앤틱 테이블의 물 얼룩뿐이었다. 나는 가정부에 대해 뭐라고 말하려다가 말았다. 그 테이블은 내 것이었지만, 이 집에 잘 어울려서 이곳을 완벽하게 만드려고 산 것이었다.

우리는 연한 청회색으로 칠한 거실에 앉았다. 네이트가 친구 애나가 보낸 편지를 전해주었다. 우아한 편지지에 적힌 애나의 글은 언제나처럼 열렬했다. "지금의 어려운 상황을 생각하면 제가 빠져 있는 게 좋을 것 같아요." 애나와 나는 존스홉킨스대에서 한 과목을 가르치려고 계획했는데, 내가 떠난 뒤 네이트가 가끔 학교에서 애나와 점심을 함께했다. 애나는 말했다. "저는 두 분 모두 좋아해서 어느 한쪽을 편들 수 없어요." 나는 편지를 테이블에 떨구었다. 내가 이혼의 대가로 잃은 많은 친구들 중 애나가 첫 번째가 될 줄 그때는 미처 몰랐다.

나는 우리의 결혼 장부에서 내 쪽이 항상 적자를 보고 네이트는 흑자일 거라 믿었다. 사랑은 보상이 아니라 무상으로 주고받는 것이라는 것, 거기에는 스프레드시트도 빈곤 수학도 필요 없다는 걸 몰랐다. 네이트와 메이시, 이브와 함께한 세월 동안 무조건적인 사랑을 수없이 목격하고 또 받았지만 그걸 깨닫는 데 이토록 오랜 세월이 걸렸다.

나는 나를 인생의 중심으로 삼을 수 없는 사람과 결혼했다. 그 점에서 네이트는 완벽했다. 나로서는 그만한 관심을 감당할 수 없었기 때문이다. 하지만 그는 나를 끝없이 지원해주었고, 베풀었고, 덕분에 나는 그와 헤어져 새로운 인생의 문을 열 수 있었다. 네이트가 이 집에서 계속 살지 궁금했다. 그러지 않기를 바랐다. 이 집을 만든 건 우리가 아니라 나였기 때문이다.

나는 고개를 끄덕이고 일어섰다. 마지막 물건을 챙겨야 했다. 그때 네이트가 고개를 젖혔고, 그를 만난 후 처음이자 마지막으로 나는 그가 우는 모습을 보았다. 나는 그의 앞으로 다가가 무릎을 꿇고 앉은 뒤 그의 목을 끌어안고 함께 울었다. "네이트, 미안해." 하지만 그는 내게 끌려오지도 않고, 나를 향해 다가오지도 않았으며, 마지막으로 나를 포옹하지도 않았다.

그렇게 우리는 마지막 순간까지 아무런 접점을 찾지 못했다.

이별

여섯 달 후 볼티모어법정의 이혼 청문회에서 어느 이웃이 증언했다. 네이트는 결혼식 때처럼 복도를 사이에 두고 내 맞은편에 있었다. 메릴랜드주의 이혼법 때문에 집으로 돌아가기가 쉽지 않았고, 그 이웃은 네이트와 내가 별거 기간 동안 부부 관계가 없었다고 증언했다. 물론 사실이었지만 이런 것까지 정부 기관에 밝혀야 한다는 게 이상했다.

10분 후 우리는 이혼했다. 나는 아무것도 주장하지 않았고 변호사도 선임하지 않았으며 위자료도 거절했다. 고통을 일으킨 데 대한 보상이었다. 내가 그의 인생에 남긴 흔적이 되도록 하찮기를 바랐다. 내 존재가 어떤 차이를 만들면 안 되는 것처럼. 엄마에게 우리가 재산 분할을 하지 않는다고 말하자 엄마는 내가 자랑스럽다고 했다. 원칙이 먹고사는 것보다 더 중요하다는 듯이.

나는 돈이 없어서 (앞으로도 오랫동안 없겠지만) 우등 열차를 못 타고 버스로 뉴욕에 돌아왔다. 내가 마지막 탑승객이었다. 네이트가 정류장까지 나를 태워다 주었다. 문 앞에 서 있는 그에게 다가가 안아주었지만 그는 반응하지 않았다.

내가 말했다. "언제나 널 사랑할게." 그 말은 진실이었다. 그에 대해 전남편은 짧게 말했다. "잘 지내, 혜승."

마치며

내 곁의 존재를
온전히 살게 하는 일

　1년 후, 맨해튼 미드타운에서 로레인과 술 약속이 있었다. 나는 휴스턴에서 몇 달을 보내고 브루클린에 돌아왔다. 문화예술 종사자나 비영리 활동가 친구들 곁으로 돌아와 기뻤다. 신혼집이 있던 맨해튼을 피한 것은 잘한 결정이었다. 이제 브루클린이 내 터전이었다.

　나는 로레인, 어빙 부부와 계속 연락을 주고받았다. 그들이 내 이혼 사실에 대해 나무라지는 않았지만 나로서는 걱정스러웠다. 그들이 한쪽을 편든다면 네이트 쪽이 분명했기 때문이다. 별거 이후 나는 친구들 편이 갈라지는 데 놀랐다. "애초에 진짜 친구가 아니었던 거야." 어떤 사람들은 이런 위로를 건네었지만 나는 다르게 생각했다. 이해했다. 이 결혼을 깬 사람이 나였으니까.

약속 장소는 센트럴파크 남쪽의 어느 지하 술집이었다. 그 앞으로 걸어가는데 간판 불빛 아래 런던포그 브랜드의 버버리 코트를 입은 로레인의 길고 호리호리한 몸집이 보였다. 우리는 포옹했다. 로레인은 내 사정을 모두 알았다. 별거 이후 엄마가 암 진단을 받았고, 우리 형제는 모두 엄마와 함께하기 위해 휴스턴으로 갔다. 휴스턴 생활은 힘들었다. 부모님 집은 여전히 덫 같았다.

어둡고 천장이 낮은 바에서 로레인은 레드와인을, 나는 다크앤스토미 칵테일을 주문했다. 로레인이 와인 잔을 만지작거릴 때 나는 여러 해 전에 나와 네이트가 맨해튼에 집을 구한 기쁨을 나누려고 그와 어빙의 집에서 함께 와인을 마신 일이 떠올랐다. 혈연이 아닌데도 그들은 우리에게 늘 부모 같았다.

로레인은 먼저 자기 아들들 소식을 전한 뒤에 내 소식을 물었다. 나는 지금 모습이 어떻게 보이는지 물었다. 나의 내상은 겉으로 드러나지 않았다. 오히려 나는 꺼지기 직전에 잠깐 다시 타오르는 불처럼 은은한 빛을 냈다. 여러 남자가 그걸 성적 에너지로 착각하고 반응했다.

"잘 지내요. 일도 멈추었고 그림도 안 그려요…. 그냥 두 발을 땅에 굳게 디디려고 노력 중이에요." 너무 상투적인 표현에 한숨이 나왔다.

그런 뒤 우리는 바텐더가 올 때까지 침묵했다. 나는 천천히 네이트에 대해 물어볼 용기를 모았다. 네이트는 아직 어빙과 협업하고 있었기 때문이다.

"약혼 이후 소식을 별로 못 들었어. 바쁜 모양이야." 그가 잔을 내려놓으며 말했다.

나는 눈을 깜박였다. "네이트가 약혼했어요?" 속은 덜컹했지만 말은 매끈하게 나왔다. 이혼한 지 겨우 1년이 지났다.

로레인은 그답게 부드러운 눈길을 던졌다. "네이트가 말 안 했어?"

나는 고개를 저었다.

"크리스마스에 들었어."

"혹시 애나예요? 이름이 애나 리인가요?" 내 직감이 빠르게 달려갔다. 네이트가 보낸 이메일에서 나더러 애나를 실망시켰다고 나무란 일이 떠올랐다. 그리고 애나가 보낸 편지("어려운 상황"이기에 자신은 "빠져 있는" 게 좋겠다고 했던 그 편지)도.

"이름은 기억 안 나는데 사진은 봤어. 백인 여자였어. 애나 리면 아시아계 이름이니 아닐 것 같아."

나는 휴대전화에서 3년 전 애나의 생일 파티 때 찍은 사진을 찾아 보여주었다. 로레인이 고개를 끄덕였다.

나는 중얼거렸다. "왜 말을 안 했을까요? 우리는 13년을 함께했어요. 내게 말했어야 해요."

집에 돌아와 화장을 지우고 세수를 한 뒤 거울에 비친 내 얼굴을 보았다. 내 모습을 볼 때면 언제나 놀랐다. 거울 속 얼굴은 나보다는 엄마와 몹시 비슷했다. 그런데 세월이 흘러 내 턱선에 각이 지자 엄마도 불만스럽게 말했다. "갈수록 네 아빠를 닮아가는구나."

술집을 나온 뒤 로레인과 나는 지하철까지 함께 걸었다. 그가 내게 팔을 둘렀고 나는 그가 나를 아낀다고 느꼈지만 충격에서 벗어나지 못한 탓에 똑같은 사랑을 주지 못했다. 지하철이 오자 로레인이 주머니에서 무언가 꺼내 내 손에 쥐어주고 나를 안았다. "나중에 봐. 안녕." 로레인은 상행 열차에 탔고 지하철 문이 닫혔다.

브루클린으로 가는 하행 열차에 앉아 손을 펴보았다. 은으로 만든 하트는 그와 내 손의 온기로 아직 따뜻했다. 로레인은 아들만 있고 뉴욕의 주류 백인답게 냉정한 성품이었지만 예술과 바다를 사랑했다. 나는 그가 이걸 내게 선물한 의미를 생각해보았다.

나는 수건으로 얼굴을 닦았다. '우리는 모두가 달라.' 나는 너무도 한국적인 내 눈과 코를 살펴보며 생각했다. '하지만 계층이 달라도, 구별과 차이가 있어도 상행 열차와 하행 열차 사이 플랫폼에서 손을 뻗어 체온을 나눌 수 있어.'

그 밤을 오래 기억할 것 같았다. 네이트가 정말 떠났음을 알게 된 밤. 나는 배신감 때문에 화가 난 것이 아니라 애나가 나와 다를 게 없었기 때문에 화가 났다. 애나는 자연보다 도서관을 좋아했고, 과학자가 아닌 인문학도였고, 아침에 머리를 말고 옷 쇼핑을 좋아했다. 한순간 나는 기회를 날린 네이트에게 화가 났다. 내가 비켜준 자리에 그가 자신과 꼭 어울리는 사람을 채우기 바랐기 때문이다.

내 아파트는 두 구역 사이에 있었다. 서쪽은 급속도로 개발된 프로스펙트하이츠고 동쪽은 크라운하이츠였다. 크라운하이츠에는 하시디즘 유대인과 카리브해 출신들이 살았다. 내가 서로 다른 두 집단 사이에서 편안해하고, 나와 어울리지 않는 곳에 사는 건 이상한 일이 아니었다. 나는 돈은 적어도 가장 마음이 편한 곳으로 옮겼다. 휴스턴에 있을 때 다시 깊은 우울증을 겪었기 때문에 이제 마음을 다스려야 했다.

휴스턴에서 지내던 몇 달 동안 나는 그림도 그리지 않았고 예술이 날 구원해줄 수 있다는 것도 아직 몰랐다. 엄마를 도와줄 돈도 없었다. 가족을 위해 집에서 식사를 차려준 건 나보다 열일곱 살 어리고 이제 갓 대학을 졸업한 여동생 세라였다. 아서도 집에 돌아왔다. 나는 오래전에 아서와 사이가 틀어졌다. 그는 기질적으로 나와 똑같고 같은 우주에서 자랐는데도 어째서인지 가치와 행동이 나와 정반대였다. 모험을 기피하고 나 같은 가톨릭 냉담자가 아니라 기독교 근본주의자였으며, 개인에게는 친절을 베풀 수 있지만 계층에 대해서는 편협한 그를 나는 경멸했다.

의대생인 아서는 엄마의 투병을 도와주었다. 엄마는 아직도 일했다. 오랫동안 잘되던 아빠의 컨설팅 사업이 급격히 내리막을 탔기 때문이다. 아빠는 직원을 해고하지 않고 주택 담보 대출을 받았다가 그마저도 다 쓰자 퇴직 연금을 헐었다. 가톨릭 신자인 엄마의 마지막 소원이 이스라엘 순례여서 우리는 순례를 위해 아빠에게 회사를 팔라고 졸랐지만 아빠의 마지막 소원은 여전히 억만장자가 되는 것이었다. 그래서 엄마는 항암 치료, 방사선 치료, 임상 시험 등을 받는 와중에도 다른 암 환자들을 돌보았다. 어이없을 만큼 부당했다. 아서가 엄마의 병원에서 수련해서 두 사람은 자주 카풀을 했다. 둘 사이는 좋았다. 엄마는 아서의 분노를 달래주었고 그를 대할 때는 세라나 나한테 할 때와는 달리 조심스러웠고 다툼이 생기면 언제나 아서 편을 들었다. 내가 그건 차별이라고 말하면 엄마의 대답은 늘 똑같았다. "사람이 다른데 어떻게 똑같이 대하니?" 나는 엄마를 항암 치료에 모셔가지도 않고 집에서 여동생이 만든 음식을 먹고 침대에 누웠다. 이기적으로 느껴졌지만 실제로 나는 우울했다.

텍사스답게 날씨가 뜨겁고 험악했던 어느 날 오후, 나는 무릎에 책을 올려놓고 거실에 앉아 있었다. 하지만 책은 읽지 않고 창밖을 내다보았다. 오래전에 메이시가 애정 어린 비판을 했지만 이제 관리를 안 한 지 오래된 정원의 나뭇잎과 돌들에 내 멍한 눈길이 머물렀다. 그동안 내가 살아온 모든 집을 떠올려보았다. 거주지 이상이 되기를 소망했던 집들. 정원의 고사리들은 예전만큼 싱싱하지 않았지만 빗물을 받아 마시며 계속 자랐다. 파티오 돌바닥에서 김이 올라왔다.

약간 떨어진 소파에 앉아 있던 엄마가 아서에 대해서 뭐라고 말했다. 내가 대충 흘려듣다가 피식하거나 비웃었던 모양이다. 기억도 나지 않는다. 마른 종이에 성냥을 갖다가 댄 듯 엄마가 화르르 타올랐다. 살이 급격히 빠진 엄마의 당시 체중은 40킬로그램 남짓이었다. 결혼 무렵이던 스물네 살 때보다도 말랐다. 실루엣이 동화 속 괴물 그린치와 비슷했고 안색도 그린치처럼 녹색이었다. 머리카락 없는 엄마가 소리를 질렀다. "넌 대체 어떻게 생겨먹은 애니? 아서는 네 동생이야! 동생! 네가 걔보다 뭐가 그렇게 잘났어? 네가 뭔데?"

피골이 상접한 상태로도 엄마의 성대는 전혀 손상되지 않았다. 민머리 여자가 비명을 질렀다. "걔는 네 동생이야!" 엄마는 괴물 같았다. 누가 엄마를 만들었는가? 분노에 들끓는 엄마의 눈은 '네가 뭔데? 네가 뭔데? 넌 내 자식이 아니야' 하고 말했다. 그 순간 내 눈에는 엄마의 결점들과 무관하게 엄마가 받아 마땅한 선물(사랑, 이스라엘)과 억울하게 받은 선물(딸의 미움, 암)이 다 보였다. 우리 둘 중 하나는 죽어야 했다.

나는 말없이 일어나서 내 예전 방으로 갔다. 이곳은 내가 꿈꾸던 방이었다. 고등학교 시절 나는 이 방에서 대학에 지원했고, 프린스턴대 휴학 시절에도 여기서 이력서를 썼으며, 결혼식 전날에도 이 방에서 잤다. 침대에 누워 생각했다. 나는 이혼녀다. 만나는 사람도 없다. 그림도 그리지 않고 커리어도 없다. 나는 엄마가 늘 겁내던 존재가 된 것인가? 내가 엄마 자식이 아니면 나는 누구인가?

고등학교 클럽 티셔츠들이 보관된 서랍장 위에 내 약병들이 있었다. 아빌리파이를 비롯한 향정신병 약과 기분안정제, 그리고 타이레놀 큰 병이었다. 먹기 편하게 물잔도 있었다. 나는 병을 전부 열고 각각 석 달치 남은 약을 모두 삼켰다. 그리고 빗소리를 들으며 잠에 떨어졌다.

이 모든 사연을 알던 로레인이 내게 은 하트를 주었던 것이다. 나는 다음 날 아침 깨어나 욕실로 기어갔다. 그렇게 누워서 죽어갈 때 거대한 괴물이 조명을 등지고 서서 나를 내려다보았다. 괴물이 아서의 목소리로 말했고 나는 소리쳤다. "너 누구야? 저리 비켜!" 하지만 동생이자 의사인 아서는 계속 말했다. "**누나**, 나야. 누나 동생이야."

나는 욕실 불을 끄고 나와서 침대에 들었다. 내 집은 두 하이츠 사이에 있는 투룸 아파트였다. 투룸을 고른 것은 다시 그림을 시작해서 통창이 있는 안방을 작업실로 쓰고 싶었기 때문이다. 하지만 그런 일은 아직 일어나지 않았다. 내가 회복하는 동안 옆에 새 건물이 지어져서 작은방의 전망이 막혔다. 상관없었다. 그 방은 완벽한 고치였고 자궁처럼 어두웠다.

나는 11시가 넘어서 잠이 들었다. 잠은 쉽게 들었지만 몇 시간 후에 깼다. 처음에는 어둠 속에서 여기가 어디인지도 몰랐다. 잠시 후 내가 혼잣말을 했다. '여기는 작은방이야. 그리고 브루클린이야. 너는 혼자야.' 그러자 울음이 나왔다. 이 넓은 세상에서 어쩌면 부모님은 나를 이해해줄 것 같았다. 그 작고 자궁 같은 방에서 나는 본능적으로 부모님을 생각했다. 두 분은 그렇게 한계가 많고, 신앙심 깊은 보수 성향에 당신들의 격렬한 결혼 생활을 참고 살면서도 내가 이혼할 뜻을 밝혔을 때 나를 전적으로 지지했다. 네이트를 친아들처럼 아꼈는데도 그랬다.

나는 이제 엄마가 알아도 상관없다는 듯이 우리 관계에 육체적 측면이 약했다고 고백했다. 그러자 엄마는 다시 불길에 휩싸였다. "그건 남편에게 받는 가장 큰 선물이고 다른 사람은 줄 수 없는 거야." 그 말은 부모님 결혼 생활의 숨겨진 진실을 알려주었다. 엄마는 아빠를 사랑했고, 나는 그동안 두 분의 열렬하고 로맨틱하고 육체적인 사랑을 보지 못했던 것이다. 두 분이 싸울 때마다 내가 제발 부모님이 헤어지게 해달라고 신에게 간절히 빌었던 그 세월 동안 그들의 결혼 생활을 지속시킨 건 한국 문화도 아니고 가톨릭 신앙도 아니고 사랑이었다. 그래서 나는 어른이 된 후 처음으로, 그러니까 경계 바깥의 꿈을 추구하고 혼자가 되어 겉으로 내세울 게 아무것도 없어졌을 때 비로소 그들에게 어린 시절에도 못 느낀 사랑과 신뢰를 느꼈다.

협탁 시계를 보니 새벽 2시가 다 되었다. 어쩌면 휴스턴에서 누가 전화를 받을지도 몰랐다. 나는 벨이 세 번 울리는 동안 기다렸다.

아빠가 전화를 받더니 한국어로 다급하게 물었다. "무슨 일이니?"

"아무 일도 아니에요. 그냥 이야기가 하고 싶었어요." 내가 영어로 말했다. 그리고 로레인에게 들은 네이트 이야기를 했다. 잠시 후 엄마가 아빠 손에서 전화기를 낚아챘다.

"나는 전부터 그 애나라는 애가 수상했어. 너희 둘과 너무 붙어 지내더라고. 아마 네가 떠난 뒤 네이트를 따라다니다가 낚아챘을 거야!" '엄마는 이런 식으로 사랑을 표현하는구나.' 나는 엄마의 말을 대충 들으며 생각했다. 나를 향한 것이건 내 적을 향한 것이건 엄마의 사랑은 언제나 맹렬했다. "혜승아, 그런 일로 힘들어하면 안 돼. 알지?"

"네, 알아요." 내가 말했다. 만약 옆에 있었으면 엄마는 내 눈물을 닦아주었을 것이다. 여러 달 전 휴스턴의 중환자실에서 그랬던 것처럼. 그때 엄마는 처음으로 내가 아픈 모습을 보았다. 엄마는 숨결이 느껴질 정도로 내게 얼굴을 바짝 대고 속삭였다. "몰라서 미안하다. 혜승아. 너는 엄마의 별이야." 그 별은 무엇이었나? 나는 엄마의 별, 종결을 향해 치닫는 인생의 유산이었다. 이제 엄마는 나와 늘 생각이 갈렸던 행복에 대해 이야기했다. 다른 사람은 다 소용없고 너만 생각해. 필요하면 문을 열고 필요 없으면 닫아. 네 안에 있는 불길을 누려.

아빠가 전화를 바꾼 뒤 한국어와 영어를 섞어 말했다. "혜승아, 다 잊어. 네이트와 함께한 시간은 지나갔어. 이제 그 시간은 잊고 앞을 바라봐. 너하고 네이트는 함께 좋은 일을 많이 했고, 그런 일은 아무리 똑똑하고 젊다 해도 다른 사람들은 할 수 없었어. 하지만 너희는 서로에게 책임감은 있지만 열정은 없었어. 우리도 늦게야 알게 됐어, 혜승아." 마지막에 아빠의 목소리가 갈라지자 나는 울었다.

"언젠가 새로운 사람을 만날 거야." 아빠가 말했다. "책임과 열정을 다 나눌 사람을."

아빠(자신과 주변 사람들의 인생을 수도 없이 도박판에 밀어 넣고도 후회 한 점 없는 괴짜 독불장군)의 말을 듣다 보니 안정을 추구하는 엄마와 자유를 추구하는 아빠의 결합이 내 눈앞에 떠올랐다. 그리고 그 두 힘이 내 안에서 충돌하는 것을 느꼈다. 마침내 부모님이 이제 잘 수 있겠냐고 물었고 나는 그렇다고 대답하고 전화를 끊었다.

내게 세상 전부였던 엄마는 그 한밤중의 통화를 한 지 몇 달이 지난 후 병이 돌이킬 수 없이 깊어져 돌아가셨다. 엄마의 죽음은 고통스러웠고 그 후 우리가 알던 가족은 무너졌다. 하지만 한편으로는 거기서 치유가 시작되었고 특히 아서와 나 사이가 그랬다. 엄마가 떠나자 나는 아서가 엄마를 더없이 사랑했고 엄마가 그의 인생의 길잡이별이었다는 걸 알게 되었다. 아서가 그 공백을 안고 살아가는 모습을 보니 그 역시 고유한 방식으로 엄마가 필요했음을 알았다.

나는 다시 그림을 그리고 혼자 생계를 도모하기 시작했지만(이번에는 단독체로, 우주를 떠도는 위성처럼, 둘이 아닌 하나로), 가장 편하고 존재감을 느낄 때는 언제나 내가 어떤 범주로도 분류되지 않을 때, 특정 범주에 갇히지 않고 모자이크처럼 수많은 면으로 이루어진 존재로 여겨질 때, 그러니까 한 각도에서는 이 면이 보이고 다른 각도에서는 저 면이 보여서 나 말고는 아무도 내 가치를 온전히 계산할 수 없을 때였다.

작업에 진척이 없을 때마다 나는 이젤을 비우고 자화상을 그렸다. 아주 많이. 핏빛 지평선 앞에 선 나. 작은 사각형 안에 들어가 반항적인 표정을 지은 나 등. 자화상을 그리기 위해 거울을 한참 들여다보면 나를 나로 만든 유전과 역사, 문화, 장소가 보이지 않았다. 나도 다른 모든 사람과 마찬가지로 그냥 선과 형체, 빛과 어둠뿐이었다. 인간 분류는 무의미해졌다. 은근히 각진 턱선, 흔히 아몬드 모양이라고 성의 없이 표현하지만 사실 아몬드와 전혀 비슷하지 않은 눈, 텍사스 시절 한 친구가 너무 푸석푸석해 보인다고 만져봐도 되냐고 물었던 검은 머리. 그러다 잠시, 어떤 것도 필요하지 않고 내적으로 이미 충만하고 온전한 나의 본질이 뚜렷하게 떠올랐다. 행복은 주어지는 게 아니라 추구해야 하는 것이고, 나는 남들의 시야에 들어가려다가 내 시야에서 사라졌다. 평생 훌륭한 딸, 훌륭한 학생, 훌륭한 아내, 미국인, 한국인, 심지어 훌륭한 화가가 되려고 노력했지만, 그런 모든 노력 속에서 의무만 좇고 '나'라는 존재에 대해 기뻐하는 법을 잊었다.

예술의 교훈은 결국 사랑의 교훈과 똑같았고, 화가 생활은 나에게 내 창조물(진흙 인형들)이 세상에 나가서 독자적으로 살게 허락할 것을 가르쳤다. 나는 트라우마와 공포에 따라 행동하도록 훈련된 눈 뒤에 숨는 대신 이를 이용해서 내 안에서 진실로 여겨지는 것을 짜낼 수 있었고, 그 결과는 중요하지 않았다. 그러니까 나는 엄마가 내게 하지 못한 일, 내 곁의 존재들이 스스로의 인생을 살게 하는 일을 시작했다.

나는 오래전 그날을 네이트의 소식에 충격받은 날이 아니라 내가 큰 사랑을 느낀 날로 기억하고 싶다. 로레인에게 받은 은 하트는 아직 내게 있다. 그것은 로레인의 심장도 아니고 내가 다시 사랑을 만날 거라는 약속도 아니라 그냥 내게도 강한 심장이 있다는 상징이자 알림이었다. 그날 밤 나는 어둡고 외로운 인생길 한중간에서* 갑자기 나를 발견했다. 내가 부모님에게 손을 내밀어 보답할 길 없는 도움을 요청했을 때 두 분은 나를 실망시키지 않았다. 내가 인생의 요건 채우기 경쟁에 참여했다가 실패했다는 평가를 받을 수도 있게 되었지만 그들

---

* c.f. *The Inferno*, Robert, Jean Hollander, e ds.(New York: Random House, 2002), p. 3. (단테 알리기에리,《신곡: 지옥편》, 박상진 옮김, 민음사, 2007.)

은 나를 인정한다고, 그리고 내가 행복하기만을 바란다고 말했다.

지난 세월 내가 엄마의 판박이라 생각하며 살았는데, 엄마가 떠나고 보니 아빠에게 각진 턱선 말고도 많은 걸 받았다는 게 잘 보였다. 인생에 대한 기대, 모험과 위험을 감수하는 도전 정신, 외골수로 꿈을 추구하는 열정이 내게도 있다. 아버지로서 그는 나에게 최선의 것, 그러니까 내가 열정과 책임감이 있는 사람이 되기를 소망한다. 결국 그런 사람이 내 안에 있을 줄 누가 알았겠는가?

감사의 말

미술 학교에 다니던 시절, 일주일에 한 번씩 초급반에서 고급반까지 전체 학생이 각자의 작업을 멈추고 반원형으로 모여 앉아 한 모델의 초상화를 그렸습니다. 그때 휴식 시간이면 나는 수채 물감을 얹은 이젤들 사이를 돌아다녔는데, 모두가 같은 포즈를 한 모델을 동시에 그리는데도 각각의 그림이 전부 다른 이야기를 한다는 사실에 놀랐습니다. 우리와 모델의 상대적 위치, 우리의 붓 터치, 우리가 선택한 재료, 우리의 철학적·양식적 성향 등 다양한 관점이 캔버스에 아주 뚜렷했습니다.

다른 사람들도 이 책에 나오는 것과 똑같은 사건들(9.11 테러, 대학 교육, 비슷한 가족, 심지어 비슷한 결혼 생활까지)을 겪었지만 내 이야기는 오직 내 관점만 기록하고 있습니다. 이것은 내 성장 배경, 내 시공간 속 위치, 내가 터득하고 형성한 철학의 결과입니다. 나는 그것을 나름대로 예술적으로 표현하려고 노력했습니다.

주변에 있는 많은 멋진 분들이 이를 이해하고 한 아시아 여성의 관점을 세상에 내놓기 위해 큰 힘을 기울여주었습니다.

먼저 내 에이전트 앨버트 리, 편집자 해나 파크에게 깊은 감사를 드립니다. 두 분은 쉽게 만날 수 없는 한국계 미국인 드림 팀입니다.

프리실라 페인턴과 민디 카르케스 곤살레스는 첫날부터 이 책을 적극 옹호해주었습니다. 사이먼앤드슈스터의 어맨다 멀홀랜드, 티아니 나일스, 섀넌 헤너시, 재키 세오우, 치포라 베이치, 제시카 진, 제인 엘리아스, 제프 밀러뿐 아니라 전체적으로 뛰어난 실력을 발휘해준 UTA의 제시카 리오스, 릴리 돌린, 로리-모드 슈나르, 해리 셰러, 샘 솔로몬스에게도, 그리고 보이지 않는 곳에서 수고해준 모든 분들께 크나큰 감사를 전합니다.

초고를 읽고 날카로운 통찰을 아낌없이 베풀어준 에이미 아미조, 제니퍼 델 메디코 케네디, 킴벌리 엘킨스, 밸러리 헤거티, 크리스틴 쿤즈, 앤드리아 솜베르그, 레이첼 요더에게 감사드립니다. 유익한 대화를 나누어준 소피아 스테파노비치, 제인 리(내가 아는 사람 중 문법에 가장 예민합니다), 디이애나 거치에게도, 합리적 조언을 해준 버네사 윌스에게도, 초반 내용의 일부를 잡지 《조이랜드》에 실어준 레이철 모르겐슈테른-클래런에게도 감사드립니다. 이 책을 읽고 추천사를 써주신 유명 작가 분들께도 감사드립니다. 미술에도 글쓰기에도 이렇다 할 학위가 없는 화가의 책을 좋은 작가 분들이 읽어주신 것에 무한한 행운을 느낍니다.

마음이 혼란스러울 때 예술 활동을 하는 일은 드뭅니다. 내가 힘겨운 질병을 이해하고 관리해나갈 수 있게 도와준 정신 건강 전문가들, 나를 치유의 길에 올려 놓아준 것에 감사드립니다. 내가 혼란에 빠져 있을 때 나를 돌봐주고 내 성공을 함께 기뻐해준 친구들에게 사랑과 감사를 전합니다.

내 최초의, 그리고 가장 아끼는 탐구 모델인 우리 가족에게도 감사드립니다. 특히 아버지는 내가 글을 쓰는 것이 중요하다는 사실을 알고 계셨습니다.

마지막으로 열정과 책임감을 모두 나누는 남편 C.에게 감사합니다. 아주 많은 것이 당신 덕분에 가능했습니다.

옮긴이 고정아

연세대학교 영문학과 졸업 후 번역가로 일하고 있다. 2012년 제6회 유영번역상을 받았다. 《전망 좋은 방》《천국의 작은 새》《컬러 퍼플》 등의 문학 작품을 비롯해 《당신의 저녁에 클래식이 있다면 좋겠습니다》《히든 피겨스》《여행자의 어원 사전》 등의 인문 교양서, 《클래식 음악의 괴짜들》《엘 데포》《우리는 우주를 꿈꾼다》 등의 어린이, 청소년 도서를 번역했다.

도실

1판 1쇄 찍음 2025년 10월 10일
1판 1쇄 펴냄 2025년 10월 17일

지은이 송혜승
옮긴이 고정아
펴낸이 김정호

책임편집 이지은
편집 유승재, 이형준
디자인 형태와내용사이
마케팅 나영균, 박태준
경영기획 박정은

펴낸곳 디플롯
출판등록 2021년 2월 19일(제2021-000020호)
주소 10881 경기도 파주시 회동길 445-3 2층
전화 031-955-9512(편집)・031-955-9514(주문)
팩스 031-955-9519
이메일 dplot@acanet.co.kr
페이스북 facebook.com/dplotpress
인스타그램 instagram.com/dplotpress

ISBN 979-11-93591-44-4 03800

디플롯은 아카넷의 교양·에세이 브랜드입니다.
아카넷은 다양한 목소리를 응원하는 창의적이고 활기찬 문화를 위해 저작권을 보호합니다. 이 책의 내용을 허락 없이 복제, 스캔, 배포하지 않고 저작권법을 지켜주시는 독자 여러분께 감사드립니다. 정식 출간본 구입은 저자와 출판사가 계속해서 좋은 책을 출간하는 데 도움이 됩니다.